石油和化工行业"十四五"规划教材

化学工业出版社"十四五"普通高等教育规划教材

工程项目经济分析与决策

GONGCHENG XIANGMU
JINGJI FENXI YU JUECE

项 勇 霍海娥 宋维佳 主编

化学工业出版社

·北京·

内容简介

《工程项目经济分析与决策》由工程项目经济分析、工程项目投资决策和工程项目融资决策三部分组成,全书共 14 章。第一部分主要介绍工程项目经济分析,包括绪论、工程项目经济分析中的现金流量及指标、工程项目方案比选分析、工程项目经济效益分析 4 章内容;第二部分主要介绍工程项目投资决策,包括工程项目投资结构、工程项目投资环境与投资机会、工程项目投资决策、工程项目投资风险分析 4 章内容;第三部分主要介绍工程项目融资决策,包括工程项目融资程序与主体、工程项目融资方式、工程项目延伸融资模式、工程项目融资杠杆及融资结构、工程项目融资担保、工程项目融资风险 6 章内容。

书中每章前均设置了"知识导图"以便学生明确对应章节知识点之间的关系架构,设置了"学习目标"以便教师和学生在教学和学习过程中有针对性地把握知识点;各章后均附有一定量的思考题,以便引导学生加深理解并巩固所学知识。

本书既可作为工程管理、土木水利、管理科学与工程等专业的研究生课程教材,也可作为工程造价、工程管理、房地产开发与管理专业高年级本科生课程教材和参考书,同时还可用作从事工程项目经济分析与决策工作相关人员的业务学习用书。

图书在版编目(CIP)数据

工程项目经济分析与决策 / 项勇,霍海娥,宋维佳主编. -- 北京:化学工业出版社,2024.11. --(石油和化工行业"十四五"规划教材)(化学工业出版社"十四五"普通高等教育规划教材). -- ISBN 978-7-122-46809-3

Ⅰ. F403.7

中国国家版本馆 CIP 数据核字第 2024T6F710 号

责任编辑:刘丽菲　　　　　　　文字编辑:罗　锦
责任校对:杜杏然　　　　　　　装帧设计:刘丽华

出版发行:化学工业出版社
　　　　　(北京市东城区青年湖南街 13 号　邮政编码 100011)
印　　装:高教社(天津)印务有限公司
787mm×1092mm　1/16　印张 17¼　字数 421 千字
2024 年 12 月北京第 1 版第 1 次印刷

购书咨询:010-64518888　　　　　售后服务:010-64518899
网　　址:http://www.cip.com.cn
凡购买本书,如有缺损质量问题,本社销售中心负责调换。

定　　价:55.00 元　　　　　　　　　　　版权所有　违者必究

《工程项目经济分析与决策》编写团队

主　编：项　勇　霍海娥　宋维佳
副主编：潘海泽　陈彦如　邵俊虎
参　编：孟　康　张　驰　朱玉龙
主　审：王雪青

前言

党的二十大提出，高质量发展是全面建设社会主义现代化国家的首要任务。加强工程项目的经济分析与决策是实现投资高质量发展的基础支撑。经济高质量发展需要高质量的投资，高质量的投资需要高质量的投资与融资决策。要实现工程项目投资与融资高质量发展，就必须强化投资项目经济分析与决策的基础作用，深入把握工程项目经济分析与决策的重点，着重提高投资综合效益，注重防控项目决策、建设、运营风险，推动工程投资项目转化为有效投资，助力经济社会健康可持续发展。

2024年3月，第十四届全国人民代表大会第二次会议的《政府工作报告》中提出，积极扩大有效投资。有效投资可以很好地化解经济发展中的不平衡不充分问题，可以加快建设现代产业体系和构建现代市场经济体系；拓展有效投资空间可以促进我国更高水平的改革开放；拓展有效投资空间可以发挥我国投资主体的积极性并促进民间资本投资的增长。

《工程项目经济分析与决策》根据工程管理类人才的培养目标和课程教学大纲的要求，围绕工程项目经济评价、工程项目投资决策、工程项目融资决策和工程经济学科领域中的前沿问题，将国家自然科学基金、社科基金，省部级课题的前沿研究成果合理地融入，体现了工程项目经济领域的发展变化趋势及交叉学科知识的应用，同时展现了我国建设领域中的重大变革和研究成果。因此，教材呈现出以下特色：

（1）前沿性。教材编写紧扣学科前沿和行业发展导向，体现国家相关政策的变化，注重学生能力和知识结构体系的培养，能够推动学生了解我国工程项目投资和融资决策的发展变化及学术前沿问题，对于学生综合能力和素养的提升有较大的帮助。

（2）创新性。针对每个部分的内容，教材增加了相关研究方法和研究理论的分析与讲解，紧扣行业当前难点、热点和前沿问题，具有理论创新性。同时，融入数字资源，创新教材形态及编写形式。

（3）灵活性。教材内容充分与建筑行业的发展相结合，同时考虑学生知识结构背景的差异，具有一定的灵活性。

（4）思政教育。教材编写过程中注重价值塑造，将工程经济分析、投资决策与融资决策、决策伦理教育等元素融入教材，培养学生的工匠精神、社会责任和国际视野。

教材分为工程项目经济分析、工程项目投资决策和工程项目融资决策三部分，共14章。教材各章有相应的知识导图、重难点和学习目标，主要内容讲解完成后，以数字资源的形式提供了各章小结以及重要术语、在线题库、听编者说（音频）、参考答案等，读者可扫码获取。每章最后还附有一定量的课后思考题，以帮助学生在学习过程中加深理解，巩固所学知识。

全书大纲由西华大学的项勇教授、东北财经大学的宋维佳教授提出并进行整理。各章具体内容分工如下：第1章、第2章和第3章由西华大学项勇教授、东北财经大学宋维佳教授负责编写；第4章、第5章和第6章由西华大学霍海娥副教授、张驰副教授负责编写；第7章、第8章由西华大学的孟康博士负责编写；第9章、第10章、第11章和第12章由西南石油大学的潘海泽教授、西南交通大学陈彦如教授和成都大学邵俊虎副教授负责编写；第13章和第14章由华北电力大学的朱玉龙博士负责编写。全书的统稿和整理、校对工作由项勇教授、霍海娥副教授和孟康博士负责。课后思考题答案的整理校对由朱玉龙博士负责。

教材在编写过程中，得到了天津大学王雪青教授和孟俊娜教授、西华大学研究生部王辉艳老师的大力支持，并提出了具有建设性的意见，在此深表谢意。

由于编写团队的水平和时间有限，书中难免会有不足之处，恳请读者批评指正，以便本书再版时修改和完善。

《工程项目经济分析与决策》教材编写团队

2024年10月

目录

第一部分　工程项目经济分析

002　第 1 章　绪论

　1.1　经济学的研究内容　003
　1.2　工程经济学与经济学的关系　005
　1.3　工程项目的经济分析与投资决策理解　007
　本章小结及重要术语　009
　思考题　009

010　第 2 章　工程项目经济分析中的现金流量及指标

　2.1　工程经济学中的现金流量构成　011
　　2.1.1　现金流量的含义　011
　　2.1.2　基准收益率的确定　011
　2.2　工程经济分析中资金时间价值的计算　012
　　2.2.1　对资金时间价值的理解　012
　　2.2.2　资金时间价值的计算　012
　　2.2.3　通货膨胀下的资金时间价值　014
　2.3　工程经济分析中的评价指标　015
　　2.3.1　工程经济指标的分类　015
　　2.3.2　静态经济指标的计算　016
　　2.3.3　动态经济指标的计算　021
　本章小结及重要术语　028
　思考题　028

029　第 3 章　工程项目方案比选分析

　3.1　工程项目方案类型　030
　3.2　工程项目方案比选方法　031
　　3.2.1　独立型方案类型决策　031

3.2.2	互斥方案类型决策	034
3.2.3	相关型方案类型决策	038
3.2.4	方案决策中应注意的问题	040

3.3 工程项目方案的不确定性与风险分析 042

3.3.1	工程方案的不确定性分析	042
3.3.2	工程方案风险分析	053

本章小结及重要术语 056

思考题 056

058 第4章 工程项目经济效益分析

4.1 工程经济分析中的财务分析 059

4.1.1	财务分析概述	059
4.1.2	财务盈利能力分析	060
4.1.3	偿债能力分析和财务生存能力分析	064

4.2 工程项目的费用效益与效果分析 070

4.2.1	工程项目的费用效益分析	070
4.2.2	工程项目的费用效果分析	078

本章小结及重要术语 083

思考题 083

第二部分 工程项目投资决策

087 第5章 工程项目投资结构

5.1 工程项目的经济实体类型 088

5.1.1	经济实体类型	088
5.1.2	经济实体的特点比较	091

5.2 工程项目投资结构设计 092

5.2.1	投资结构的构成	092
5.2.2	单实体投资结构	093
5.2.3	双实体投资结构	093
5.2.4	多实体投资结构	094
5.2.5	影响投资结构设计的因素	096

本章小结及重要术语 098

思考题 098

第6章 工程项目投资环境与投资机会 — 099

- 6.1 工程项目投资环境 — 100
  - 6.1.1 工程项目投资环境概述 — 100
  - 6.1.2 工程项目投资环境因素分析 — 103
  - 6.1.3 工程项目投资环境评价 — 106
- 6.2 工程项目投资机会 — 110
  - 6.2.1 工程项目投资机会研究概述 — 110
  - 6.2.2 工程项目投资机会研究程序 — 111
  - 6.2.3 工程项目投资机会研究方法 — 113
- 本章小结及重要术语 — 115
- 思考题 — 115

第7章 工程项目投资决策 — 117

- 7.1 工程项目投资决策基础 — 118
  - 7.1.1 对工程项目投资决策的理解 — 118
  - 7.1.2 工程项目投资决策程序 — 120
- 7.2 工程项目投资综合分析 — 121
  - 7.2.1 项目的现金流分析 — 122
  - 7.2.2 项目投资决策方法 — 124
- 本章小结及重要术语 — 129
- 思考题 — 129

第8章 工程项目投资风险分析 — 130

- 8.1 工程项目投资风险分析流程和方法 — 131
  - 8.1.1 工程项目投资风险的识别 — 131
  - 8.1.2 工程项目投资风险的估计 — 137
  - 8.1.3 工程项目投资风险的评价 — 148
- 8.2 工程项目投资风险对策 — 150
  - 8.2.1 风险对策的基本要求 — 150
  - 8.2.2 投资项目主要风险对策 — 151
  - 8.2.3 不同风险决策准则下的项目决策 — 154
- 本章小结及重要术语 — 156
- 思考题 — 156

第三部分 工程项目融资决策

第 9 章 工程项目融资程序与主体 ……158

9.1 建设工程项目融资程序 …… 159
9.1.1 工程项目的提出与构思阶段 …… 159
9.1.2 工程项目融资决策阶段 …… 160
9.1.3 工程项目融资谈判与合同的签订阶段 …… 162
9.1.4 工程项目融资的实施阶段 …… 164
9.2 建设工程项目融资参与者与构架 …… 165
9.2.1 项目融资的参与者 …… 165
9.2.2 项目融资主体 …… 167
本章小结及重要术语 …… 168
思考题 …… 168

第 10 章 工程项目融资方式 ……169

10.1 工程项目权益性融资 …… 170
10.1.1 工程项目权益融资基本理解 …… 170
10.1.2 股票类权益性融资 …… 170
10.1.3 其他权益性融资 …… 173
10.2 工程项目债务性融资 …… 175
10.2.1 债务资金概述 …… 175
10.2.2 商业银行贷款 …… 176
10.2.3 债券融资 …… 181
10.2.4 其他债务性融资 …… 186
本章小结及重要术语 …… 187
思考题 …… 187

第 11 章 工程项目延伸融资模式 ……188

11.1 工程项目的 BOT 融资 …… 189
11.1.1 BOT 融资模式概述 …… 189
11.1.2 BOT 项目的参与人 …… 190

11.1.3　BOT 项目融资的运作程序　　　191
11.2　工程项目资产证券化　　　194
11.2.1　ABS 项目融资模式概述　　　194
11.2.2　ABS 融资的基本要素及当事人　　　198
11.2.3　ABS 融资的运行程序　　　200
11.3　PPP 融资模式　　　203
11.3.1　PPP 融资模式的理解　　　203
11.3.2　PPP 项目各阶段的融资安排　　　206
本章小结及重要术语　　　211
思考题　　　211

第 12 章　工程项目融资杠杆及融资结构

12.1　项目融资计划方案的编制　　　213
12.1.1　项目融资计划　　　213
12.1.2　还本付息方案　　　214
12.2　资金成本　　　215
12.2.1　对资金成本的理解　　　215
12.2.2　资金成本的计算　　　216
12.3　工程项目融资的杠杆原理　　　222
12.3.1　经营杠杆　　　222
12.3.2　财务杠杆　　　223
12.3.3　综合杠杆　　　224
12.4　融资结构分析　　　225
12.4.1　权益与债务融资比例　　　225
12.4.2　资本金融资结构　　　226
12.4.3　债务融资结构　　　227
12.4.4　融资结构方案比选方法　　　229
本章小结及重要术语　　　232
思考题　　　232

第 13 章　工程项目融资担保

13.1　工程项目融资担保概述　　　235

13.1.1 工程项目融资担保的概念及作用　235
13.1.2 工程项目融资担保中的担保人　235
13.2 工程项目融资担保的类型及形式　237
13.2.1 工程项目融资担保的范围　237
13.2.2 工程项目融资担保的类型　238
13.2.3 工程项目融资担保的形式　240
13.3 工程项目融资担保的法律形式及文件　244
13.3.1 工程项目融资担保的规定及法律形式　244
13.3.2 工程项目融资担保的法律文件　246
13.4 工程项目融资担保体系　247
13.4.1 融资担保体系构建的基本要点　247
13.4.2 工程项目融资担保体系　248
本章小结及重要术语　250
思考题　250

251 | 第14章　工程项目融资风险

14.1 工程项目融资风险识别　252
14.1.1 工程项目融资的风险分类　252
14.1.2 工程项目融资风险识别的技术　255
14.2 工程项目融资风险管理　256
14.2.1 工程项目融资风险评估　256
14.2.2 工程项目融资风险防范　258
本章小结及重要术语　262
思考题　262

263 | 参考文献

第一部分
工程项目经济分析

第1章
绪论

 知识导图

 重难点

工程项目的目标界定；对工程项目经济分析和投资决策的理解；工程经济学中的分离性原理和供给需求。

 学习目标

知识目标：掌握工程项目的目标界定、工程项目经济分析的概念和工程项目投资决策的概念；熟悉供给与需求分离研究、个体与总体分离研究、效率与公平分离研究；了解工程经济学中的分离性原理，以及供给与需求。

素质目标：形成对中国经济现象和经济问题的客观分析能力；用经济学的思维方式，正确看待中国经济的高质量发展和可持续发展。

 听编者说

1.1 经济学的研究内容

(1) 供给与需求分离研究

自 1776 年亚当·斯密（Adam Smith）的《国富论》出版以来，经济学在近代逐步发展成为一门独立的学科。

亚当·斯密之后，大卫·李嘉图（David Ricardo）以供给为起始点进行分析。1817 年出版的《政治经济学及赋税原理》体现了其经济学思想，后被让·巴蒂斯特·萨伊（Jean-Baptiste Say）、阿尔弗雷德·马歇尔（Alfred Marshall）等经济学家发扬光大，该领域里程碑式的理论表现为"供给自动创造其需求"的萨伊定律。

托马斯·罗伯特·马尔萨斯（Thomas Robert Malthus），与李嘉图研究体系相反，以需求为起始点进行分析。他提出了"有效需求不足"这一理念，即相比供给而言，需求更为重要。这一理念此后被约翰·梅纳德·凯恩斯（John Maynard Keynes）发扬光大，其里程碑式的理论表现为"需求自动创造其供给"的凯恩斯定律。

(2) 个体与总体分离研究

19 世纪 70 年代，在英国的威廉姆·斯坦利·杰文斯（William Stanley Jevons）、奥地利的卡尔·门格尔（Carl Menger）和法国的里昂·瓦尔拉斯（Léon Walras）掀起边际效用革命之后，数学中的微积分理论在经济学研究中日益重要。1890 年，马歇尔的《经济学原理》对经济学进行统一梳理，建立了局部均衡理论分析框架。在此基础上，保罗·萨缪尔森（Paul A. Samuelson）又对李嘉图、马歇尔以及马尔萨斯、凯恩斯等的经济学思想进行统一性研究，将从个体出发的研究称为微观经济学，将从总体出发的研究称为宏观经济学。

以个体为出发点的微观经济学，将经济系统中的经济体抽象为消费者和企业。给定消费者对商品形成的偏好关系，可以构造出消费者的效用函数。这样，消费者的决策问题就可以表示为，在一定收入的前提下，追求自身效用函数值的最大化（简称为效用最大化问题），从而形成对商品的需求。给定企业的生产技术，用收入减去成本，可以构造出企业的利润函数。这样，企业的决策问题就可以表示为，在生产技术可行的前提下，追求自身利润函数值的最大化（简称为利润最大化问题），从而形成对商品的供给。

供给和需求实现相等被称为均衡或者出清。例如，消费者追求效用最大化，其供给就是劳动与资产（资本的供给），需求是消费品；企业追求利润最大化，供给是消费品，需求就是劳动与资本，出清就是消费者的需求等于企业的供给，消费者的供给等于企业的需求。实现均衡的价格水平，如消费品的价格、劳动的价格（工资水平）、资本的价格（利率）等，就是经济学的核心问题。而依据对经济环境设定的不同，价格水平的决定问题又分为局部均衡和一般均衡。局部均衡和金融中常提到的无套利思想有相似之处，即研究单一行业或市场中的商品价格水平，忽略该商品市场与其他市场的相互影响。而一般均衡则研究所有商品市场之间的相互影响关系。例如，研究利率，只考虑资本市场本身，同时假设劳动、消费品等其他市场不发生变化，这就是局部均衡的概念；研究利率，同时考虑资本市场与劳动、消费品等所有市场之间的关系，这就是一般均衡的概念。

凯恩斯所勾勒的宏观经济学，则从马歇尔的局部均衡理论出发，依据个体需求加总，形成了消费、投资、政府支出和净出口需求总量，他将这四种需求总量之和定义为国内生产总值（gross domestic product，GDP），在此基础上研究利率和汇率水平（货币的价格）、工资水平（劳动的价格）、物价水平（商品的价格）等的决定问题。因此，加总问题是宏观经济学的前提问题，若不加以解决，宏观经济学始终缺乏相应的坚实的根基，这也是宏观经济学始终在追求建立微观基础的缘由所在。

显然，二者的边界极为模糊，微观经济学也研究加总问题以及社会总福利问题，宏观经济学也在为其消费、投资等内容建立相应的微观基础，二者呈现融合趋势。微观经济学在开放经济的环境下又形成了国际投资学，而宏观经济学在开放经济的环境下又形成了国际金融学与国际贸易学。探讨经济学理论的数学基础问题则形成了数理经济学，对经济学理论的数据验证则形成了计量经济学。对税收、货币等子领域的研究则形成了财政学、货币经济学等分支学科。这就是经济学理论大厦的基本雏形。

（3）效率与公平分离研究

以效率为核心的探讨经济学"是什么"的研究，属于实证经济学范畴；以公平为核心的探讨经济学"应该是什么"的研究，属于规范经济学范畴。二者的界限在于是否给予主观价值判断。

以分析效率为核心的研究聚焦在均衡的价格体系。亚当·斯密一开始就把价格水平的决定机制作为其理论假设的核心问题，即使到现在，这依旧是经济学的核心问题。

效率概念由经济学家维尔弗雷多·帕累托（Vilfredo Pareto）引入并拓展。如果在经济运行中，某人在不损害其他人利益的情况下，使自己的利益有所增加，可以称为效率改进。如果经济运行中不存在这种改进空间，就称为有效。为了纪念帕累托的贡献，将其名字加在效率之前，从而又将两种情形称为帕累托改进和帕累托有效。

对均衡概念做出关键性贡献的则是与帕累托同时代的经济学家瓦尔拉斯。瓦尔拉斯第一次将亚当·斯密描述的市场这只"无形的手"对价格水平的决定问题，表述为在完全竞争市场下所有商品的供需同时实现相等的方程组求解问题，即均衡价格体系的存在性问题，又被称为一般均衡存在性问题。虽然瓦尔拉斯将这一问题转化成了数学问题，构造出了 n 个方程来求解 n 个未知数（即 n 个商品各自的价格水平），并认为自己"解决"了一般均衡问题，但稍有点数学基础的都知道，尽管有 n 个方程，即使都是线性方程，方程组中的 n 个未知数也未必有解，而这显然受到了当时数学理论发展的制约。

将经济学中的均衡和效率两个问题统一起来研究并取得突破性进展的是肯尼斯·约瑟夫·阿罗（Kenneth J. Arrow）和杰拉德·德布鲁（Gérard Debreu）两位经济学家。1954 年，阿罗和德布鲁联合发表了证明一般均衡理论存在性的论文，基于严谨的数学公理化体系来描述消费者的偏好关系和企业的生产技术，进而对均衡的价格体系存在性给出了严谨的证明。5 年之后，德布鲁又对其论文的技术细节进行了完善。这种证明充分展现了数学在经济学中的完美运用。阿罗和德布鲁也因为这一贡献分别在 1972 年和 1983 年获得诺贝尔经济学奖。

德布鲁证明一般均衡的过程中，引入了约翰·纳什（John Nash）的基本贡献，将消费者、企业和市场表现为三方博弈，从而得出均衡必然存在，这也是数学的不动点理论在经济学中的应用。德布鲁和纳什给经济学引入了两个互补的方法论基础：一般均衡理论和博弈论。简言之，一般均衡理论中，所有的参与者只听从价格这个指挥棒进行决策；而在博弈论中，需要考虑参与者之间的相互影响。

德布鲁构建的一般均衡理论大厦假设所有的经济体都是价格接受者（price-taker），即所有的经济体都听从价格这个指挥棒进行决策。充分发挥市场这只"无形的手"的力量，通过充分竞争使得每个经济体实现自身的利益最大化，实现帕累托有效，即在均衡的价格体系下，消费者能够实现效用最大化，企业能够实现利润最大化。简而言之，完全竞争能够实现帕累托有效，这也被称为福利经济学第一定理。福利经济学第二定理则探讨均衡能否通过市场来实现，即探讨第一定理的逆命题是否成立，二者并不完全等价。

但是，价格接受者这个假设极强，理性的经济体基于自身利益最大化做选择，也可能实现最坏的可能性，经典的"囚徒困境"问题就反映了这一思想，它违背了经济所追求的帕累托效率目标。一旦放宽价格接受者这一假设，纳什所构建的博弈论思想就有了用武之地。那么经济中哪些领域可能会违背这一假设呢？例如，市场上有些领头羊企业在其行业内具备定价权，该企业就不再是价格接受者，这一现象称为市场失灵。一般而言，典型的市场失灵包含市场力量、外部性、公共品和信息不对称，因为市场自身无法克服，这也是经典经济学中认为需要政府干预的四大领域。博弈论这一方法论在具体问题上的应用，又被称为机制设计理论或契约理论。纳什也因为在方法论上的贡献获得了1994年的诺贝尔经济学奖。

如果将诺贝尔经济学奖获得者的研究领域视为当代经济学的风向标，那么历届获得者基本就聚焦在均衡、效率、公平、机制设计等研究领域。

供给和需求显然存在着相互作用的机理，正如个体与总体、效率与公平也存在着相互作用的机理一样。分离研究与统一研究始终交织在一起，这在工程经济学中也得到了充分体现。

1.2 工程经济学与经济学的关系

（1）工程经济学中的分离性原理

工程经济学就是经济学理论在工程项目中的应用，是经济学的一个子集。作为一门学科，它专注于被称为微观经济学的经济学分支，因为它研究个人和公司在做出有关有限资源分配的决策时的行为，因此，侧重于决策过程、决策背景和环境。它也是微观经济理论的简化应用，因为它假设价格决定、竞争和需求/供给等要素是来自其他来源的固定投入。作为一门学科，它与统计学等其他学科密切相关，借鉴了经济学的逻辑框架，但增加了数学和统计学的分析能力。从根本上，工程经济学用于当有实现既定目的的替代方案可用时，制订、估计和评估经济结果。

任何一个工程项目，同时考虑收益成本与融资结构问题都会极其复杂。首先，收益成本分析受融资结构的影响。企业对工程项目独立出资，称为股权；企业从第三方借款为工程项目融资，称为债权。对项目融资而言，股权和债权的成本显然不一样。其次，融资安排又以工程项目的收益成本分析为前提。只有满足收益成本分析的基本要求，才会产生融资需求。因此，这两个问题本质上是交织在一起的，这也是工程经济学研究的第一个难题。

事实上，可以参考经济学理论的分离性研究范式，将项目决策分离为以下两步：首先，需要考虑该不该进行投资，即这种投资的收益能不能超过投资成本，这被称为投资决策问题；其次，再考虑工程项目的融资需求，即自身出资形成股权和向第三方借款形成债权这二者之间的比例问题，这被称为融资决策问题。这种经济学上分离性原理的应用又被称为投融资分离定理。

尽管投资决策与融资决策相互影响，但将两种决策分开研究，显然会简化对工程项目的分析。

(2) 工程经济学中的供给与需求

工程经济学中常见的投资决策、融资决策、价值评估、项目评价等问题，都可以与经济学的基本概念形成对应或映射关系。

① 经济学中的需求，映射到工程经济学中，表现为投资决策问题。

经济学中的需求和需要不同，能够实现的需要，或者说可行的需要，才能称为需求。工程项目也一样，其作为潜在的资本需求方，只有通过了收益成本分析的可行性研究，才能形成自身的资本投资需求。

② 经济学中的供给，映射到工程经济学中，表现为融资决策问题。

要满足工程项目在可行性研究基础上的资本投资需求，首先需要界定资本的供给方。项目的资本供给有两个基本来源：项目实施方的自有资本，对项目投资形成股权；从金融中介等第三方借入的资本，对项目投资形成债权。资本供给方对这两部分的配比问题，表现为融资决策问题。

③ 经济学中的价格水平决定问题，映射到工程经济学中，表现为工程项目的价值评估问题。

需求和供给实现出清下的均衡价格水平决定问题是经济学的中心问题。同样，项目的均衡价值决定问题也是投资决策与融资决策的中心问题。项目的均衡价值应该是项目的投资价值与项目的融资价值相等时的结果。资本的需求方与供给方对工程项目的价值评估实现一致，这实质上反映了局部均衡或者无套利的思想，此时投融资双方无法通过对项目的"低买高卖"实现套利。因此，价格水平的决定问题，在工程经济学中，就表现为工程项目的价值评估问题。在实际运用中，各参与方对项目价值的主观判断很难达成一致，均衡价值实际上是参与方讨价还价后所形成的结果。

价格水平在工程项目的价值评估中具有两个层次的含义。第一，将项目视为一个整体，此时价格水平表现为项目的总体价值，这是将价格水平视为绝对值的理念；第二，项目价值拆解为股权价值和债权价值之后，股权的每单位货币的价格和债权的每单位货币的价格不一样，分别称为股权收益率和债权收益率，股权收益率和债权收益率加权又会形成项目投资收益率，这是将价格水平视为相对值的理念。

④ 经济学中的个体与总体问题，映射到工程经济学中，表现为单个项目与项目集群的关系问题。

任何一个工程项目，基本都可以拆解成多个子项目，这是工程项目的常见情形。如果工程项目的总预算是固定的，显然，预算在各个子项目之间的分配就较为复杂。一个简单的情形是，各个子项目彼此独立，时间上先后继起，那么个体的简单加总就是总体。但是，如果子项目存在互斥的情形，或者子项目存在多种实施方案，这时候的预算分配问题解决起来极为困难。因此，工程经济学除了需要经济学的理论知识，还需要项目管理的经验。处理工程项目中的单个子项目与其他子项目之间的关系，除了需要工程经济学的知识，显然还需要其他领域的知识。

⑤ 经济学中的效率问题，映射到工程经济学中，表现为工程项目的评价与决策问题。

经济学之所以要研究均衡的价格水平，是因为该价格水平蕴含着某种效率特征。如福利经济学第一定理表明，均衡价格水平下，经济系统能够实现帕累托最优，任何经济体利益的改善都会以牺牲其他经济体的收益为代价。同样，项目的价值评估也蕴含着相应的效率特征，这是项目决策的基础，而价值评估又与项目的目标联系在一起，使得价值评估进一步复杂化。

总体上，工程经济学不仅需要经济学的理论知识，又因为工程项目的自身属性，也需要项目管理的实践经验。将经济学的基本概念运用到工程经济学中，有助于对后续出现的工程经济学中的诸多概念进行统一梳理。

1.3 工程项目的经济分析与投资决策理解

(1) 工程项目的目标界定

项目目标与项目价值评估是工程经济学的两个核心问题，首先来看工程项目的目标界定。

工程项目的一个首要问题是项目的目标是什么。只有把目标问题搞清楚了，才能进行相应的投资决策研究或融资决策研究。

如果项目的目标是客观的，就可以基于经济学理论进行定量分析。常见的目标是项目价值最大化，此时只要测算出收入的组成部分以及成本的组成部分，就可进行相应的投资决策与融资决策。

如果项目的目标涉及主观层面，则目标是否能够进行量化就成了难题，这涉及工程伦理学的范畴。如果这种主观目标可以进行主观量化，则依旧可以使用经济学的定量分析方法。但是如果项目的目标难以量化，定量分析方法就会失去用武之地。

例如：甲、乙、丙三方打算合力完成某项目，联合雇佣了部分员工组建了一个项目团队。假设项目目标仅仅是价值最大化或者利润最大化，那么只要测算出该项目可能产生的收入以及人员工资等成本，就能测算出相应的价值，从而可以很便利地进行投资决策与融资决策。但项目的目标也可能是甲、乙、丙三方的收益之和最大化，假设项目的投资完全由三方出资，那项目价值将不只是三方的收益之和，比如，作为负责人控制项目实施的一方，必然会获得这种控制权所带来的某种不可测的收益，此时目标量化比较困难。进一步，如果该项目还会形成相应的社会效益，而项目的目标定位为项目利润与社会效益之和最大化，则目标的量化将更加复杂。

(2) 对工程项目经济分析的理解

工程项目经济分析是指利用经济理论和方法，在工程项目投资决策与实施前，对拟建项目的投资性经济效益、经济性和预期风险进行分析，以便把握全局，控制建设投资决策，保证投资最佳经济效益，实现投资收益最大化的研究方法和实践活动。它是工程项目投资决策的基础，是建设和经济发展状况研究的重要工具。

工程经济分析的过程是主要依据经济技术核算法分析，让投资决策者了解工程投资的投资分配是否合理、收益是否达到设定的投资要求、投资成本是否可以节省、投资决策的经济后果，综合考虑决策的可控性和可预见性，以制订出最佳的投资方案的过程。

工程经济分析的重要意义体现在三个方面：

① 提高社会资源利用效率的有效途径。如何以最低的成本可靠地实现产品的必要功能，是工程经济分析的一个重要内容，也就是说，要做出合理分配和有效利用资源的决策，必须同时考虑技术与经济各方面的因素，进行工程经济分析。

② 企业生产决策的重要前提和依据。工程经济分析的结果是企业生产决策的前提和依据，没有可靠的经济分析，就难以保证决策的正确。

③ 降低项目投资风险的可靠保证。决策科学化是工程经济分析的重要体现,在工程项目投资前期进行各种技术方案的论证评价,一方面可以在投资前发现问题,以便及时采取相应措施;另一方面对技术经济论证不可行的方案及时否决,以减少决策的盲目性,避免不必要的损失,使投资风险趋于最小。

(3) 对工程项目投资决策的理解

① 建设项目投资。从内容上来看,建设项目投资是指以建设项目为标的而投入的资源总和;从行为上来看,建设项目投资是指投资主体为获得未来不确定性价值,将资源投入建设项目,实现增值的过程。若建设项目的投资额为 V,则决策方案的价值应为 $V+\Delta V$ ($\Delta V>0$),其中 ΔV 为增值部分。ΔV 并不一定为最优,但一定是决策者最满意的增值结果。投资价值包括但不限于 VfM(Value for Money),但利用建设项目载体,人们的目标期望状态与现状的距离可以被消除,当然此处所言的价值并非狭义上的经济学价值,而是泛指人们对客观事物偏好程度的表达。因此,在建设项目投资决策中,增值是投资的最终期望目标,项目价值理应成为投资决策的核心理念。项目价值的最直接表现就是能够满足利益相关者的需求,也就是说民营建设项目需要以市场需求为导向,公共建设项目则需以公共需求为导向。不过,需要注意项目价值的柔性特征。首先,从纵向上看,鉴于建设项目的不可逆性,项目的价值应趋向建设项目全寿命周期价值,亦即可持续的 4D(decision-making, design, do & demolish)价值。其次,从横向上看,与决策的满意原则相适应,建设项目价值既可能是可度量的经济效益,也可能是决策者所追求的心理正效用,而且项目价值受时间和风险这两个关键因素的约束,并与竞争者产生交互式的影响。与之相应,建设项目的评估也应是多准则的。

② 决策。狭义的决策是指决策者在两个或两个以上方案中进行选择的过程。广义的决策是指方案的产生及其选择过程。广义的决策概念取消了狭义决策中备选方案既定前提,将决策过程向前扩展至方案的形成过程,完整地反映了决策的全过程。狭义的决策概念仅局限于"如何正确地做事",至于"事情本身是否正确"则不在其研究范围,而广义的决策则不仅要求"正确地做事",还要求"做正确的事",即"正确地做正确的事"。

③ 工程项目决策。工程项目的决策是指对一个工程项目进行详细的分析和评估,以确定其可行性和可实施性。该分析涉及各个方面,包括项目的目标和范围、投资和资金来源、项目风险和不确定性、项目时间计划,以及项目的社会、环境和经济影响等。通过这些分析和评估能够帮助决策者做出明智的决策,确保项目的成功实施。

a. 项目目标和范围分析。在工程项目决策分析的第一阶段,需要明确项目的目标和范围。项目目标是指项目所要达到的具体成果,而项目范围则是指项目涵盖的工作内容和要求。分析项目目标和范围的重要性在于确保项目的目标明确、具体,并且与相关方的期望相符。如果项目目标和范围不明确,有可能导致项目执行偏离方向,最终影响项目的成功。

b. 投资和资金来源分析。投资和资金来源分析是工程项目决策分析的重要组成部分。在此阶段,需要评估项目所需的投资金额,并确定项目的资金来源。这包括内部融资、外部融资、政府拨款等途径。通过分析投资和资金来源可以确保项目有足够的资金支持,并选择最经济、可行的融资方式。

c. 项目风险和不确定性分析。在工程项目决策分析中,风险和不确定性分析是至关重要的。对项目可能面临的风险和不确定性进行分析,可以制订相应的风险管理策略,减少项目失败的风险。这些风险可能包括技术风险、市场变化、法律法规风险等。对这些风险的仔细评估，可以帮助项目决策者更好地预测和规避可能出现的问题。

d. 项目时间计划分析。项目时间计划分析是工程项目决策分析中的关键一环。在此阶段需要制订详细的项目时间计划，并且评估项目所需的时间和资源。通过分析项目时间计划，可以预测项目的执行进度，确保项目按时完成。同时，还可以合理分配资源，提高项目的效率和质量。

e. 项目的社会、环境和经济影响分析。工程项目决策还需要考虑项目对社会、环境和经济的影响。这包括对项目的社会效益、环境影响和经济效益进行评估。通过综合考虑这些因素，可以评估项目的可持续性和社会价值，帮助决策者做出正确的决策。

综上所述，工程项目决策是一个复杂而综合的过程。通过对工程目标和范围、投资和资金来源、项目风险和不确定性、项目时间计划，以及项目的社会、环境和经济影响等方面进行分析，可以帮助决策者做出明智的决策，确保项目的成功实施。在进行决策时，应该全面考虑各种因素，并制订有效的解决方案，以确保项目能够按计划进行并取得良好的效果。

 本章小结及重要术语

 思考题

在线题库 参考答案

1. 如何理解工程经济学中的分离性原理？
2. 如何理解工程经济学中的供给需求？
3. 如何理解工程项目的目标界定？
4. 简述对工程项目经济分析的理解。
5. 简述对工程项目投资决策的理解。

第 2 章
工程项目经济分析中的现金流量及指标

 知识导图

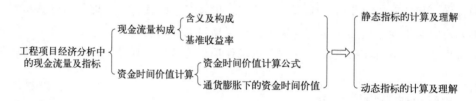

 重难点

工程项目现金流量的含义；资金时间价值的计算；名义利率与实际利率的计算；静态指标和动态指标的计算及判别标准。

 学习目标

知识目标：掌握工程项目现金流量的含义，掌握资金的时间价值概念及计算，掌握名义利率与实际利率，掌握静态经济指标的计算，掌握动态经济指标的计算，熟悉基准收益率的确定，熟悉等值的含义，了解通货膨胀下的资金时间价值，了解工程经济指标的分类。

素质目标：树立节约意识和正确的人生观，认识劳动的重要性；形成劳动光荣的观念；树立正确的价值观和人生奋斗理念；建立资金的风险防范意识。

2.1 工程经济学中的现金流量构成

2.1.1 现金流量的含义

在进行工程经济分析时,把所考察的对象视为一个系统(可以是一个建设项目、一个企业,也可以是一个地区、一个国家),而投入的资金、花费的成本、获取的收益,均可看成是以资金形式发生在该系统中的资金流出或资金流入,这种在系统对象整个寿命周期各时点 t 上实际发生的资金流出或资金流入称为现金流量。

流入系统的资金称为现金流入(cash inflow),用符号 CI_t 表示,主要有产品销售收入、回收固定资产残值、回收流动资金。流出系统的资金称为现金流出(cash output),用符号 CO_t 表示,主要有固定资产投资、投资利息、流动资金、经营成本、销售税金及附加、所得税、借款本金偿还。现金流入与现金流出之差称为净现金流量,用符号 $(CI-CO)_t$ 表示,即净现金流量等于系统中同一年份的现金流入量减现金流出量。

2.1.2 基准收益率的确定

(1) 基准收益率的概念

基准收益率(基准折现率、期望收益率),是企业或行业投资者以动态的观点所确定的,可接受的项目投资方案最低标准的收益水平,体现了投资者对工程项目投资资金时间价值的判断和对方案风险程度的估计,是投资资金应当获得的最低盈利水平,它是评价和判断工程项目投资方案在财务上是否可行和进行技术方案比选的主要依据。因此,基准收益率的确定合理与否,对工程项目投资方案经济效果的评价结论有直接的影响,定得过高或过低都会导致投资决策的失误。

(2) 基准收益率的测定方法

① 基准收益率是最低限度,不应小于资金成本。

② 机会成本是在工程项目投资方案外部形成的,虽不是实际支出,但在工程经济分析时应作为一个因素加以认真考虑,有助于选择最优方案。

显然,基准收益率(i_c)应不低于单位资金成本和单位投资的机会成本二者中的大值(i_1),其表达式为:$i_c \geqslant i_1 = \max(\text{单位资金成本}, \text{单位投资机会成本})$。

如果项目投资方案完全由企业自有资金投资,行业平均收益水平可以理解为资金的机会成本;假如项目投资方案投资资金来源于自有资金和贷款,最低收益率不应低于行业平均收益水平(或新筹集权益投资的资金成本)与贷款利率的加权平均值。如果有好几种贷款,贷款利率应为加权平均贷款利率。

③ 投资风险。在确定基准收益率时,还应考虑风险因素。通常以一个适当的风险补贴率 i_2 来提高 i_c 值。即以一个较高的收益水平补偿投资者所承担的风险,风险越大,补贴率越高。

④ 通货膨胀。为反映和评价出拟实施项目投资方案在未来的真实经济效果,在确定基准收益率时应考虑这种影响,结合投入产出价格的选择决定对通货膨胀因素的处理方式。

综上分析,投资者自行测定的基准收益率可确定如下:

若项目投资方案现金流量是按当年价格预测估算的,则应以年通货膨胀率 i_3 修正 i_c 值,即:

$$i_c=(1+i_1)(1+i_2)(1+i_3)-1\approx i_1+i_2+i_3 \tag{2-1}$$

若项目投资方案的现金流量是按基年不变价格预测估算的，预测结果已排除通货膨胀因素的影响，就不再重复考虑通货膨胀的影响去修正 i_c 值，即：

$$i_c=(1+i_1)(1+i_2)-1\approx i_1+i_2 \tag{2-2}$$

以上近似处理的条件是 i_1、i_2 和 i_3 都为小数。

总之，合理确定基准收益率对于投资决策极为重要。从代价补偿的角度确定基准收益的基础是资金成本和机会成本，而投资风险和通货膨胀则是必须考虑的因素。

2.2 工程经济分析中资金时间价值的计算

2.2.1 对资金时间价值的理解

(1) 资金时间价值的概念

在工程经济分析的计算中，项目投资方案的经济效益所消耗的人力、物力和自然资源，最后都以价值形态，即资金的形式表现。资金运动反映了物化劳动和活劳动的运动过程，此过程也是资金随时间运动的过程。因此，进行工程经济分析时，不仅要着眼于投资方案资金量的大小（资金收入和支出的多少），也要考虑资金发生的时间。资金是运动的价值，资金的价值是随时间变化而变化的，是时间的函数，随时间的推移而增值，增值的这部分资金就是原有资金的时间价值。其实质是资金作为生产经营要素，在扩大再生产及资金流通过程中，资金随时间周转使用的结果。

影响资金时间价值的因素主要有资金使用时间、资金的数量、资金投入和回收的时点、资金周转的速度。

(2) 利息与利率的概念及内容

① 利息。在借贷过程中，债务人支付给债权人超过原贷款金额（常称作本金）的部分，是由贷款发生利润的一种再分配，在工程经济研究中，常被看作资金的机会成本。因为如果放弃资金的使用权，相当于失去收益的机会，也就相当于付出了一定的代价。此外，利息是指占用资金所付的代价或者是放弃现期消费所得的补偿。

② 利率。利率就是在单位时间（如年、半年、季、月、周、日等）内所得利息额与本金之比，常用百分数表示。利率是各国发展国民经济的杠杆之一，利率的高低由社会平均利润率、金融市场上借贷资本的供求情况、借出资本的风险、通货膨胀、借出资本的期限长短决定。

③ 利息和利率在技术经济活动中的作用。

首先，利息和利率是以信用方式动员和筹集资金的动力。

其次，利息促进企业加强经济核算，节约使用资金。

再次，利息和利率是国家管理经济的重要杠杆。

最后，利息与利率是金融企业经营发展的重要条件。

2.2.2 资金时间价值的计算

(1) 资金时间价值的计算方式

资金时间价值通常表现为利息，其计算方式有单利和复利两种，计息期可按一年或不同于一年的计息周期计算。单利是指利息与时间呈线性关系，即只计算本金的利息，而本金所产生的利息不再计算利息。单利没有反映出资金运动的规律性，不符合扩大再生产的实际情况。所以，通常采用复利计算。复利，就是借款人在每期期末不支付利息，而将该期利息转为下期的本金，下期再按本利和的总额计息，即不但本金产生利息，而且利息的部分也产生利息。

(2) 资金时间价值计算公式

① 现值与将来值的相互计算

a. 设现值为 P，利率为 i，时间为 n，将来值 F 的计算如下式

$$F = P(1+i)^n \tag{2-3}$$

式中　$(1+i)^n$——一次支付本利和系数（或一次支付终值系数），用符号 $(F/P, i, n)$ 表示。

b. 设将来值 F 为已知时，利率为 i，时间为 n，利用式(2-3)求现值 P，即

$$P = F \frac{1}{(1+i)^n} \tag{2-4}$$

式中　$\dfrac{1}{(1+i)^n}$——一次支付现值系数，用符号 $(P/F, i, n)$ 表示。

② 年等值与将来值的相互计算

a. 设时间为 n，每期期末等值金额为 A，利率为 i，n 期末的复利本利和 F 值为

$$F = A + A(1+i) + A(1+i)^2 + \cdots + A(1+i)^{n-1} = A \frac{(1+i)^n - 1}{i} \tag{2-5}$$

式中　$\dfrac{(1+i)^n - 1}{i}$——等额支付将来值系数（或年金终值系数），用符号 $(F/A, i, n)$ 表示。

b. 设将来值为 F，利率为 i，时间为 n，计算等值 A，将式(2-5)变换可得到

$$A = F \frac{i}{(1+i)^n - 1} \tag{2-6}$$

式中　$\dfrac{i}{(1+i)^n - 1}$——等额支付偿债基金系数，用符号 $(A/F, i, n)$ 表示。

③ 年等值与现值的相互计算

a. 设各年等值为 A，时间为 n，利率为 i，计算现值 P，应用已推导出的将 A 值换算成 F 值的式(2-5)与将 P 值换算成 F 值的式(2-3)可得到

$$P = A \frac{(1+i)^n - 1}{i(1+i)^n} \tag{2-7}$$

b. 设现值为 P，时间为 n，利率为 i，计算年等值 A，将式(2-7)进行变换得

$$A = P \frac{i(1+i)^n}{(1+i)^n - 1} \tag{2-8}$$

式(2-7)中与 A 相乘的系数称为等额支付现值系数（或年金现值系数），用 $(P/A, i, n)$

表示。式(2-8)中与 P 相乘的系数称为资本回收系数,用符号 $(A/P, i, n)$ 表示。

(3) 对资金时间等值的理解

① 等值的含义

在工程经济分析中,为了考察投资项目的经济效益,必须对项目寿命周期内不同时间发生的全部收益和全部费用进行分析和计算。资金等值是指在考虑了时间因素之后,把不同时刻发生的数值不等的现金流量换算到同一时点上,从而满足收支在时间上可比的要求。

资金等值的特点是:资金的数额相等,发生的时间不同,其价值肯定不等;资金的数额不等,发生的时间也不同,其价值却可能相等。决定资金等值的因素有:a. 资金数额;b. 资金运动发生的时间;c. 利率。

② 名义利率与实际利率

通常复利计算中的利率一般是指年利率,计息期也以年为单位。但计息期不为一年时也可按上述公式进行复利计算。

当年利率相同,而计息期不同时,其利息是不同的,因而存在名义利率和实际利率之分。实际利率又称为有效利率,名义利率又称非有效利率。

【例 2-1】 设年利率为 12%,现在存款额为 1000 元,期限为一年,试按一年 1 次计息;一年 4 次按每季度 3%×(12%÷4) 利率计息;一年 12 次按月利率 1%×(12%÷12) 计息的情况分别计算复本利和。

【解】 三种情况的复本利和分别为:

一年 1 次计息:$F = 1000 \times (1+12\%) = 1120$(元)

一年 4 次计息:$F = 1000 \times (1+3\%)^4 = 1125.51$(元)

一年 12 次计息:$F = 1000 \times (1+1\%)^{12} = 1126.8$(元)

例 2-1 中的 12%,对于一年 1 次计息时既是实际利率又是名义利率;3% 和 1% 称为周期利率。由上述计算可知:

$$\text{名义利率} = \text{周期利率} \times \text{每年的复利周期数}$$

通过上述分析与计算,名义利率与实际利率间存在着下述关系:

a. 当计息周期为一年时,名义利率与实际利率相等;计息周期短于一年时,实际利率大于名义利率。

b. 名义利率不能完全地反映资金的时间价值,实际利率才真实地反映资金的时间价值。

c. 令 i 为实际利率,r 为名义利率,m 为复利的周期数,则实际利率与名义利率间存在着下述关系:

$$i = \left(1 + \frac{r}{m}\right)^m - 1 \tag{2-9}$$

d. 名义利率越大,周期越短,实际利率与名义利率的差值就越大。

2.2.3 通货膨胀下的资金时间价值

(1) 通货膨胀与货币的购买力

① 通货膨胀

为了使问题简化,一般假定通货膨胀率等于物价上涨率(价格水平上涨率)。于是有计算公式:

$$f = g_{\overline{P}} = \frac{\overline{P}_t - \overline{P}_{t-1}}{\overline{P}_{t-1}}$$

式中　f——通货膨胀率，%；
　　　$g_{\overline{P}}$——平均价格水平的年上涨率，%；
　　　$\overline{P}_t, \overline{P}_{t-1}$——第 t 年和第 $t-1$ 年的平均价格水平，%，以

② 货币的购买力

价格水平向上或向下，对货币的购买力有不同的作用买力下降；当价格水平向下运动，货币的购买力提高。

(2) 投资中的通货膨胀分析

① 市场利率

市场利率反映了在金融和经济活动中的名义投资收益能力，是按照当年值计算的利率。市场利率是在金融市场上和投资经济活动中实际操作的利率，市场利率包括了货币收益能力和货币购买能力双重因素。

② 真实利率

真实利率中剔除了通货膨胀的效应，反映了货币真实的收益能力，是一种抽象利率。在通常情况下真实利率不实际应用于金融市场的交易中，它必须通过换算才能得到。在经济生活中，如果通货膨胀率为零，则市场利率（u）与真实利率（i）相等。

③ 通货膨胀率

通货膨胀率是某一点的价格水平相对于基年价格水平增长的百分比。若通货膨胀率为负值，即为通货紧缩。

④ 三者的换算关系

a. 已知 i 和 f，求 u

n 年年末的通货将来值为

$$F = P[(1+i)(1+f)]^n$$

若用 u 表示考虑了利率和通货膨胀率的综合利率，则

$$F = P(1+u)^n = P[(1+i)(1+f)]^n$$

$$u = (1+i)(1+f) - 1 = i + f + if \tag{2-11}$$

当 i 和 f 都很小时，综合利率为

$$u = i + f \tag{2-12}$$

在通货膨胀下，只要用综合利率，就能利用复利法公式正确地进行不同时点资金的价值换算。

b. 已知 u 和 f，求 i

由式（2-11）得

$$i = \frac{u - f}{1 + f} \tag{2-13}$$

2.3　工程经济分析中的评价指标

2.3.1　工程经济指标的分类

① 按照投资项目对资金的回收速度、获利能力和资金的使用效率进行分类，经济评价指

标可分为时间型指标、价值型指标（即以货币量来表示的）和效率型指标，具体见表 2-1。

表 2-1 按回收速度、获利能力和资金的使用效率进行分类

评价指标	具体指标	备注
时间型指标	投资回收期	静态、动态
	追加投资回收期	静态、动态
	借款偿还期	静态
价值型指标	财务净现值率、财务净年值	动态
效率型指标	投资利润率、投资利税率	静态
	财务内部收益率	动态
	财务净现值率指数	动态
	增量投资收益率	静态，用于多个项目比较选择

② 按照是否考虑资金时间价值进行分类，分为静态评价指标和动态评价指标，具体见表 2-2。

表 2-2 按是否考虑资金时间价值进行分类

评价指标	具体指标
静态评价指标	总投资收益率、静态投资回收期、资本金净利润率、利息备付率、偿债备付率、资产负债率
动态评价指标	财务内部收益率、财务净现值率、财务净年值、动态投资回收期

③ 按照指标表现形式进行分类，分为绝对评价指标和相对评价指标，具体见表 2-3。

表 2-3 按指标表现形式进行分类

评价指标	具体指标
绝对评价指标	静态投资回收期、动态投资回收期、财务净现值、财务净年值、费用现值、费用年值
相对评价指标	总投资收益率、资本金净利润率、利息备付率、偿债备付率、资产负债率、财务净现值率、财务内部收益率

④ 按照指标所表现的经济性质进行分类，分为盈利能力分析指标、偿债能力分析指标和财务生存能力分析指标，具体见表 2-4。

表 2-4 按指标所表现经济性质进行分类

评价指标	具体指标
盈利能力分析指标	投资回收期、总投资收益率、资本金净利润率、财务净现值率、财务内部收益率、财务净年值
偿债能力分析指标	利息备付率、偿债备付率、资产负债率
财务生存能力分析指标	净现金流量、累积盈亏资金

2.3.2 静态经济指标的计算

(1) 总投资收益率

总投资收益率也称投资利润率，指投资项目达到设计生产能力时正常年份的年息税前利

润或运营期内年平均息税前利润与项目总投资的比率。计算公式为

$$\text{ROI} = \frac{\text{EBIT}}{\text{TI}} \times 100\% \tag{2-14}$$

式中　ROI——总投资收益率；
　　　EBIT——项目达到设计能力后正常年份的年息税前利润或运营期内年平均息税前利润；
　　　TI——项目总投资。

年息税前利润＝年营业收入－年销售税金及附加－年总成本费用＋年利息支出
年销售税金及附加＝年消费税＋年增值税＋年资源税＋年城乡维护建设税＋
　　　　　　　　　年教育费附加＋地方教育附加
项目总投资＝建设投资＋建设期利息＋流动资金

若总投资收益率高于行业收益率参考值时，认为该项目盈利能力满足条件。

（2）投资利税率

投资利税率指项目正常年份的利税总额或年平均利税总额与项目总投资额的比值，是考察项目单位投资对国家贡献水平的指标。计算公式为

$$投资利税率 = \frac{年利税总额或年平均利税总额}{项目总投资} \tag{2-15}$$

年利税总额＝年销售收入－年总成本费用＝年利润总额＋年销售税金及附加

若投资利税率高于行业利税率参考值时，认为该项目经济上可行。

（3）资本金利润率

项目资本金利润率表示项目资本金的盈利能力水平，指项目达到设计能力后正常年份的年净利润或运营期内年平均净利润与项目资本金的比率。计算公式为

$$\text{ROE} = \frac{\text{NP}}{\text{EC}} \times 100\% \tag{2-16}$$

式中　ROE——项目资本金利润率；
　　　NP——达到设计能力后正常年份年净利润或运营期内年平均净利润；
　　　EC——项目资本金。

若资本金利润率高于行业净利润率参考值时，表明项目的盈利能力满足要求。

（4）静态投资回收期

① 静态投资回收期概念

在不考虑资金时间价值的情况下，从项目投资建设之日起，用项目各年的净收入，抵偿全部投资（包括固定资产和流动资金）所需要的时间称为静态投资回收期。投资回收期一般从建设开始年计算，必要时可以从投产期开始算起。

② 静态投资回收期的计算

根据静态投资回收期的定义，计算式为

$$\sum_{t=0}^{P_t}(\text{CI}-\text{CO})_t = 0 \text{ 或 } \sum_{t=0}^{P_t}\text{NCF}_t = 0 \tag{2-17}$$

式中　$(\text{CI}-\text{CO})_t$——第 t 年的净现金流量；
　　　NCF_t——第 t 年的净现金流量；
　　　P_t——静态投资回收期。

在实际项目评价中，累计净现金流量等于零时的时点通常不是某一自然年份。此时可以利用已知的现金流量表或现金流量图，通过累计净现金流量，采用下列公式计算静态投资回收期：

$$P_t = T - 1 + \frac{第(T-1)年累计净现金流量绝对值}{第\ T\ 年的净现金流量} \tag{2-18}$$

式中　T——项目各年累计净现金流量首次出现正值年份或零的年份。

在投资回收期的计算中，回收期是指通过项目的净收益（包括利润和折旧）来回收总投资（包括固定资产和流动资金）所需要的时间。如果项目投产后的年净收益相等或用年平均净收益计算时，则 P_t 的计算式可转化为以下形式：

从投资开始年算起的投资回收期为：

$$P_t = \frac{I}{R} + 建设期 \tag{2-19}$$

式中　I——总投资；

　　　R——年净收益。

③ 关于静态投资回收期的优缺点

静态投资回收期的优点：a. 概念清晰，简单易行，便于理解；b. 既在一定程度上反映了技术方案的经济性，又从静态角度反映了技术方案的风险大小和投资的补偿速度；c. 既可判定单个方案的可行性（与预计投资回收期 P_c 比较），又可用于方案间的比较（判定优劣）。

静态投资回收期指标的缺点：a. 因未反映资金的时间价值，用来决定项目的取舍，可能会做出错误的判断。b. 舍弃了方案在回收期以后的收入和支出情况，难以全面反映方案在整个寿命周期内的真实效益。c. 部门或行业的基准投资回收期的合理性难以确定。

【例 2-2】　某工程项目需 2 年建成，每年投资 50 亿元，投产后每年可收回资金 7.5 亿元，项目建成后的寿命周期为 50 年，投资经费全部来自贷款，贷款利率为 10%。

【分析】　如按静态投资回收期来计算 $P_t = 13.3$ 年（2×50 亿元/7.5 亿元），即建成后 13 年多一点即可收回全部投资，此后剩余的 36.7 年可赚 275.25 亿元（7.5 亿元/年×36.7 年），可以判定为可行的项目。如果考虑资金的时间价值，项目在建成投产年初欠款金额为 105 亿元[50 亿元×(1+10%)+50 亿元]。因此投产后，利息支出每年为 10.5 亿元（105 亿元×10%）。当实际收入为 7.5 亿元时，收支相抵亏损为 3 亿元，到年底总的亏损金额增加为 108 亿元，再过一年总的欠款金额会升至 111.3 亿元[108 亿元×(1+10%)-7.5 亿元]，欠款金额逐年上升，50 年后将达 3596.73 亿元，则是一个不可取的项目。

④ 静态投资回收期的判别标准。

将计算出的静态投资回收期 P_t 与确定的基准投资回收期 P_c 进行比较。若 $P_t \leq P_c$，表明项目投入的总资金能在规定的时间内收回，则方案可行；若 $P_t > P_c$，则方案不可行。

(5) 追加投资回收期

① 追加投资回收期的概念及计算式

追加投资回收期指标又称差额投资回收期、追加投资返本期，是指用投资大的方案所节约的年经营成本来偿还其多花的追加投资（或差额投资）所需要的年限。

一般来讲，投资额大的方案，成本较低；投资额小的方案，成本较高，此时，计算各自的投资回收期就有困难。

当方案间的投资额相差较大或方案的收益无法计量时，则需要用追加投资回收期指标来判断方案间的优劣。

设两个对比方案的投资分别为 K_1 与 K_2，年经营成本为 C_1 与 C_2，年净收益相同（或效用相同或无法计量），并设 $K_1 \leqslant K_2$，$C_1 \geqslant C_2$。在不考虑资金时间价值条件下，则静态差额投资回收期（ΔT）计算式为

$$\Delta T = \Delta K / \Delta C = (K_2 - K_1)/(C_1 - C_2) \tag{2-20}$$

若两方案的年净收益不同，年产量分别为 Q_1 与 Q_2，则需要转化为单位产量参数后再计算。此时，静态差额投资回收期（ΔT）的计算式为

$$\Delta T = \left(\frac{K_2}{Q_2} - \frac{K_1}{Q_1}\right) \div \left(\frac{C_1}{Q_1} - \frac{C_2}{Q_2}\right) \tag{2-21}$$

② 追加投资回收期的判别准则

当 $\Delta T \leqslant P_c$ 时，则投资大、成本低方案的追加投资回收时间较短，投资大的方案较优。

当 $\Delta T > P_c$ 时，则投资大、成本低方案的追加投资回收时间较长，投资小的方案较优。

显然，静态差额投资回收期法主要用于多个方案间的优劣比较。如果参与比较的可行方案较多，一般需要两两比较、淘汰，循序进行。

说明：差额投资回收期法可以用来比较方案间的优劣与好坏，至于某一较优的方案本身的经济性如何，是否可行，还不能断定。因此，差额投资回收期法仅适合于可行方案间的比较和选优，并在比较和选优中作为辅助指标。

【例 2-3】 某项目有三个可行方案供选择，其投资额与年经营成本如下：

第一方案：$K_1 = 100$ 万元，$C_1 = 120$ 万元；第二方案：$K_2 = 110$ 万元，$C_2 = 115$ 万元；第三方案：$K_3 = 140$ 万元，$C_3 = 105$ 万元。设基准投资回收期 $P_c = 3$ 年，试选择最优方案。

【解】 第一步，第二方案与第一方案相比较

$$\Delta T_{2-1} = (110 - 100)/(120 - 115) = 2(年)$$

所以，投资较大的第二方案优于第一方案，第一方案被淘汰。

第二步，第三方案与第二方案相比较

$$\Delta T_{3-2} = (140 - 110)/(115 - 105) = 3(年)$$

综上，投资较大的第三方案比第二方案优越，故选择第三方案为最优方案。但第三方案是否可行，还需另行判断，或者只有当断定第二方案或第一方案为可行方案时，第三方案才是可行的最优方案。

从以上计算和分析可知，采用静态差额投资回收期法可以进行多方案之间的比较和选择，但较为烦琐。

(6) 借款偿还期

借款偿还期指按照国家规定以及在该投资项目具体财务条件下，项目开发经营期内可用作还款的利润、折旧、摊销及其他还款资金偿还项目借款本息所需的时间。计算公式为

$$I_d = \sum_{t=0}^{P_d} R_t \tag{2-22}$$

式中 I_d——项目借款还本付息数额；

P_d——借款偿还期（从借款开始年计算）；

R_t——第 t 年可用于还款的资金（包括利润、折旧、摊销及其他还款资金）。

当计算结果 P_d（借款偿还期）满足贷款机构的要求期限时，即认为项目有清偿能力。

(7) 利息备付率

利息备付率指在借款偿还期内的息税前利润与当年应付利息的比值，它从付息资金来源的充裕性角度反映支付债务利息的能力。利息备付率的含义和计算公式均与财政部对企业效绩评价的"已获利息倍数"指标相同。息税前利润等于当年的利润总额和应付利息之和。当年应付利息是指计入总成本费用的全部利息。利息备付率计算公式如下：

$$利息备付率 = 息税前利润 \div 应付利息 \tag{2-23}$$

利息备付率应分年计算，分别计算在债务偿还期内各年的利息备付率。若偿还前期的利息备付率数值偏低，为分析所用，也可以补充计算债务偿还期内的年平均利息备付率。

利息备付率表示利息支付的保证倍率，对于正常经营的企业，利息备付率至少应当大于1，一般不宜低于2，并结合债权人的要求确定。利息备付率高，说明利息支付的保证度大，偿债风险小；利息备付率低于1，表示没有足够资金支付利息，偿债风险很大。

(8) 偿债备付率

偿债备付率是从偿债资金来源的充裕性角度反映偿付债务本息的能力，指在债务偿还期内，可用于计算还本付息的资金与当年应还本付息额的比值。可用于计算还本付息的资金是指息税折旧摊销前利润（EBITDA，即息税前利润加上折旧和摊销）减去所得税后的余额；当年应还本付息额包括还本金额及计入总成本费用的全部利息。

$$偿债备付率 = (息税折旧摊销前利润 - 所得税) \div 应还本付息额 \tag{2-24}$$

如果运营期间支出了维护运营的投资费用，应从分子中扣减。

偿债备付率应分年计算，分别计算在债务偿还期内各年的偿债备付率。若偿还前期的偿债备付率数值偏低，为分析所用，也可以补充计算债务偿还期内的年平均偿债备付率。

偿债备付率表示偿付债务本息的保证倍率，至少应大于1，一般不宜低于1.3，并结合债权人的要求确定。偿债备付率低，说明偿付债务本息的资金不充足，偿债风险大。当这一指标小于1时，表示可用于计算还本付息的资金不足以偿付当年债务。

【例 2-4】 某项目与备付率指标有关的数据见表 2-5，试计算利息备付率和偿债备付率，并进行分析。

表 2-5　某项目与备付率指标有关的数据　　　　　　　　　单位：万元

项目年份	2	3	4	5	6
应还本付息额	97.8	97.8	97.8	97.8	97.8
应付利息额	24.7	20.3	15.7	10.8	5.5
息税前利润	43.0	219.9	219.9	219.9	219.9
折旧	172.4	172.4	172.4	172.4	172.4
所得税	6.0	65.9	67.4	69.0	70.8

【解】 根据表 2-5 数据计算备付率指标，见表 2-6。

表 2-6　某项目利息备付率与偿债备付率

项目年份	2	3	4	5	6
利息备付率	1.74	10.83	14.01	20.36	39.98
偿债备付率	2.14	3.34	3.32	3.31	3.29

表 2-6 中，1.74＝43 万元/24.7 万元；2.14＝(172.4 万元＋43 万元－6 万元)/97.80 万

元，其他数据用同样的方法计算。

计算结果分析：由于投产后第1年负荷低，同时负担利息大，因此利息备付率低，但从第2年起就得到了较大的改善。

2.3.3 动态经济指标的计算

(1) 动态投资回收期

① 动态投资回收期的概念

为了克服静态投资回收期未考虑资金时间价值的缺点，在投资项目评价中将资金的时间价值考虑在内，此指标称为动态投资回收期。

② 动态投资回收期的计算

根据动态投资回收期的定义，其表达式为

$$\sum_{t=0}^{P'_t}(CI-CO)_t(1+i_0)^{-t}=0 \qquad (2-25)$$

动态投资回收期就是能使该式成立的 P'_t。

动态投资回收期 P'_t 的计算通常也用列表法。首先根据各年净现金流，计算出各年折现值的累计值，再采用插值法计算出 P'_t。插值公式为

$$P'_t=(累计折现值出现正值的年数-1)+\frac{上年累计折现值的绝对值}{当年净现金流量的现值} \qquad (2-26)$$

在计算 P'_t 时，如果投资项目仅第0年有一个投资 P，以后各年的净现金流量（净效益）均为 A，在折现率为 i_0 的情况下动态回收期 P'_t 的解析式为

$$P=A(P/A,i_0,P'_t)=A\left[\frac{(1+i_0)^{P'_t}-1}{i_0(1+i_0)^{P'_t}}\right]$$

解得

$$P'_t=\frac{-\ln\left(1-\frac{Pi_0}{A}\right)}{\ln(1+i_0)}$$

用动态投资回收期 P'_t 评价投资项目的可行性时，需要与基准投资回收期 P_c 相比较。

③ 动态投资回收期的判别标准

判别准则为：若 $P'_t \leq P_c$，则项目可以考虑接受；若 $P'_t > P_c$，则项目应被拒绝。

【例2-5】 某项目的投资支出和净收益数据见表2-7中第1、2行。基准折现率 $i_0=10\%$，基准投资回收期 $P_c=8$ 年，试通过动态投资回收期判断该项目的可行性。

表2-7 动态投资回收期计算表

年份	0	1	2	3	4	5
1. 投资支出/万元	−20	−500	−100			
2. 净收入/万元				150	250	250
3. 净现金流量(CI−CO)$_t$/万元	−20	−500	−100	150	250	250
4. 现值系数(1+10%)$^{-t}$	1.0	0.9091	0.8264	0.7513	0.6830	0.6209
5. 折现值/万元	−20.0	−454.6	−82.6	112.7	170.8	155.2
6. 累计折现值/万元	−20.0	−474.6	−557.2	−444.5	−273.7	−118.5

续表

年份	6	7	8	9	10
1. 投资支出/万元					
2. 净收入/万元	250	250	250	250	250
3. 净现金流量$(CI-CO)_t$/万元	250	250	250	250	250
4. 现值系数$(1+10\%)^{-t}$	0.5645	0.5132	0.4665	0.4241	0.3855
5. 折现值/万元	141.1	128.3	116.6	106.0	96.38
6. 累计折现值/万元	22.6	150.9	267.5	373.5	469.9

【解】 用投资和收益数据计算出各年净现金流量，再计算出各年净现金流量的折现值，以及折现值的累计值，即 $\sum_{t=0}^{P'_t}(CI-CO)_t(1+i_0)^{-t}$。由表中数据可知，投资回收期应在第 5 年和第 6 年之间。

本例中，在第 6 年出现正值，代入式(2-26)得

$$P'_t = 6 - 1 + \frac{|-118.5|}{141.1} = 5.84(年)$$

因为 $P'_t < P_c$，所以项目可以被接受。

(2) 财务净现值

① 财务净现值的概念及计算

财务净现值（financial net present value，FNPV）是指按一定的基准折现率将方案计算期内各时点的净现金流量折现到计算期初的现值累加之和。财务净现值的表达式为

$$FNPV = \sum_{t=0}^{n}(CI-CO)_t(1+i_0)^{-t} \tag{2-27}$$

式中　FNPV——财务净现值；
　　　n——项目寿命年限（或计算期）；
　　　i_0——基准折现率。

若工程项目只有初始投资 K_0，以后各年均获得相等的净收益 NB，则此时式(2-27)可简化为

$$FNPV = NB(P/A, i_0, n) - K_0 \tag{2-28}$$

式中 $(P/A, i_0, n)$——年金现值系数。

② 财务净现值的经济含义

先看一个简单的例子。某方案的现金流量如图 2-1 所示。

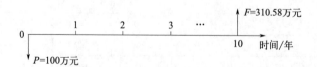

图 2-1　某方案的现金流量

经计算,可得出该投资的收益率 $i=12\%$。由此可知,如果 $i_0=12\%$,$n=10$,$P=100$ 万元,$F=310.58$ 万元,财务净现值 $FNPV=0$。

这表明:a. 从投资回收期角度看,按照给定的基准折现率,方案在寿命期内刚好收回投资;b. 从定义看,项目各年的净现金流量的现值累计之和刚好为零;c. 收益率 i 刚好等于项目基准折现率 (i_0),即技术方案(项目)的获利能力等于给定的基准折现率 i_0,即达到资本的最低获利要求。

若财务净现值 $FNPV>0$,则表明项目获利能力高于基准折现率,即高于资本的最低获利要求,有附加收益。

若财务净现值 $FNPV<0$,则表明项目获利能力低于基准折现率,即低于资本的最低获利要求(此项目不一定亏损)。

由此可见,当财务净现值大于零或等于零时,项目可行;反之,项目不可行。

③ 财务净现值的判别准则

a. 对单一项目方案而言,若 $FNPV \geq 0$,则项目应予以接受;若 $FNPV<0$,则项目应予以拒绝。

b. 多方案比选时,若方案间的投资规模相差不大,根据财务净现值最大准则,财务净现值大的方案相对越优。

④ 财务净现值的评价

财务净现值 FNPV 通常利用公式计算,也可用现金流量表逐年折现累计而求得。用现金流量表逐年累计计算时,计算结果一目了然,便于检查,适用于寿命周期较长而各年现金流量值不同且无规律可循时项目现值的手工计算;公式法利用现金流量图来进行资金的等值计算。

【例 2-6】 某项目的各年现金流量见表 2-8,试用财务净现值指标判断项目的经济性,$i_0=10\%$。

表 2-8 某项目的现金流量　　　　　　　　　　　　　　　　　单位:万元

年份(时点)	0	1	2	3	4~10
投资	20	500	100		
年经营费用				300	450
年收入				450	700
净现金流量	-20	-500	-100	150	250

【解】 首先计算各年净现金流量于表中(见表 2-8 最后一行),并绘制现金流量图,如图 2-2 所示。

(1) 公式法。根据表 2-8 中各年的净现金流量,当 $i_0=10\%$ 时,有

$$FNPV = -20 - 500 \times (1+10\%)^{-1} - 100 \times (1+10\%)^{-2} + 150 \times (1+10\%)^{-3}$$
$$+ 250 \times (P/A, 10\%, 7) \times (P/F, 10\%, 3) = 469.91(万元)$$

(2) 表格法。表格法是在现金流量表 2-8 的基础上,分别计算各年净现金流量折现值,然后进行累计得出项目的财务净现值的方法,如表 2-9 所示。

图 2-2 现金流量图

表 2-9 现金流量表

时点 t	0	1	2	3	4	5	6	7	8	9	10
$(CI-CO)_t$/万元	−20	−500	−100	150	250	250	250	250	250	250	250
累计净现金流量/万元	−20	−520	−620	−470	−220	30	280	530	780	1030	1280
$i_0=10\%$ 折现系数	1	0.9091	0.8264	0.7513	0.6830	0.6209	0.5645	0.5132	0.4665	0.4241	0.3855
各年折现值/万元	−20	−454.6	−82.6	112.7	170.8	155.2	141.1	128.3	116.6	106	96.38
累计财务净现值/万元	−20	−474.5	−557.2	−444.5	−273.8	−118.5	22.6	150.9	267.5	373.6	469.93

根据表 2-9 中的数据,也可以计算出该项目的静态投资回收期为 4.88 年,动态投资回收期为 5.84 年。

⑤ 关于财务净现值法的说明

a. 财务净现值法的优点是:计算较简便,且考虑了资金的时间价值,考虑了项目整个寿命周期内的现金流入、流出情况,全面、科学。计算结果稳定,不会因现金流量换算方法的不同而带来任何差异。

b. 财务净现值法的缺点是:需要预先给定基准折现率,这给项目决策带来了困难。因为若基准折现率定得过高,可行项目就可能被否定;反之,若基准折现率定得过低,不合理的项目就可能被选中。对于寿命周期不同的技术方案,不宜直接使用财务净现值(FNPV)指标评价。

财务净现值法一方面可用于独立方案的评价及可行与否的判断,如当 FNPV≥0 时,方案可行,可以考虑接受;当 FNPV<0 时,方案不可行,应予拒绝。另一方面可以用于多方案的比较、选择,通常以 FNPV 大者为优。

(3) 财务净现值率

财务净现值率(financial net present value rate,FNPVR)又称财务净现值率比、财务净现值率指数,是指项目财务净现值与总投资现值的比率。财务净现值率是一种动态投资收益指标,用于衡量不同投资方案的获利能力大小,说明某项目单位投资现值所能实现的财务净现值率大小。财务净现值率小,单位投资的收益就低;财务净现值率大,单位投资的收益就高。

财务净现值率是一个考察项目单位投资盈利能力的指标,常作为财务净现值的辅助评价指标。其计算公式如下:

$$FNPVR = \frac{FNPV}{总投资额现值} \qquad (2-29)$$

财务净现值率法的优点是从动态角度反映项目投资的资金投入与净产出之间的关系。

财务净现值率法的缺点是无法直接反映投资项目的实际收益率水平。

(4) 财务净年值

① 财务净年值的含义及计算

财务净年值（financial net annual value，FNAV），指方案寿命周期内的财务净现值用复利方法平均分摊到各个年度而得到的等额年盈利额。其表达式为

$$FNAV = FNPV(A/P, i_0, n) \tag{2-30}$$

② 财务净年值的经济含义及判别标准

a. 经济含义：项目在寿命周期内附加收益的年金额。b. 判据：$FNAV \geq 0$，项目可以考虑接受；$FNAV < 0$ 时，项目不能接受。c. 考虑到方案间投资额的大小不同，也可采用财务净年值指数（FNAVI）指标。财务净年值指数指标可以同时克服 FNAV 有利于投资额大和寿命周期长的方案的两个偏差。d. 经济效益表达很不直观，常常使项目投资者或是经营者感到困惑，因此指标缺乏说服力，一般不用于单个方案的评价。即使用于多个方案的比较评价时，也只是作为辅助指标来考虑。

FNAV 指标评价一般适用于现金流量和利率已知、初始投资额相等，但各方案的寿命周期相差悬殊时的方案比较，FNAV 最大值的方案是最优的。如果各方案的 FNAV 值均为负值时，投资者最佳决策为不投资。

在投资方案的比选中，财务净年值法是广泛应用的财务净现值率法的补充。

【例 2-7】 现有 A、B 两个方案，基准收益率为 10%，投资均为 5 万元。方案 A 年收益为 2 万元，运行 5 年；方案 B 年收益为 1.5 万元，运行 8 年。用 FNAV 评价指标计算可得

$$FNAV_A = -5 \times (A/P, 10\%, 5) + 2 = 0.68(万元)$$

$$FNAV_B = -5 \times (A/P, 10\%, 8) + 1.5 = 0.56(万元)$$

$FNAV_A > FNAV_B$，这样就得出了方案 A 优于方案 B 的正确结果。

因此，FNAV 指标适用于投资额相差不大而寿命周期不等方案的比选。

但是从式(2-30) 中可知，该指标只考虑了项目中净利润的再投资，而没有考虑折旧基金和资金中自有资金利息的再投资。因此，从盈利性角度考虑，用 FNAV 指标判断后认为是较好的项目，却不一定是最优的。

(5) 财务内部收益率

① 财务内部收益率的含义

财务内部收益率（internal rate of return，FIRR），又称内部（含）报酬率。在所有的经济评价指标中，财务内部收益率是最重要的评价指标之一，它是对项目进行盈利能力分析时采用的主要方法。

财务内部收益率 FIRR 是指项目在整个计算期内各年净现金流量的现值累计等于零（或财务净年值等于零）时的收益率。

② 财务内部收益率的计算

财务内部收益率是效率型指标，它反映项目所占用资金的盈利率，是考察项目资金使用效率的重要指标。其定义式为

$$\sum_{t=0}^{P'_t} [(CI - CO)_t (1 + FIRR)^{-t}] = 0 \tag{2-31}$$

式中 FIRR——财务内部收益率或内部报酬率。

由上述概念及式(2-31) 可以看出，财务内部收益率法实质上也是基于现值计算方法的。

财务内部收益率除通过式(2-31)求得外,还可根据现金流量表中的累计财务净现值率,用线性内插法计算求得。从经济意义上讲,财务内部收益率 FIRR 的取值范围应是 $-\infty <$ FIRR <-1。但大多数情况下,FIRR 的取值范围是 $0<$ FIRR $<+\infty$。

③ 财务内部收益率的判别准则

计算求得财务内部收益率 FIRR 后,要与项目的设定收益率 i_0(财务评价时的行业基准收益率、经济效益评价时的社会折现率)相比较。当 FIRR$\geq i_0$ 时,则表明项目的收益率已达到或超过设定的基准折现率水平,项目可行;当 FIRR$<i_0$ 时,则表明项目的收益率未达到设定的基准折现率水平,项目不可行。

对于互斥项目,FIRR 不能直接用于排序选优,应根据具体情况分析。

【例 2-8】 有 A、B 两个方案,其逐年投资及收益见表 2-10。试用财务内部收益率评价项目的经济性。

表 2-10 A、B 项目的逐年投资及收益   单位:万元

项目年份	0	1	2	3	4	5
A	−50	20	15	15	10	20
B	−150	50	60	40	40	20
B−A	−100	30	45	25	30	0

【解】 由表 2-10 可求得在不同 i 值下相应的 FNPV(表 2-11),FIRR$_A$=18.69% 和 FIRR$_B$=14.35%。

表 2-11 A、B 项目的 FNPV 值   单位:万元

i_0/%	0	5	10	11.77	14.35	15	18.69	20
A	30	19.51	11.10	8.51	5.07	4.25	0	−1.38
B	60	35.17	14.83	8.51	0	−2.04	−12.71	−16.19
B−A	30	15.66	3.73	0	−5.07	−6.29	−12.71	−14.81

由表 2-11 所得的数据可绘得图 2-3。在图 2-3 中,两条曲线交点的数值是 8.51,对应的 i_0^* 是 11.77%(即项目 B-A 的财务内部收益率)。

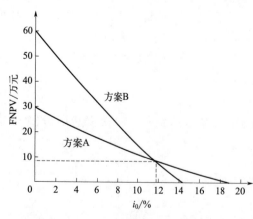

图 2-3 A、B 方案 FNPV-i_0 曲线

对互斥项目,不能用 FIRR 值来进行排序和选优,对方案 A 和方案 B,尽管 FIRR$_A>$ FIRR$_B$,但不能得出应优先选择方案 A 的结论。因为如表 2-11 和图 2-3 所示,当基准折现率$<11.77%$时,由于 FNPV$_A<$FNPV$_B$,应当优选方案 B;当基准折现率$>11.77%$时,由于 FNPV$_A>$FNPV$_B$,应当选择方案 A;在基准折现率为 11.77% 时,可以任选 A 或 B 方案;当基准折现率$>18.69%$时,FNPV$_A$、FNPV$_B$均为负值,方案 A 或 B 均不能接受。

因此,在进行互斥方案项目的排序优选时,应采用差额投资财务内部收益率。

应用 FIRR 对单一项目（或独立项目组中的各个项目）进行评价的判别标准是：FIRR$\geqslant i_0$ 或 MARR，项目经济上可行；FIRR$< i_0$，项目经济上不可行。

(6) 费用现值与费用年值

① 费用现值与费用年值的含义

在对多个方案进行比较选优时，如果诸方案产出价值相同，或者诸方案能够满足同样的需要但其产出效益难以用价值形态（货币）计量（如环保、教育、保健、国防类项目）时，可以通过对各方案费用现值 PC（present cost）、费用年值 AC（annual cost）或年度费用等值 AAC（average annual cost）的比较进行选择。

费用现值 PC 的定义式为

$$PC = \sum_{t=0}^{n} CO_t (1+i_0)^{-t} \tag{2-32}$$

费用年值 AC 的定义式为

$$AC = \left[\sum_{t=0}^{n} CO_t (1+i_0)^{-t}\right](A/P, i_0, t) = PC(A/P, i_0, t) \tag{2-33}$$

式中　PC——费用现值；

　　　AC——费用年值。

② 费用现值与费用年值判别标准

费用现值和费用年值方法是建立在如下假设基础上的：参与评价的各个方案是可行的；方案的产出价值相同，或者诸方案能够满足同样的需要但是其产出效益难以用价值形态（货币）计量。费用现值和费用年值指标只能用于多个方案的比选，不能用于单个方案评价。其判别准则：费用现值或费用年值最小的方案为优。

【例 2-9】 某项目有三个采暖方案 A、B、C，均能满足同样的取暖需要。其费用数据见表 2-12。基准折现率 $i_0 = 10\%$，用费用现值和费用年值确定最优方案。

表 2-12　三个采暖方案的费用数据　　　　　　　　　　　　单位：万元

方案	总投资(0 时点)	年运营费用(1～10 年)	PC	AC
A	200	60	568.68	92.54
B	240	50	547.23	89.05
C	300	35	515.06	83.81

【解】 各方案的费用现值计算如下：

$$PC_A = 200 + 60 \times (P/A, 10\%, 10) = 568.68(万元)$$
$$PC_B = 240 + 50 \times (P/A, 10\%, 10) = 547.23(万元)$$
$$PC_C = 300 + 35 \times (P/A, 10\%, 10) = 515.06(万元)$$

各方案的费用年值计算如下：

$$AC_A = 200 \times (A/P, 10\%, 10) + 60 = 92.54(万元)$$
$$AC_B = 240 \times (A/P, 10\%, 10) + 50 = 89.05(万元)$$
$$AC_C = 300 \times (A/P, 10\%, 10) + 35 = 83.81(万元)$$

根据费用最小的选优准则，费用现值和费用年值的计算结果都表明，方案 C 最优，方案 B 次之，方案 A 最差。

本章小结及重要术语

 思考题

1. 简述利率的影响因素及利率的作用。
2. 简述资金时间价值计算的前提条件。
3. 简述名义利率与实际利率的关系。
4. 某人借款 10000 元，偿还期为 5 年，年利率为 10%，试就下面四种还款方式，分别计算 5 年还款总额和利息是多少？
   (1) 每年年末等额偿还。
   (2) 每年年末支付当年利息，偿还 2000 元本金。
   (3) 每年年末支付当年利息，第五年末一次偿还。
   (4) 第五年末一次还本付息。
5. 某公司欲买一台机床，卖方提出两种付款方式：①若买时一次付清，则售价 30000 元；②若买时第一次支付 10000 元，以后 24 个月内每月支付 1000 元。当时银行利率为 12%。若这两种付款方案在经济上是等值的话，那么对于等值的两种付款方式，试求卖方实际上得到了多大的名义利率与实际利率。
6. 某企业基建项目设计方案总投资 1995 万元，投产后年经营成本 500 万元，年销售额 1500 万元，第三年年末工程项目配套追加投资 1000 万元，若计算期为 5 年，基准折现率为 10%，残值为零。计算投资方案的财务净现值和财务净年值。
7. 已知某项目的有关数据如表 2-13，当基准折现率为 10% 时，分别计算财务净现值、财务净年值、静态投资回收期和动态投资回收期。

表 2-13　某项目的有关数据

年份	1	2	3	4	5	6	7	8	9
净现金流量/万元	−1000	−2000	300	600	800	800	800	800	800

8. 某房地产开发公司拟开发某城市商品房住宅小区，该小区拟建建筑面积 16 万 m^2，其中高层 4 万 m^2，多层 12 万 m^2，两年建成。在决策阶段，业主与其委托的某咨询公司进行了广泛的市场调查和分析研究，得到有关投资决策的数据如下：

(1) 该项目平均售房价格为高层每平方米建筑面积 3800 元，多层每平方米建筑面积 2900 元，预计建设的第一年末销房率为 10%，第二年末销房率为 50%，第三年末销房率为 40%。多层、高层各年平均按上述售房率售房。

(2) 该项目单位建筑面积总投资为 2187.5 元，其中建设期初需投资 5000 万元用于支付土地使用费等前期费用，建设期末需投资 2000 万元用于小区环境建设，其余投资平均在建设期末支出。

问题：(1) 若该房地产开发公司的内部基准折现率为 15%，请画出现金流量图并计算该项目的财务净现值。

(2) 若该项目商品房销售情况不好，第一年至第四年末的商品房销售率分别为 10%、20%、40%、30%，绘制现金流量图并计算财务净现值率。

第 3 章
工程项目方案比选分析

 知识导图

 重难点

独立型方案、互斥型方案和相关型方案类型的决策,线性盈亏平衡分析和单因素敏感性分析。

 学习目标

知识目标:掌握独立型方案类型决策,掌握互斥型方案类型决策,掌握工程方案的不确定性分析;熟悉工程项目方案类型,熟悉相关型方案类型决策,熟悉工程方案风险分析基本方法;了解方案决策中应注意的问题。

素质目标:形成从局部到系统的哲学思想和系统思维;学习正确对待人生路上的坎坷和风险,努力克服困境的精神;培养面对困难不放弃、开拓进取的优良品格。

听编者说

3.1 工程项目方案类型

要正确和科学地评价工程项目方案的经济性,仅凭对评价指标的计算和判别是不够的,还必须了解工程项目方案所属的类型。按照方案的类型确定适合的评价指标,为最终做出正确的投资决策提供科学依据。

工程方案类型指一组备选方案之间所具有的相互关系,一般有单一方案(又称独立型方案)和多方案两类。多方案又分为互斥型和相关型方案,其中,相关型方案分为从属相关型方案和现金流量相关型方案,如图3-1所示。

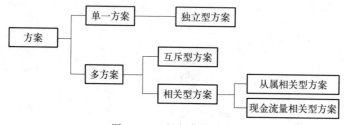

图 3-1　工程方案的分类

(1) 独立型方案

独立型方案指方案间互不干扰、在经济上互不相关的方案,即方案之间是彼此独立的关系,选择或放弃其中一个方案,并不影响对其他方案的选择。在选择方案时可以任意组合,直到资源得到充分运用为止。如,某部门欲建几个产品不同、销售数额互不影响的工厂时,这些方案之间是独立关系。

独立型方案也可以理解为:若方案间加法法则成立,则这些方案是彼此独立的。例如,现有A、B两个投资方案(假设投资期为1年),仅向A方案投资时,投资额为2000元,收益为2600元;仅向B方案投资时,投资额为3000元,收益为3750元;同时向两个方案投资时,若有投资额为5000元(2000元+3000元),收益为6350元(2600元+3750元)的关系成立,则说明这两个方案间加法法则成立,即A、B两个方案是相互独立的。

独立型方案根据资源数量分为资源无限制的独立型方案和资源有限制的独立型方案。

资源无限制的独立型方案指方案之间的选择不受总资源的控制,方案之间的取舍仅仅是自身指标的衡量。但在若干个可采用的独立型方案中,如果有资源约束条件,如受资金、劳动力、材料、设备及其他资源拥有量限制,则只能从中选择一部分方案实施。例如,现有独立型方案A、B、C、D,它们所需要的投资分别为10000元、40000元、30000元、20000元。若资金总额限量为60000元,可能选择的方案共有A、B、C、D、A+B、A+C、A+D、B+D、A+C+D这9个组合方案。因此,当受某种资源约束时,独立型方案可以组合成多种组合方案,这些组合方案之间是互斥或排他关系。

(2) 互斥型方案

互斥型方案就是指若干个方案中,选择其中任意一个方案,则其他方案必然被排斥的一组方案。例如,在某一个确定的地点建工厂、商店、住宅、公园等方案,此时因选择其中任何一个方案其他方案就无法实施,即具有排他性,因此,这些方案间的关系就是互斥的。在工程建设中,互斥型方案还可按以下因素进行分类:按服务寿命长短分为相同服务寿命的方案、不同服务寿命的方案和无限寿命的方案；按规模不同分为相同规模的方案、不同规模的方案。

(3) 相关型方案

① 从属相关型方案。在多方案中，出现技术经济互补的方案称为从属相关型方案。根据从属相关型方案之间相互依存的关系，从属相关型方案可能是对称的。例如，建一个大型非坑口电站，必须同时建设铁路、电厂，无论在建成时间、建设规模上都要彼此适应，缺少其中任何一个项目，其他项目就不能正常运行，它们之间是互补的又是对称的。此外还存在着大量不对称的经济互补方案，如建造一座建筑物 A 和增加一个空调系统 B，建筑物 A 本身是有用的，增加空调系统 B 后，建筑物 A 更有用，但不能说采用 A 方案的同时一定要采用 B 方案。

② 现金流量相关型方案。现金流量相关是指各方案的现金流量之间存在着相互影响。即使方案间不完全互斥，也不完全互补，但如果若干方案中任一方案的取舍会导致其他方案现金流量的变化，这些方案之间也具有相关性，这种相关性被称为现金流量相关。例如，一过江项目，有两个考虑方案，一个是建桥方案 A，另一个是轮渡方案 B，两个方案都是收费的。此时任一方案的实施或放弃都会影响另一方案的现金流量。

3.2 工程项目方案比选方法

3.2.1 独立型方案类型决策

(1) 资源无限制情况下的独立型方案选择

独立型方案的采用与否，只取决于方案自身的经济性，即只需看方案是否能够通过财务净现值、财务净年值或财务内部收益率指标的评价标准。因此，多个独立型方案与单一方案的评价方法相同。

【例 3-1】 三个独立方案 A、B、C 的现金流量见表 3-1。试判断其经济可行性，$i_0=15\%$。

表 3-1　A、B、C 的现金流量

方案	初始投资(0 年)/万元	年收入/万元	年支出/万元	寿命/年
A	5000	2400	1000	10
B	8000	3100	1200	10
C	10000	4000	1500	10

【解】 首先，计算各方案的 FNPV，计算结果如下：

$$FNPV_A=-5000+(2400-1000)\times(P/A,15\%,10)=2027(万元)$$
$$FNPV_B=-8000+(3100-1200)\times(P/A,15\%,10)=1536(万元)$$
$$FNPV_C=-10000+(4000-1500)\times(P/A,15\%,10)=2547(万元)$$

由于 $FNPV_A$、$FNPV_B$、$FNPV_C$ 均大于零，故三方案均可行。

各方案 FNAV 的计算结果如下：

$$FNAV_A=-5000\times(A/P,15\%,10)+(2400-1000)=404(万元)$$
$$FNAV_B=-8000\times(A/P,15\%,10)+(3100-1200)=306(万元)$$

$$FNAV_C = -10000 \times (A/P, 15\%, 10) + (4000 - 1500) = 507(万元)$$

由于 $FNAV_A$、$FNAV_B$、$FNAV_C$ 均大于 0，故 A、B、C 三方案均可行。

各方案 FIRR 的计算结果如下：

$$-5000 + (2400 - 1000) \times (P/A, FIRR_A, 10) = 0 \rightarrow FIRR_A = 25\%$$

$$-8000 + (3100 - 1200) \times (P/A, FIRR_B, 10) = 0 \rightarrow FIRR_A = 16\%$$

$$-10000 + (4000 - 1500) \times (P/A, FIRR_C, 10) = 0 \rightarrow FIRR_C = 22\%$$

由于 $FIRR_A$、$FIRR_B$、$FIRR_C$ 均大于 15%，故 A、B、C 三方案均可行。

从【例 3-1】可见，对于独立方案，不论采用财务净现值、财务净年值还是财务内部收益率指标进行评价，评价结论都是一样的。

(2) 资源有限制情况下的独立型方案选择

如果独立型方案之间共享的资源有限，不能满足所有方案的需要，则独立型方案的选择有两种方法：一是方案组合法；二是财务内部收益率或财务净现值率排序法。

① 方案组合法。方案组合法的原理是：列出独立型方案所有可能的组合，每个组合为一个方案（其现金流量为被组合方案现金流量的叠加）。由于是所有可能的组合，则最终只能选择一种组合方案，因此所有可能的组合方案形成互斥关系，可按互斥型方案的比较方法确定最优的组合方案，最优的组合方案即为独立型方案的最佳选择。具体步骤如下：

a. 列出 m 个独立型方案的所有可能组合，形成 2^m 个新的互斥的组合方案（其中包括 0 方案，其投资为 0，收益也为 0）。

b. 每个组合方案的现金流量为被组合的各独立方案的现金流量的叠加。

c. 将所有的组合方案按初始投资额从小到大的顺序排列。

d. 排除总投资额超过投资资金限额的组合方案。

e. 对剩余的所有组合方案按互斥型方案的比较方法确定最优的组合方案。

f. 最优组合方案即为该组独立型方案的最佳选择。

【例 3-2】 有 3 个独立型方案 A、B 和 C，寿命周期皆为 10 年，现金流量见表 3-2。基准折现率为 8%，投资资金限额为 12000 万元。选择最优方案。

表 3-2 A、B、C 现金流量   单位：万元

方案	初始投资	年净收益
A	3000	600
B	5000	850
C	7000	1200

【解】 列出所有可能的组合方案（包括 0 方案），见表 3-3。

表 3-3 组合方案   单位：万元

序号	组合方案	初始投资	年净收益	净现值
1	0	0	0	0
2	A	3000	600	1026
3	B	5000	850	704
4	C	7000	1200	1052
5	A+B	8000	1450	1730

续表

序号	组合方案	初始投资	年净收益	净现值
6	A+C	10000	1800	2078
7	B+C	12000	2050	1756
8	A+B+C	15000	—	—

对每个组合方案内的各独立型方案的现金流量进行叠加，作为组合方案的现金流量，并按叠加投资额从小到大的顺序对组合方案进行排列，排除投资额超过资金限制的组合方案（A+B+C）。

按组合方案的现金流量计算各组合方案的财务净现值。

（A+C）方案财务净现值最大，为最优组合方案，故最优的选择应是A和C。

方案组合法的优点是在各种情况下均能保证获得最佳组合方案；缺点是在方案数目较多时，其计算比较烦琐。

② 财务净现值率排序法。财务净现值率（FNPVR）排序法的原理是：计算各方案的财务净现值，排除财务净现值小于零的方案，然后计算各方案的财务净现值率，按财务净现值率从大到小的顺序，依次选取方案，直至所选取方案的投资额之和最大限度地接近或等于投资限额。

按财务净现值率排序原则选择项目方案，其基本思想是单位投资的财务净现值越大，在一定投资限额内所能获得的财务净现值总额就越大。

财务净现值率排序法的优点是计算简便，选择方法简明扼要。缺点是由于投资方案的不可分性，即一个方案只能作为一个整体被接受或放弃，经常会出现资金没有被充分利用的情况。

【例3-3】 某投资者预算资金为15000万元，有六个独立的投资方案，其财务净现值与投资额如表3-4所示，用财务净现值率排序法对方案进行选择（$i_0=10\%$）。

【解】 计算各方案的财务净现值及财务净现值率，见表3-4。

表3-4 各方案的财务净现值及财务净现值率

方案	期初投资/万元	财务净现值/万元	净现值率	按FNPVR排序
A	6000	1373	0.23	1
B	4000	178	0.04	5
C	3500	550	0.16	3
D	2000	−156	−0.08	6
E	5500	1158	0.21	2
F	1000	106	0.11	4

去掉财务净现值及财务净现值率为负数的D方案，按FNPVR的大小排序，可知满足资金总额约束的方案为A、E、C，所用的资金总额为15000万元，财务净现值总额为3081万元。

【例3-4】 现有八个独立方案，数据见表3-5。试在投资预算限额12000万元内，用FNPVR法确定其投资方案的最优组合。

【解】 计算各方案的财务净现值率，见表3-5。

表 3-5　方案基本数据

方案	A	B	C	D	E	F	G	H
投资额/万元	4000	2400	800	1800	2600	7200	600	3000
FNPV/万元	2400	1080	100	450	572	1296	84	1140
FNPVR	0.6	0.45	0.13	0.25	0.22	0.18	0.14	0.38
FNPVR 排序	1	2	8	4	5	6	7	3

最佳方案组合投资额：$P_{(A+B+H+D)}=4000+2400+3000+1800=11200(万元)$

最佳方案组合的 FNPV：$FNPV_{(A+B+H+D)}=2400+1080+1140+450=5070(万元)$

3.2.2　互斥方案类型决策

(1) 寿命周期相等的互斥型方案选择

① 财务净现值法。财务净现值法就是以基准收益率将包括初期投资额在内的各期净现金流量换算成现值（FNPV）的比较方法。首先，分别计算各个方案的财务净现值，剔除 FNPV<0 的方案，然后比较所有 FNPV≥0 的方案的财务净现值，选择财务净现值最大的方案为最佳方案。财务净现值评价互斥型方案的判断准则为：财务净现值大于或等于零且为最大的方案是最优可行方案。

【例 3-5】　某企业准备生产某种新产品，为此需增加新的生产线。现有 A、B、C 三个互斥方案，各自的初期投资额、每年年末的销售收益及作业费用见表 3-6。各投资方案的寿命周期均为 6 年，6 年后的残值为零。$i_0=10\%$。选择哪个方案最有利？

表 3-6　投资方案的现金流量　　　　　　　　　　　单位：万元

投资方案	初期投资	销售收益	作业费用	净收益
A	2000	1200	500	700
B	3000	1600	650	950
C	4000	1600	450	1150

【解】　首先绘制三个方案的现金流量图，如图 3-2 所示。

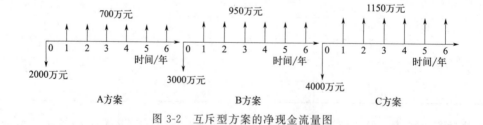

图 3-2　互斥型方案的净现金流量图

将各年净收益折算成现值时，利用等额支付现值系数 $(P/A,10\%,6)=4.3553$ 即可。

各方案的财务净现值 $FNPV_A$、$FNPV_B$、$FNPV_C$ 如下：

$$FNPV_A=-2000+700\times(P/A,10\%,6)=1049(万元)$$

$$FNPV_B=-3000+950\times(P/A,10\%,6)=1137(万元)$$

$$FNPV_C=-4000+1150\times(P/A,10\%,6)=1009(万元)$$

B 方案是最优方案，相当于现时点产生的利润值为 1137 万元（已排除了 10% 的机会成本）。该方案的现值较 A 方案多 88 万元，较 C 方案有利 128 万元。

② 财务净年值法。财务净年值法就是以基准折现率将包括初期投资额在内的各期的净现金流量换算成等额年值。财务净年值法的计算公式为

$$\text{FNAV} = \left[\sum_{t=0}^{n}(\text{CI}-\text{CO})_t(1+i_0)^{-t}\right](A/P, i_0, n) = \text{FNPV}(A/P, i_0, n) \quad (3-1)$$

式中 $(A/P, i_0, n)$——资本回收系数。

其评价准则是：若 $\text{FNAV} \geqslant 0$，则项目在经济上可行；若 $\text{FNAV} < 0$，则项目在经济上不可行。

【例 3-6】 以【例 3-5】为例计算：

【解】 各方案的财务净年值 FNAV_A、FNAV_B、FNAV_C 如下：

$$\text{FNAV}_A = -2000 \times (A/P, 10\%, 6) + 700 = 241（万元）$$
$$\text{FNAV}_B = -3000 \times (A/P, 10\%, 6) + 950 = 261（万元）$$
$$\text{FNAV}_C = -4000 \times (A/P, 10\%, 6) + 1150 = 232（万元）$$

可见 B 方案最优，与财务净现值法计算出的结果一致。

③ 差额法。差额法就是以基准折现率将包括初期投资额差额在内的各期的差额净现金流量换算成现值。设有方案 1 和方案 2，且方案 2 为投资额大的方案，方案 1 为投资额小的方案，则差额法的计算公式为

$$\text{FNPV}_{(2-1)} = \sum_{t=0}^{n}(\text{NCF}_2 - \text{NCF}_1)(P/F, i_0, t)$$

或者

$$\text{FNPV}_{(2-1)} = \text{FNPV}_{(2)} - \text{FNPV}_{(1)} \quad (3-2)$$

此方法评价准则为：若 $\text{FNPV}_{(2-1)} > 0$，则方案 2 在经济上比方案 1 更优；若 $\text{FNPV}_{(2-1)} < 0$，则方案 1 在经济上比方案 2 更优。此方法与财务净现值法得出的结论是一致的，但直接用财务净现值法来比较更为方便。

④ 增量投资财务内部收益率法。应用财务内部收益率（FIRR）对互斥型方案进行评价，能不能直接按各互斥型方案财务内部收益率（$\text{FIRR} \geqslant i_0$）的高低来选择方案呢？答案是否定的。因为财务内部收益率不是项目初始投资的收益率，而且财务内部收益率受现金流量分布的影响很大，财务净现值相同的两个分布不同的现金流量，会得出不同的财务内部收益率。因此，直接按各互斥型方案的财务内部收益率的高低来选择方案并不一定能选出财务净现值（基准收益率下）最大的方案，即 $\text{FIRR}_2 > \text{FIRR}_1 \geqslant i_0$ 并不意味着一定有 $\text{FIRR}_{2-1} = \Delta\text{FIRR} \geqslant i_0$。

【例 3-7】 以【例 3-5】加以说明。向 B 方案的投资比 A 方案多 1000 万元，追加投资的结果使 B 方案较 A 方案每年年末多 250 万元的净收益。

【解】 当 $i = 0$ 时，有

$$\text{FNPV}_A = 700 \times 6 - 2000 = 2200（万元）$$
$$\text{FNPV}_B = 950 \times 6 - 3000 = 2700（万元）$$

当 $i = i_0 = 10\%$ 时，$\text{FNAV}_A = 241$ 万元；$\text{FNAV}_B = 261$ 万元；

由 $\text{FNPV}_A = 0$，得 $\text{FIRR}_A = 26.4\%$；由 $\text{FNPV}_B = 0$，得 $\text{FIRR}_B = 22.1\%$

增量投资财务内部收益率 ΔFIRR_{B-A} 由下式求得

$$250 \times (P/A, \Delta\text{FIRR}_{B-A}, 6) - 1000 = 0 \rightarrow \Delta\text{FIRR}_{B-A} = 13\%$$

根据上述数据绘出图 3-3。

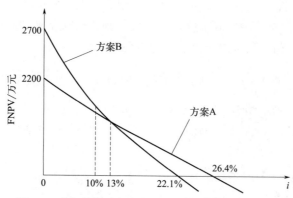

图 3-3 追加投资财务内部收益率的数学和经济解释

由图 3-3 可知,B 方案的财务内部收益率低,财务净现值高。而 A 方案的财务内部收益率高,财务净现值低。从计算结果或图 3-3 可看出,$FIRR_A > FIRR_B$,如果以财务内部收益率为评价准则,则方案 A 优于方案 B;而以财务净现值为评价准则,基准收益率为 $i_0 = 10\%$ 时,$FNPV_B > FNPV_A$,方案 B 优于方案 A,这就产生了矛盾。但由财务净现值的经济含义可知,财务净现值最大准则因符合收益最大化的决策准则,故是正确的。因此,要确定的差额财务内部收益率评价准则,应与财务净现值最大化原则相一致才正确。若用财务内部收益率,不能仅看方案自身财务内部收益率是否最大,还要看方案 B 比方案 A 多花的投资的财务内部收益率(即追加投资财务内部收益率 $\Delta FIRR$)是否大于基准收益率 i_0,若 $\Delta FIRR \geqslant i_0$,投资大的方案 B 为优;若 $\Delta FIRR < i_0$,投资小的方案 A 为优。

增量投资财务内部收益率 $\Delta FIRR$ 是两个方案各年净现金流量的差额的现值之和等于零时的收益率,其表达式为

$$\Delta FNPV(\Delta FIRR) = \sum_{t=0}^{n}(NCF_1 - NCF_2)(1 + \Delta FIRR)^{-t} = 0 \tag{3-3}$$

式中 $\Delta FIRR$——增量投资财务内部收益率。

从上式可以看出,增量投资财务内部收益率就是 $FNPV_1 = FNPV_2$ 时的折现率。其评价准则为:若 $FIRR \geqslant i_0$,投资大的方案为优;若 $FIRR < i_0$,投资小的方案为优。所以增量投资财务内部收益率评价结果总是与按财务净现值指标评价的结果一致。

(2)寿命周期不等的互斥型方案选择

现实中很多方案的寿命周期不同。如在建造各种建筑物、构筑物时,采用的结构形式(木结构、钢结构、钢筋混凝土结构等)不同,其投资额及寿命周期也不同;建筑施工单位所购置的机械设备型号不同、厂家不同,其寿命周期和初期投资额也不同。对于寿命周期不同的方案应该采用什么标准和方法加以选择呢?

① 计算期统一法

a. 最小公倍数法。最小公倍数法是以各备选方案计算期的最小公倍数为方案比选的共同计算期,并假设各方案均在这样一个共同的计算期内重复进行。在此基础上计算出各方案的财务净现值或者费用现值,以财务净现值最大或费用现值最小的方案为最佳方案。

【例 3-8】 某部门欲购置大型施工机械,现有 A、B 两个互斥的投资方案,这两个方案的工作效率和质量均相同,但每年(已折算到年末)的作业费用不同,寿命周期也不同

(表 3-7)。基准收益率为 12%。此时应选哪种机械为好?

表 3-7　两种机械投资、作业费用和寿命周期

投资方案	初期投资额/万元	年作业费用/万元	寿命周期/年
A	20	4.5	4
B	30	4.0	6

【解】　两设备寿命周期的最小公倍数为 12 年,在此期间 A 方案第一周期的现金流量重复了两次,B 方案重复了一次,因而 A、B 方案的净现金流量如图 3-4 所示。设 A、B 方案 12 年间的费用值分别为 $PC_A(12)$、$PC_B(12)$,则

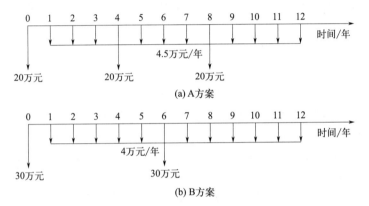

图 3-4　A、B 方案的净现金流量图

$$PC_A(12) = 4.5 \times (P/A, 12\%, 12) + 20 \times (P/F, 12\%, 8) + 20 \times (P/F, 12\%, 4) + 20$$
$$= 68.66(万元)$$

$$PC_B(12) = 4.0 \times (P/A, 12\%, 12) + 30 \times (P/F, 12\%, 6) + 30 = 70(万元)$$

两个方案中,A 方案的费用现值最小,因而 A 方案优。

b. 研究期法。根据对市场前景的预测,直接选取一个适当的分析期作为各个方案的共同计算期,将不同期限的方案转化为相同期限的方案。

研究期的确定一般以互斥型方案中年限最短或最长方案的计算期作为互斥型方案评价的共同研究期。当然也可取所期望的计算期为共同研究期。通过比较各个方案在研究期内的财务净现值来对方案进行比选,以财务净现值(成本现值)最大(最小)的方案为最佳方案。

对于计算期短于共同研究期的方案,可假定其计算期完全相同地重复延续,也可按新的不同现金流量序列延续。需要注意的是:对于计算期(或者是计算期加其延续)比共同研究期长的方案,要对其在研究期以后的现金流量余值进行估算,并回收余值。该项余值估算的合理性及准确性,对方案比选结论有重要影响。

【例 3-9】　以【例 3-8】为例,取年限短的方案计算期 4 年作为共同研究期。

【解】　　　$PC_A(12) = 4.5 \times (P/A, 12\%, 4) + 20 = 33.67(万元)$

　　$PC_A(12) = [30 \times (A/P, 12\%, 6) + 4] \times (P/A, 12\%, 4) = 34.31(万元)$

A 方案的费用现值最小,因而 A 方案优。

② 财务净年值(费用年值)法

财务净年值(费用年值)是以"年"为时间单位比较各个方案的经济效果。假设各

备选方案在其寿命周期结束时均可按原方案重复实施或以与原方案经济效果水平相同的方案接续,一个方案无论重复实施多少次,其财务净年值是不变的,因此寿命周期不等的互斥型方案间具有可比性。评价准则为:FNAV≥0,且 FNAV 最大者(AC 最小者)为最优方案。

【例 3-10】 以【例 3-8】为例。A、B 两个方案的费用年值分别为:AC_A、AC_B。

【解】 $AC_A = 20 \times (A/P, 12\%, 4) + 4.5 = 11.09$(万元)

$$AC_B = 30 \times (A/P, 12\%, 6) + 4 = 11.3 \text{(万元)}$$

A 方案的费用年值最小,因而 A 方案优。

(3) 永久性互斥型方案的选择

如果评价方案的计算期很大,则可取无穷大计算期法计算 FNPV 或者 PC,FNPV 最大者(PC 最小者)为最优方案。其计算公式为

$$\text{FNPV} = \text{FNAV}(P/A, i, n) \tag{3-4}$$

当 n 无限大时,有

$$\text{FNPV} = \text{FNAV} \div i \tag{3-5}$$

【例 3-11】 某河上修建一座大桥,经考虑有 A、B 两处可供选点。在 A 地建桥其投资为 1200 万元,年维护费 2 万元,水泥桥面每 10 年翻修一次需 5 万元;在 B 点建桥,预计投资 1100 万元,年维护费 8 万元,该桥每三年粉刷一次 3 万元,每 10 年整修一次 4 万元。若基准折现率为 10%,试比较两个方案哪个为优?

【解】 首先画出 A、B 点形成方案的现金流量图,如图 3-5 所示。

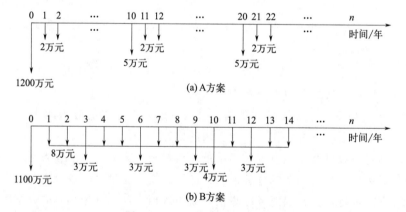

图 3-5 A、B 方案现金流量图

设 A、B 方案的费用现值分别为 PC_A、PC_B,则

$PC_A = 1200 + 2 \div 10\% + 5 \times (A/F, 10\%, 10) \div 10\% = 1223.14$(万元)

$PC_B = 1100 + 8 \div 10\% + 3 \times (A/F, 10\%, 3) \div 10\% + 4 \times (A/F, 10\%, 10) \div 10\%$

$= 1191.57$(万元)

由两个方案的费用现值知,B 方案费用现值更小,因而 B 方案优。

3.2.3 相关型方案类型决策

(1) 现金流量相关型方案的经济效果评价

其主要思路是:先将各方案组合成互斥型方案,计算各互斥型方案的现金流量,再应用

各种经济效果评估指标进行评价。

【例 3-12】 在两座城市间有两个交通投资方案 A、B。A 方案为建高速公路，B 方案为建铁路。只建一个项目时各项目的净现金流见表 3-8；两个方案都建时，会对另一方案的现金流产生影响，估计有关数据见表 3-8。基准折现率为 10%，试进行方案评价。

表 3-8 现金流量

方案	初始投资额/亿元	年净现金流入/亿元	寿命周期/年
高速公路 A	－50	10	40
铁路 B	－30	6	40
A＋B	－80	13.5	40

【解】 A、B 两方案为现金流量相关型方案，可用"方案组合法"评价择优。

第一步，先将各相关方案组合成互斥型方案。

第二步，对各互斥型方案进行评价择优，用财务净年值法。

$$\text{FNAV}_A = -50 \times (A/P, 10\%, 40) + 10 \approx 4.887 (亿元)$$
$$\text{FNAV}_B = -30 \times (A/P, 10\%, 40) + 6 \approx 2.933 (亿元)$$
$$\text{FNAV}_{A+B} = -80 \times (A/P, 10\%, 40) + 13.5 \approx 5.31 (亿元)$$
$$\text{FNAV}_{A+B} > \text{FNPV}_A > \text{FNPV}_B$$

故两个方案同时采纳为最佳。

(2) 从属相关型方案的经济效果评价

如果两个或多个方案之间，某方案的实施要求以另一方案（或另几个方案）的实施为条件，则两个方案之间具有从属性。例如，汽车零配件制造厂与汽车总装厂之间就有从属性。

【例 3-13】 某投资面临 5 个投资建议 A_1、A_2、B_1、B_2 及 C，现金流量及财务净现值见表 3-9。已知 A_1 及 A_2 互斥，B_1 及 B_2 相斥，B_1 及 B_2 都从属于 A_2，C 从属于 B_1。设定资金限额为 220 亿元，试选择出最优的投资组合方案，基准折现率为 10%。

表 3-9 方案基本数据表　　　　　　　　　　　　　单位：亿元

方案	现金流量					FNPV
	0	1	2	3	4	
A_1	－200	80	80	80	80	53.6
A_2	－120	48	48	48	48	32
B_1	－56	18	18	18	18	1.06
B_2	－60	20	20	20	20	3.4
C	－40	24	24	24	24	36

【解】 不考虑资金的限制时，5 项投资建议共可组成 5 个互斥的投资方案，如表 3-10 所示。显然方案 5 的财务净现值最高应优先采纳。方案 5 是由 A_2、B_1 及 C 三项投资建议组成的。其总投资为 216 亿元，财务净现值为 69.06 亿元。

表 3-10 组合方案评价结果表　　　　　　　　　单位：亿元

组合方案号	组合规则					投资	FNPV
	A_1	A_2	B_1	B_2	C		
1	1	0	0	0	0	−200	53.6
2	0	1	0	0	0	−120	32
3	0	1	1	0	0	−176	33.06
4	0	1	0	1	0	−180	35.4
5	0	1	1	0	1	−216	69.06

3.2.4 方案决策中应注意的问题

(1) 分清楚各方案之间的相互关系和资金的制约因素

【例 3-14】 某企业现正在研究独立的投资方案 A、B、C 何者有利。三个方案的投资额都为 5000 万元，每年年末的净收益分别是 A 为 800 万元，B 为 700 万元，C 为 600 万元。投资的寿命周期均为 20 年，如无特殊情况，那么优选的次序应为 A、B、C。

若各方案的情况：A 方案是企业内工厂的扩建问题；B 方案是公共工程，其投资的一半（2500 万元）可以由市政府提供 20 年无息贷款；C 方案是引进外资的企业，其中的 4000 万元可以按 4% 的利率获得。

此时各方案自身的效率（即财务内部收益率）为

A 方案：$5000 \times (A/P, \text{FIRR}_A, 20) - 800 = 0 \rightarrow \text{FIRR}_A = 15\%$

B 方案：$5000 \times (A/P, \text{FIRR}_B, 20) - 700 = 0 \rightarrow \text{FIRR}_B = 12.7\%$

C 方案：$5000 \times (A/P, \text{FIRR}_C, 20) - 600 = 0 \rightarrow \text{FIRR}_C = 10.3\%$

B 方案其投资的一半（2500 万元）可以由市政府提供 20 年无息贷款，有无息贷款时的现金流量如图 3-6 所示，此时 B 方案自有资金的效率为

$2500 + 2500 \times (P/F, \text{IRR}_B, 20) - 700 \times (P/A, \text{FIRR}_B, 20) = 0 \rightarrow \text{FIRR}_B = 27.6\%$

可见，其投资效率远比 A 方案有利。

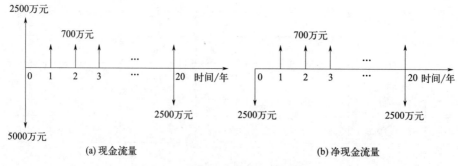

图 3-6 有无息贷款时的现金流量

C 方案以 4% 的低息贷款 4000 万元，因而每年都需偿还，若复本利和 20 年内偿还完了，则其现金流量如图 3-7(a) 所示。

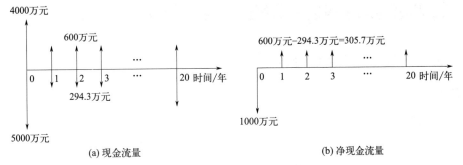

图 3-7 有低息贷款时的现金流量

其中每年偿还金额为 $A=4000\times(A/P,4\%,20)=294.3(万元)$，因而其净现金流量如图 3-7(b) 所示。其他资金的效率为

$$1000\times(A/P,\text{FIRR}_C,20)-305.7=0\rightarrow\text{FIRR}_C=30.4\%$$

可见 C 方案自有资金的效率比 B 方案还高。

(2) 应用投资回收期时的注意事项

在此之前，讨论的方案都是在初期投资之后每期末都产生均等净收益情况下的方案评价与选择的问题。但是，假如参加比较的各投资方案现金流量截然不同，那么收益率法有时就不能正确地反映各投资方案的优劣。

【**例 3-15**】 某企业现有 A、B 两个投资方案，初期投资额均为 1000 万元。但 A 方案投资之后一直无收益，直到第 10 年年末才有一笔 5000 万元的净收益；B 方案初期投资后从第 1 年年末开始每年年末都有相同的净收益 300 万元。假如基准折现率为 10%，哪个投资方案有利？

【**解**】 A、B 两个方案的财务内部收益率为

A 方案：$1000\times(F/P,\text{FIRR}_A,10)-5000=0\rightarrow\text{FIRR}_A=17.5\%$

B 方案：$1000\times(A/P,\text{FIRR}_B,10)-300=0\rightarrow\text{FIRR}_B=27.3\%$

如果用财务内部收益率作为评价投资方案优劣的标准，那么显然 B 方案较 A 方案优越得多。但是，B 方案果真较 A 方案优越吗？为此，需要研究两个方案相当于现时点的净收益哪个多，多者才是优选方案。两个方案的财务净现值为

$$\text{FNPV}_A=5000\times(P/F,10\%,10)-1000=928(万元)$$
$$\text{FNPV}_B=300\times(P/A,10\%,10)-1000=843(万元)$$

实际是 A 方案较 B 方案有利。

为什么财务内部收益率大的方案反而是差的方案，财务内部收益率小的方案反而是有利的方案呢？理由是：将 A、B 两个方案的投资比作向银行的存款，虽然 B 银行存款的利率较 A 银行的高，但是由于每年都需要从银行取出 300 万元存款，而取出的款是按基准收益率 10% 在运用；A 银行虽然较 B 银行存款利率低，但所存款额 1000 万元始终按 17.5% 计息，因而导致 10 年内财务净现值 A 方案较 B 方案大得多。

由此可见，对于投资类型截然不同的方案选择，不宜采用财务内部收益率作为方案优选的尺度，而应采用财务净现值法（财务净年值法）。

3.3 工程项目方案的不确定性与风险分析

3.3.1 工程方案的不确定性分析

3.3.1.1 不确定性分析概述

(1) 不确定性分析的概念

项目经济评价所采用的数据大部分来自预测和估算，具有一定程度的不确定性，预测和估算的结果可能与未来实际情况有较大差异，甚至有时不可能预测出各种变量的变化情况，因而产生了项目经济评价的不确定性问题。

项目经济评价不确定性的直接后果是使方案经济效果的实际值与评价值相偏离，从而使依据评价值做出的经济决策带有不确定性。不确定性分析与风险分析是有差异的：不确定性分析是不知道未来可能发生的结果，或不知道各种结果发生的可能性，由此产生的问题称为不确定性问题；风险分析是知道未来可能发生的各种结果的概率，由此产生的问题称为风险问题。

(2) 不确定性分析产生的原因

影响项目经济效果的各种因素的未来变化带有不确定性，而且由于测算项目现金流量时，各种数据缺乏足够信息或测算方法上存在误差，项目经济效果评价指标值带有不确定性。不确定性是所有项目固有的内在特性。产生不确定性的主要原因有项目基础数据的偏差、通货膨胀、技术进步、市场供求结构的变化等。通过不确定性分析在一定程度上可以避免投资决策的失误，可以掌握不确定性因素对项目经济评价的影响程度，可以为提出防范项目风险措施提供依据。

(3) 不确定性分析的方法

常用的不确定性分析方法有盈亏平衡分析、敏感性分析。

3.3.1.2 盈亏平衡分析

(1) 盈亏平衡分析的含义

盈亏平衡分析是在一定市场、生产能力及经营管理条件下，通过对产品产量、成本、利润相互关系的分析，判断企业对市场需求变化适应能力的一种不确定性分析方法，故也称为本量利分析。在工程经济评价中，这种方法的作用是找出投资项目的盈亏临界点，以判断不确定性因素对方案经济效果的影响程度，说明方案实施的风险大小及投资项目承担风险的能力，为投资决策提供科学依据。

(2) 线性盈亏平衡分析

① 线性盈亏平衡分析条件

a. 生产量等于销售量。

b. 生产量变化，单位变动成本不变，使总生产成本成为生产量的线性函数。

c. 销售量变化，销售单价不变，从而使销售收入成为销售量的线性函数。

d. 只生产单一产品；或者生产多种产品，但可以换算为单一产品计算。

② 线性盈亏平衡分析的计算

a. 基本的损益方程式

根据成本总额对产量的依存关系，可分解成固定成本和变动成本两部分：

$$\text{总成本} = \text{变动成本} + \text{固定成本} = \text{单位产品变动成本} \times \text{生产量} + \text{固定成本} \quad (3\text{-}6)$$

$$\text{销售税金} = \text{单位产品销售税金及附加} \times \text{销售量} \quad (3\text{-}7)$$

将成本分解成固定成本和变动成本两部分后，再考虑收入

$$\text{销售收入} = \text{单位产品售价} \times \text{销售量} \quad (3\text{-}8)$$

根据成本、产量和利润的关系得出利润表达式为

$$\text{利润} = \text{销售收入} - \text{总成本} - \text{税金} \quad (3\text{-}9)$$

将式(3-6)、式(3-7)和式(3-8)代入式(3-9)中，则利润的表达式如下：

$$B = pQ - C_V Q - C_F - tQ \quad (3\text{-}10)$$

式中　B——利润；
　　　p——单位产品售价；
　　　Q——销售量或生产量；
　　　t——单位产品销售税金及附加；
　　　C_V——单位产品变动成本；
　　　C_F——固定成本。

式(3-10)明确表达了本量利之间的数量关系，是基本的损益方程式。它含有相互联系的 6 个变量，给定其中 5 个，便可求出另一个变量的值。

由于单位产品的销售税金及附加随产品的销售单价变化而变化，为了便于分析，将销售收入与销售税金及附加合并考虑，即可将产销量、成本、利润的关系反映在直角坐标系中，成为基本的本量利图，如图 3-8 所示。

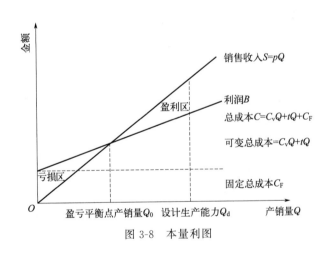

图 3-8　本量利图

b. 盈亏平衡点的表达形式

项目盈亏平衡点（break-even point，BEP）的表达形式有多种。可以用实物产销量、年销售收入、销售单价等绝对量表示，也可以用某些相对值表示，例如生产能力利用率。以产销量和生产能力利用率表示的盈亏平衡点应用最为广泛。

形式一：用产销量表示的盈亏平衡点 BEP(Q)。根据图 3-8，当产量小于 Q_0 时，则项目亏损；在产量大于 Q_0 时，则项目盈利。由式(3-10)可知，令基本损益方程式中的利润 $B = 0$，此时的产销量 Q_0 即为盈亏临界点产销量，即

$$\mathrm{BEP}(Q) = \frac{固定成本}{单位产品售价-单位产品变动成本-单位产品销售税金及附加} \quad (3-11)$$

形式二：用生产能力利用率表示的盈亏平衡点 BEP(%)。生产能力利用率表示的盈亏平衡点，指盈亏平衡点产销量占企业正常产销量的比重。正常产销量是指达到设计生产能力的产销量，也可以用销售收入来表示。

$$\mathrm{BEP}(\%) = \frac{盈亏平衡点产量}{正常产销量} \times 100\% \quad (3-12)$$

进行项目评价时，生产能力利用率表示的盈亏平衡点常常根据正常年份的产品产销量、变动成本、固定成本、产品价格和销售税金及附加等数据来计算，即

$$\mathrm{BEP}(\%) = \frac{年固定成本}{年销售收入-年变动成本-年销售税金及附加} \quad (3-13)$$

由式(3-11) 与式(3-13) 得到：

$$\mathrm{BEP}(Q) = \mathrm{BEP}(\%) \times 设计生产能力(即正常产销量) \quad (3-14)$$

盈亏平衡点应按项目的正常年份计算，不能按计算期内的平均值计算。

形式三：用年销售收入表示的盈亏平衡点 BEP(S)。单一产品企业在现代经济中只占少数，大部分企业产销多种产品。多品种企业可以使用年销售收入来表示盈亏临界点：

$$\mathrm{BEP}(S) = \frac{单位产品售价 \times 固定成本}{单位产品售价-单位产品变动成本-单位产品销售税金及附加} \quad (3-15)$$

式(3-15) 既可用于单品种企业，也可用于多品种企业。

形式四：用销售单价表示的盈亏平衡点 BEP(p)。如果按设计生产能力进行生产和销售，BEP 还可以由盈亏平衡点价格 BEP(p) 来表达，即

$$\mathrm{BEP}(p) = \frac{固定成本}{设计生产能力} + 单位产品变动成本 + 单位产品销售税金及附加 \quad (3-16)$$

【例 3-16】 某项目设计生产能力为年产 50 万件产品，估计单位产品价格为 100 元，单位产品变动成本为 80 元，固定成本为 300 万元，该产品销售税金及附加的合并税率为 5%。试用产销量、生产能力利用率、销售额、单位产品价格分别表示项目的盈亏平衡点。

【解】 (1) 计算 BEP(Q)，由式(3-11) 计算得

$$\mathrm{BEP}(Q) = \frac{300}{100-80-100 \times 5\%} = 200000 (件)$$

(2) 计算 BEP(%)，由式(3-12) 计算得

$$\mathrm{BEP}(\%) = \frac{300}{(100-80-100 \times 5\%) \times 50} \times 100\% = 40\%$$

(3) 计算 BEP(S)，由式(3-15) 计算得

$$\mathrm{BEP}(S) = \frac{300 \times 100}{100-80-100 \times 5\%} = 2000 (万元)$$

(4) 计算 BEP(p)，由式(3-16)

$$\mathrm{BEP}(p) = \frac{300}{50} + 80 + \mathrm{BEP}(p) \times 5\%$$

计算得

$$\mathrm{BEP}(p) = 90.53 (元/件)$$

盈亏平衡点反映了项目对市场变化的适应能力和抗风险能力。从图 3-8 中可以看出，盈

亏平衡点越低，达到此点的盈亏平衡产量和成本也就越少，项目投产后盈利的可能性越大，适应市场变化的能力越强，抗风险能力也越强。

线性盈亏平衡分析方法简单明了，但在应用中有一定的局限性。主要表现在实际的生产经营过程中，收益和支出与产品产销量之间的关系往往呈现出一种非线性的关系，而非所假设的线性关系。例如，当项目的产销量在市场中占有较大份额时，其产销量的高低可能会明显影响市场的供求关系，从而使得市场价格发生变化。再如，根据报酬递减规律，变动成本随着生产规模的扩大而可能与产量呈非线性的关系，在生产中还有一些辅助性的生产费用（通常称为半变动成本）随着产量的变化而呈曲线分布，这时就需要用到非线性盈亏平衡分析方法。

(3) 非线性盈亏平衡分析

在垄断竞争下，随着项目产销量的增加，市场上产品的单位价格就要下降，因而销售收入与产销量之间是非线性关系；同时，企业增加产量时原材料价格可能上涨，同时要多支付一些加班费、奖金以及设备维修费，使产品的单位变动成本增加，从而总成本与产销量之间也呈非线性关系。这种情况下盈亏平衡点可能出现一个以上，如图 3-9 所示。

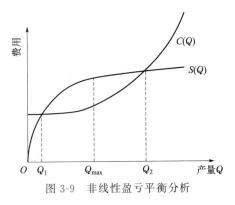

图 3-9 非线性盈亏平衡分析

【例 3-17】某企业投产以后，正常年份的年固定成本为 66000 元，单位变动成本为 28 元，单位售价为 55 元。由于原材料整批购买，每多生产 1 件产品，单位变动成本可降低 0.001 元；销量每增加 1 件产品，售价下降 0.0035 元。试求盈亏平衡点的产量 Q_1 和 Q_2 及最大利润时的销售量 Q_{max}。

【解】(1) 单位产品的售价为：$55-0.0035Q$

单位产品的变动成本为：$28-0.001Q$

$$C(Q)=66000+(28-0.001Q)Q=66000+28Q-0.001Q^2$$
$$S(Q)=55Q-0.0035Q^2$$

根据盈亏平衡原理：$B(Q)=S(Q)-C(Q)=-0.0025Q^2+27Q-66000$

解得：$Q_1=3739$（件）　$Q_2=7061$（件）

(2) 由 $B(Q)=S(Q)-C(Q) \Rightarrow B(Q)=-0.0025Q^2+27Q-66000$

对 Q 求导并令 $B'(Q)=0 \Rightarrow -0.005Q+27=0 \Rightarrow Q_{max}=5400$（件）

如果一个企业生产多种产品，可换算成单一产品，或选择其中一种不确定性最大的产品进行分析。运用盈亏平衡分析，在方案选择时应优先选择平衡点较低者，盈亏平衡点越低意味着项目的抗风险能力越强，越能承受意外的风险波动。

(4) 互斥型方案盈亏平衡分析

在需要对若干个互斥型方案进行比选的情况下，如果有某一个共有的不确定性因素影响这些方案的取舍，可以先求出两方案的盈亏平衡点，再根据盈亏平衡点进行方案取舍。

【例 3-18】某房地产开发商拟投资开发建设住宅项目，建筑面积为 $5000 \sim 10000 \mathrm{m}^2$，现有 A、B、C 三种建设方案，各方案的数据见表 3-11。现假设资本利率为 5%，试确定各建设方案经济合理的建筑面积范围。

表 3-11　各方案的数据

方案	造价/(元/m²)	运营费/(万元/年)	寿命/年
方案 A	1200	35	50
方案 B	1450	25	50
方案 C	1750	15	50

【解】 假设建筑面积为 x，则各方案的年度总成本 AC 为

$$AC(x)_A = 1200x(A/P,5\%,50) + 350000$$
$$AC(x)_B = 1450x(A/P,5\%,50) + 250000$$
$$AC(x)_C = 1750x(A/P,5\%,50) + 150000$$

令：
$$AC(x)_A = AC(x)_B \Rightarrow x_{AB} = 7299 \text{m}^2$$
$$AC(x)_B = AC(x)_C \Rightarrow x_{BC} = 6083 \text{m}^2$$
$$AC(x)_A = AC(x)_C \Rightarrow x_{AC} = 6636 \text{m}^2$$

以横轴表示建筑面积，纵轴表示年度总成本，绘出盈亏平衡分析图，如图 3-10 所示。从图中可看出：当建筑面积小于 6083m^2 时，方案 C 为优；当建筑面积为 $6083 \sim 7299 \text{m}^2$ 时，方案 B 为优；当建筑面积为大于 7299m^2 时，方案 A 为优。

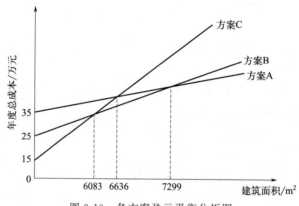

图 3-10　各方案盈亏平衡分析图

盈亏平衡分析虽然能够度量项目风险的大小，但并不能揭示项目风险的来源。虽然我们知道降低盈亏平衡点就可以降低项目的风险，提高项目的安全性，也知道降低盈亏平衡点可采取降低固定成本的方法。但是如何降低固定成本，应该采取哪些可行的方法或通过哪些有效的途径来达到这个目的，分析并没有给出答案，还需采用其他一些方法来帮助达到这个目的。因此，在运用盈亏平衡分析时，应注意使用的场合及欲达到的目的，以便能够正确地运用这种方法。

3.3.1.3　敏感性分析

(1) 敏感性分析的概念

敏感性分析系指通过分析不确定性因素发生增减变化时对财务或经济评价指标的影响，并计算敏感度系数和临界点，找出敏感因素。

敏感性分析的目的和作用包括：①研究影响因素所引起的经济效果指标变动的范围；②找出影响拟建项目经济效果的最敏感因素；③通过多方案敏感性大小的对比，选取敏感性

小的方案，即风险小的方案；④通过对可能出现的最有利与最不利的经济效果范围的分析，用寻找替代方案或对原方案采取某些控制措施的办法，来确定最现实的方案。

项目在其建设与生产经营的过程中，由于其内外部环境的变化，许多因素都会发生变化。一般将建设投资、产品价格、产品成本、产品产量（生产负荷）、主要原材料价格、工期、汇率等作为考察的不确定因素。敏感性分析不仅可以使决策者了解不确定性因素对评价指标的影响，从而提高决策的准确性，还可以启发评价者对那些较为敏感的因素重新进行分析研究，以提高预测的可靠性。

敏感性分析有单因素敏感性分析和多因素敏感性分析两种。

(2) 单因素敏感性分析

单因素敏感性分析是指假设各不确定性因素之间相互独立，每次只改变一个因素的数值来进行分析，其他因素保持不变，估算单个因素的变化对项目效益的影响。单因素敏感性分析是敏感性分析的基本方法。

单因素敏感性分析一般按以下步骤进行：

① 确定敏感性分析指标。建设项目经济评价有一套完整的财务评价指标，敏感性分析可以选定其中一个或几个主要指标进行分析，最基本的分析指标是财务内部收益率。根据项目的实际情况也可以选择财务净现值或投资回收期评价指标，必要时可同时针对两个或两个以上指标进行敏感性分析。

如果主要分析方案状态和参数变化对方案投资回收快慢的影响，则可选用投资回收期作为分析指标；如果主要分析产品价格波动对方案超额净收益的影响，则可选用财务净现值作为分析指标；如果主要分析投资大小对方案资金回收能力的影响，则可选用财务内部收益率作为分析指标。

机会研究阶段，主要是对项目的设想和鉴别，确定投资方向和投资机会。此时，各种经济数据不完整，可信程度低，深度要求不高，可选用静态的评价指标，常采用的指标是投资收益率和投资回收期。如果在初步可行性研究和可行性研究阶段，则需选用动态的评价指标，常用财务净现值、财务内部收益率，也可以辅以投资回收期。

② 选择需要分析的不确定性因素。根据项目特点，结合经验判断选择对项目经济效益影响较大且重要的不确定性因素进行分析。经验表明，主要应对产出物价格、建设投资、主要投入物价格或变动成本、生产负荷、建设工期及汇率等不确定性因素进行敏感性分析。

③ 分析每个不确定性因素的波动程度及其对分析指标可能带来的增减变化情况。对所选定的不确定性因素，应根据实际情况设定这些因素的变动幅度，其他因素固定不变。敏感性分析一般选择的不确定性因素的变化率为±5%、±10%、±20%等，对于不便于使用百分数表示的因素，例如建设工期，可采用延长一段时间，如延长1年，来计算不确定性因素每次变动对经济评价指标的影响；对每一因素的每一次变动，均重复以上计算。然后，把因素变动及相应指标变动结果用表或图的形式表示出来，以便于测定敏感性因素。

④ 确定敏感性因素。敏感性分析的目的在于寻求敏感性因素。各因素的变化都会引起经济指标一定的变化，但其影响程度却各不相同。有些因素可能仅发生较小幅度的变化就能引起经济评价指标发生大的变动，而另一些因素即使发生了较大幅度的变化，对经济评价指标的影响也不是太大。前一类因素称为敏感性因素，后一类因素称为非敏感性因素。敏感性分析的目的在于寻求敏感性因素，可以通过计算敏感度系数和临界点来判断。

a. 敏感度系数。敏感度系数表示的是项目评价指标对不确定性因素的敏感程度。计算公式为：

$$S_{AF} = \frac{\Delta A/A}{\Delta F/F} \tag{3-17}$$

式中 S_{AF}——评价指标 A 对于不确定性因素 F 的敏感度系数；

$\Delta F/F$——不确定性因素 F 的变化率，%；

$\Delta A/A$——不确定性因素 F 发生 ΔF 的变化时，评价指标 A 的相应变化率，%。

$S_{AF} > 0$，表示评价指标与不确定性因素同方向变化；$S_{AF} < 0$，表示评价指标与不确定性因素反方向变化。S_{AF} 的绝对值越大，表明评价指标 A 对于不确定性因素 F 越敏感；反之，则越不敏感。

b. 临界点。临界点是指项目允许不确定性因素向不利方向变化的极限值。超过极限，项目的效益指标将不可行。例如，当产品价格下降到某一值时，财务内部收益率将刚好等于基准收益率，此点称为产品价格下降的临界点。临界点可用临界点百分比或者临界值分别表示某一变量的变化达到一定的百分比或者一定数值时，项目的效益指标将从可行转变为不可行。临界点可用专用软件的财务函数计算，也可由敏感性分析图直接求得近似值。

⑤ 方案选择。如果进行敏感性分析的目的是对不同的投资项目或某一项目的不同方案进行选择，则一般应选择敏感程度小、承受风险能力强、可靠性大的项目或方案。

【例 3-19】 某小型电动汽车的投资方案，用于确定性经济分析的现金流量见表 3-12，所采用的数据是根据未来最可能出现的情况而预测估算的。由于对未来影响经济环境的某些因素把握不大，投资额、经营成本和销售收入均有可能在 ±20% 的范围内变动。设定基准收益率为 10%，不考虑所得税，针对财务净现值指标就三个不确定性因素做敏感性分析。

表 3-12 项目现金流量　　　　　　　　　　　单位：万元

年份	0	1	2~10	11
投资额 K	15000			
销售收入 B			19800	19800
经营成本 C			15200	15200
期末残值 L				2000
净现金流量	−15000		4600	6600

【解】 (1) 确定性分析

$$\begin{aligned}
FNPV &= -K + (B-C)(P/A, 10\%, 10)(P/F, 10\%, 1) + L(P/F, 10\%, 11) \\
&= -15000 + 4600(P/A, 10\%, 10)(P/F, 10\%, 1) + 2000(P/F, 10\%, 11) \\
&= 11397(\text{万元})
\end{aligned}$$

(2) 敏感性分析

① 求变化关系：设投资额、经营成本和销售收入变动的百分比为 x、y、z 且其对 FNPV 产生线性影响，分析这些百分比对方案 FNPV 的影响规律。

投资额 (K) 变动 x：

$$FNPV_K = -K(1+x) + (B-C)(P/A, 10\%, 10)(P/F, 10\%, 1) + L(P/F, 10\%, 11)$$

整理得 $FNPV_K = 11397 - 15000x$

经营成本 (C) 变动 y：

$$FNPV_C = -K + [B - C(1+y)](P/A, 10\%, 10)(P/F, 10\%, 1) + L(P/F, 10\%, 11)$$

整理得 $FNPV_C = 11397 - 84908y$

销售收入（B）变动 z：
$FNPV_B = -K + [B(1+z) - C](P/A, 10\%, 10)(P/F, 10\%, 1) + L(P/F, 10\%, 11)$

整理得 $FNPV_B = 11397 + 110604z$

② 求影响方案取舍的不确定性因素变化的临界值——敏感性分析图中（图 3-11）直线与横轴的交点。

令 $FNPV = 0 \Rightarrow x = 76.0\%$，$y = 13.4\%$，$z = -10.3\%$。

C、B 不变，K 增长大于 76.0%；K、B 不变，C 增长大于 13.4%；K、C 不变，B 减少大于 10.3% 时方案变得不可行。

分别对 x、y、z 取不同的值，计算方案的 FNPV，结果见表 3-13。

表 3-13　单因素变化对 FNPV 的影响　　　　　　单位：万元

变动率	−20%	−15%	−10%	−5%	0	5%	10%	15%	20%
投资额	14394	13644	12894	12144	11397	10644	9894	9144	8394
经营成本	28374	24129	19844	15639	11397	7149	2904	−1341	−5586
销售收入	−10725	−5195	335	5864	11397	16924	22453	27983	33513

绘制单因素敏感性分析图，见图 3-11。

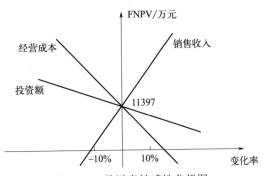

图 3-11　单因素敏感性分析图

本例中，销售收入（产品价格）是最敏感的因素，经营成本是次敏感的因素，投资额显然不是影响方案经济性的主要因素。这对项目经营者的启示为：企业在项目生产经营过程中应采取科学管理、降低成本和做好市场等主要措施，提高项目经营效益，抵御风险。

【例 3-20】　某项目因素对财务净现值的影响计算结果见表 3-14。

表 3-14　单因素变化对财务净现值（FNPV）的影响　　　　单位：万元

变化幅度	−20%	−10%	0	10%	20%	平均+1%	平均−1%
投资额	361.21	241.21	121.21	1.21	−118.79	−9.90%	9.90%
产品价格	−308.91	−93.85	121.21	336.28	551.34	17.75%	−17.75%
经营成本	293.26	207.24	121.21	35.19	−50.83	−7.10%	7.10%

试计算财务净现值对投资额、产品价格和经营成本的敏感度系数。

【解】　财务净现值对投资额的敏感度系数计算如下：

$$S_{AF} = \frac{\Delta A/A}{\Delta F/F} = \frac{\frac{241.21-121.21}{121.21}}{-10\%-0} = -9.9$$

同理，财务净现值对产品价格的敏感度系数计算结果为 17.75，财务净现值对经营成本的敏感度系数计算结果为 -7.10。根据计算所得财务净现值对投资额、产品价格和经营成本的敏感度系数可知，财务净现值对产品价格的变动最敏感。

由此可见，按财务净现值对各个因素的敏感程度来排序，依次是产品价格、投资额、经营成本，最敏感的因素是产品价格。因此，从方案决策的角度来讲，应该对产品价格进行进一步更准确的测算，因为从项目风险的角度来讲，如果未来产品价格发生变化的可能性较大，则意味着这一投资项目的风险性也较大。

需要说明的是，单因素敏感性分析虽然对于项目分析中不确定性因素的处理是一种简便易行、有效实用的变化方法，适用于分析最敏感的因素。但它是以假定其他因素不变为前提的，而这种假定条件在实际经济活动中是很难实现的。

(3) 多因素敏感性分析

多因素敏感性分析是在两个或两个以上互相独立的不确定性因素同时变化时，分析这些变化的因素对经济评价指标的影响程度和敏感程度。

单因素敏感性分析的方法简单，但其不足在于忽略了各因素之间相互作用的可能性。实际上，一个因素的变动往往也伴随着其他因素的变动。例如，固定资产投资的变化可能导致设备残值的变化；产品价格的变化可能引起需求量的变化，从而引起市场销售量的变化；等等。多因素敏感性分析考虑了这种相关性，因而能反映几个因素同时变动对项目评价指标产生的综合影响，弥补了单因素分析的局限性，更全面地揭示了事物的本质。因此，在对一些有特殊要求的项目进行敏感性分析时，除进行单因素敏感性分析外，还应进行多因素敏感性分析。多因素敏感性分析由于要考虑可能发生的各种因素不同变动情况的多种组合，因此，计算起来要比单因素敏感性分析复杂得多。

多因素敏感性分析方法有两种：一是把一次改变一个参数的敏感性分析方法应用于多参数的敏感性分析；二是采用乐观-悲观分析法。

① 敏感性分析法。一次改变一个参数的敏感性分析可以得到敏感性曲线。如果分析两个参数同时变化的敏感性，则可以得到敏感面。

【例 3-21】 某项目有关数据见表 3-15。假定可变因素为初始投资与年收入，并考虑它们同时发生变化，试进行该项目财务净年值指标的敏感性分析。

表 3-15 某项目有关数据

项目	初始投资/万元	使用寿命/年	残值/万元	年收入/万元	年支出/万元	折现率
估计值	10000	5	2000	5000	2200	8%

【解】 令 x、y 分别代表初始投资及年收入变化的百分数，则项目必须满足下式：

$$FNAV = -10000(1+x)(A/P, 8\%, 5) + 5000(1+y) - 2200 + 2000(A/F, 8\%, 5)$$
$$= 636 - 2505x + 5000y \geq 0$$

如果 $FNAV \geq 0$ 或 $636 - 2505x + 5000y \geq 0$，则该投资方案可以盈利 8% 以上。将以上不等式绘制成图形，就得到如图 3-12 所示的两个区域。这是一个直线方程，在临界线上，$FNAV = 0$；在临界线左上方的区域 $FNAV > 0$；在临界线右下方的区域 $FNAV < 0$。在进行

双因素敏感性分析时,投资者(决策者)所希望的区域 FNAV>0 占优势。

如果预计造成 ±20% 的估计误差,则 FNAV 对投资增加比较敏感。例如投资增加 10%,年收入减少 10%,则 FNAV<0,此时便达不到 8% 的基准收益率。

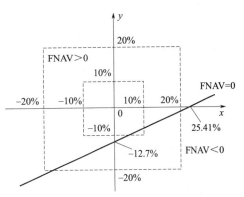

图 3-12 两个参数的敏感性分析图

【例 3-22】 假设【例 3-21】中使用寿命也是一个重要的敏感性参数,试进行初始投资、年收入和使用寿命三个参数同时变化的敏感性分析。

【解】 要推导出一个三维的敏感性分析数学表达式是困难的。但可以先根据每一可能方案的使用寿命画出来的一组盈亏线来考察 FNAV,然后根据结果考察改变这三个参数的估计误差的敏感性。

设以使用寿命 t 为自变量,则有

$$\text{FNAV}(t) = -10000(1+x)(A/P, 8\%, t) + 5000(1+y) - 2200 + 2000(A/F, 8\%, t) \geq 0$$

则: $\text{FNAV}(2) = -1846.4 - 5608x + 5000y \geq 0 \Rightarrow y \geq 0.369 + 1.121x$

$\text{FNAV}(3) = -464 - 3880x + 5000y \geq 0 \Rightarrow y \geq 0.093 + 0.776x$

$\text{FNAV}(4) = 224.8 - 3019x + 5000y \geq 0 \Rightarrow y \geq -0.045 + 0.604x$

$\text{FNAV}(5) = 636 - 2505x + 5000y \geq 0 \Rightarrow y \geq -0.127 + 0.50x$

$\text{FNAV}(6) = 909.6 - 2163x + 5000y \geq 0 \Rightarrow y \geq -0.182 + 0.433x$

$\text{FNAV}(7) = 1103.2 - 1921x + 5000y \geq 0 \Rightarrow y \geq -0.221 + 0.384x$

根据以上方程,可画出如图 3-13 所示的一组盈亏线。在使用寿命盈亏线上的区域 FNAV>0,在盈亏线以下的区域 FNAV<0。

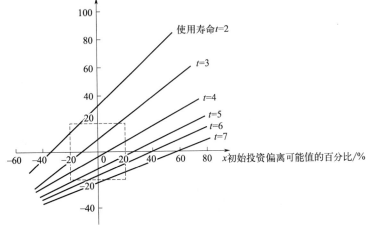

图 3-13 三个参数的敏感性分析图

由图 3-13 可以看出,在初始投资(x)和年收入(y)偏离最可能值 ±20% 的变化范围内,当 $t=5$、6、7 时,均显示良好的投资盈利效果。但当 $t=4$ 时,所需投资和年收入的允许变动范围非常小。例如,当 $t=4$ 时,如果投资增加 20%,为了使 FNAV>0,年收入至少必须增加 7.5%。

② 乐观-悲观分析法。多因素敏感性分析要考虑可能发生的多种因素不同变动幅度的多种组合，计算起来要比单因素敏感性分析复杂得多。当分析的不确定性因素不超过三个，且指标计算比较简单时，可以采用乐观-悲观分析法。

乐观-悲观分析法的基本思路是：对技术方案的各种参数分别给出三个预测值（估计值），即悲观的预测值 P，最可能的预测值 M，乐观的预测值 O。根据这三种预测值即可对技术方案进行敏感性分析并作出评价。

【例 3-23】 某企业准备购置新设备，投资、使用寿命等数据如表 3-16 所示，假设 $i_0 = 8\%$，试就使用寿命、年支出和年销售收入三项因素按乐观、最可能和悲观三种情况，进行财务净现值敏感性分析。

表 3-16 新设备的相关数据

因素变化	因素			
	总投资/万元	使用寿命/年	年销售收入/万元	年支出/万元
乐观(O)	15	18	11	2
最可能(M)	15	10	7	4.3
悲观(P)	15	8	5	5.7

【解】 计算过程见表 3-17。在表 3-17 中最大的 FNPV 是 69.35 万元，即使用寿命、年销售收入、年支出均处于最有利状态时，有

$$FNPV = (11-2)(P/A, 8\%, 18) - 15 = 69.35 (万元)$$

在表 3-17 中，最小的 FNPV 是 −21.56 万元，即使用寿命在 O 状态，年销售收入和年支出在 P 状态时，有

$$FNPV = (5-5.7)(P/A, 8\%, 18) - 15 = -21.56 (万元)$$

表 3-17 乐观-悲观敏感性分析　　　　　　　　　　　　单位：万元

年销售收入	年支出								
	O			M			P		
	使用寿命								
	O	M	P	O	M	P	O	M	P
O	69.35	45.39	36.72	47.79	29.89	23.5	34.67	20.56	15.46
M	31.86	18.55	13.74	10.3	3.12	0.52	−2.82	−6.28	−7.53
P	13.12	5.13	2.24	8.44	−10.30	−10.98	−21.56	−19.70	−19.00

(4) 敏感性分析的优缺点

综上所述，敏感性分析在一定程度上就各种不确定性因素的变动对方案经济效果的影响做了定量描述。这有助于决策者了解方案的风险情况，有助于确定在决策过程中及各方案实施过程中需要重点研究与控制的因素。

但是，敏感性分析没有考虑各种不确定性因素在未来发生变化的概率，这可能会影响分析结论的准确性。实际上，各种不确定性因素在未来发生某一幅度变动的概率一般是有所不同的。可能有这样的情况，通过敏感性分析找出的某一敏感性因素未来发生不利变动的概率很小，因而实际上所带来的风险并不大，以至于可以忽略不计；而另一不太敏感的因素未来

发生不利变动的概率却很大，实际上所带来的风险比那个敏感性因素更大。这种问题是敏感性分析所无法解决的，必须借助风险概率分析方法。

3.3.2 工程方案风险分析

3.3.2.1 工程方案风险分析概述

(1) 风险分析的概念

项目风险分析是指风险管理主体通过风险识别、风险评价去认识项目的风险，并以此为基础，合理地使用风险回避、风险控制、风险分散、风险转移等管理方法、技术和手段对项目的风险进行有效的控制。项目风险分析是在市场预测、技术方案、工程方案、融资方案和社会评价论证中已进行的初步风险分析的基础上，进一步综合分析识别拟建项目在建设和运营中潜在的主要风险因素，揭示风险来源，判别风险程度，提出规避风险对策，降低风险损失的方法。

在可行性研究阶段，项目风险分析研究分析产品（或服务）的销售量、销售价格、产品成本、投资、建设工期等风险变量可能出现的各种状态及概率分布，计算项目评价指标财务内部收益率、财务净现值等的概率分布，以确定项目偏离预期指标的程度和发生偏离的概率，判断项目的风险程度，从而为项目决策提供依据。

(2) 影响项目效益的风险因素

① 项目收益风险。包括产品的数量（服务量）与预测（财务与经济）价格。

② 建设风险。包括建筑安装工程量、设备选型与数量、土地征用和拆迁安置费、人工价格、材料价格、机械使用费及取费标准等。

③ 融资风险。包括资金来源、供应量与供应时间等。

④ 建设工期风险。主要是指工期延长。

⑤ 运营成本费用风险。包括投入的各种原料、材料、燃料、动力的需求量与预测价格、劳动力工资、各种管理费取费标准等。

⑥ 政策风险。包括税率、利率、汇率及通货膨胀率等。

(3) 项目风险分析的方法

常用的风险分析方法包括概率分析法、决策树法、专家调查法等。本书主要介绍概率分析法和决策树法。

3.3.2.2 工程项目投资风险分析基本方法

(1) 概率分析法

① 概率分析的含义。概率分析是运用概率方法和数理统计方法，对风险因素的概率分布和风险因素对评价指标的影响进行定量分析。概率分析，首先预测风险因素发生的概率，将风险因素作为自变量，预测其取值范围和概率分布；再将选定的评价指标作为因变量，测算评价指标的相应取值范围和概率分布，计算评价指标的期望值，以及项目成功的概率。

概率分析的步骤如下：

a. 选定一个或几个评价指标，通常将财务内部收益率、财务净现值等作为评价指标。

b. 选定需要进行概率分析的风险因素，通常有产品价格、销售量、主要原材料价格、投资额，以及外汇汇率等。针对项目的不同情况，通过敏感性分析，选择最为敏感的因素进行概率分析。

c. 预测风险因素变化的取值范围及概率分布。一般分为两种情况：一是单因素概率分析,即设定一个自变量因素变化,其他因素均不变化,进行概率分析;二是多因素概率分析,即设定多个自变量因素同时变化,进行概率分析。

d. 根据测定的风险因素值和概率分布,计算评价指标相应取值和概率分布。

e. 计算评价指标的期望值和项目可接受的概率。

f. 分析计算结果,判断其可接受性,研究减轻和控制风险因素的措施。

风险因素概率分布的测定是概率分析的关键,也是进行概率分析的基础。例如,将产品售价作为概率分析的风险因素,需要测定产品售价的可能区间和在可能区间内各价位发生变化的概率。风险因素概率分布的测定方法,应根据评价需要,以及资料的可得性和费用条件来选择,或者通过专家调查法确定,或者用历史统计资料和数理统计分析方法进行测定。

概率分析的方法有很多,这些方法大多是以项目经济评价指标(主要是FNPV)的期望值的计算过程和计算结果为基础的。这里仅介绍项目财务净现值的期望值法,通过计算项目财务净现值的期望值及财务净现值大于或等于零时的累计概率,判断项目承担风险的能力。

② 财务净现值期望值法。期望值是用来描述随机变量的一个主要参数。所谓随机变量,是指能够知道其所有可能的取值范围,也知道它取各种值的可能性,却不能肯定其最后确切取值的变量。在投资项目经济评价中所遇到的大多数变量因素,如投资额、成本、销售量、产品价格、项目寿命周期等,都是随机变量。我们可以预测其未来可能的取值范围,估计各种取值或值域发生的概率,但不可能肯定地预知其取值。投资方案的现金流量序列是由这些因素的取值所决定的,所以,方案的现金流量序列实际上也是随机变量。而以此计算出来的经济评价指标也是随机变量,由此可见,项目财务净现值也是一个随机变量。

从理论上讲,要完整地描述一个随机变量,需要知道其概率分布的类型和主要参数,但在实际应用中,这样做不仅非常困难,而且也没有太大的必要。因为在许多情况下,只需要知道随机变量的某些主要特征即可,在这些随机变量的主要特征中,最重要也是最常用的就是期望值。

期望值是在大量重复事件中随机变量取值的平均值。换言之,是随机变量所有可能取值的加权平均值,权重为各种可能取值出现的概率。

一般来讲,期望值的计算公式可表达为

$$E(x) = \sum_{i=1}^{n} x_i p_i \tag{3-18}$$

式中 $E(x)$——随机变量 x 的期望值;

x_i——随机变量 x 的各种取值;

p_i——x 取值 x_i 时所对应的概率值。

根据式(3-18),可以很容易地推导出项目财务净现值的期望值计算公式。即

$$E(\text{FNPV}) = \sum_{i=1}^{n} \text{FNPV}_i p_i \tag{3-19}$$

式中 $E(\text{FNPV})$——FNPV 的期望值;

FNPV_i——各种现金流量情况下的财务净现值;

p_i——对应于各种现金流量情况的概率值。

对于多个方案比较,其评价准则为:若标准差相等,则期望值越高,方案风险越低;若期望值相等,则标准差越大,方案风险越高;若期望值与标准差均不相等,则离散系数越小,方案风险越低。

【例 3-24】 已知某投资方案各种因素可能出现的数值及其对应的概率见表 3-18。假设投资发生在期初，年净现金流量均发生在各年的年末。已知基准折现率为 10%，试求其财务净现值的期望值。

表 3-18 投资方案变量因素值及其概率

投资额		年净收益		寿命周期	
数值/万元	概率	数值/万元	概率	数值/年	概率
120	0.30	20	0.25		
150	0.50	28	0.40	10	1.00
175	0.20	33	0.35		

【解】 根据各因素的取值范围，共有 9 种不同的组合状态，根据财务净现值的计算公式，可求出各种状态的财务净现值及其对应的概率，见表 3-19。

表 3-19 方案所有组合状态的概率及财务净现值

投资额/万元	120			150			175		
年净收益/万元	20	28	33	20	28	33	20	28	33
组合概率	0.075	0.12	0.105	0.125	0.2	0.175	0.05	0.08	0.07
财务净现值/万元	2.89	52.05	82.77	−27.11	22.05	52.77	−52.11	−2.95	27.77

根据财务净现值的期望值计算公式，可求出：

$E(\text{FNPV}) = 2.89 \times 0.075 + 52.05 \times 0.12 + 82.77 \times 0.105 + \cdots + 27.77 \times 0.07 = 24.51$（万元）

投资方案财务净现值的期望值为 24.51 万元。

财务净现值的期望值在概率分析中是一个非常重要的指标，在对项目进行概率分析时，一般都要计算项目财务净现值的期望值及财务净现值大于或等于零时的累计概率。累计概率越大，表明项目的风险越小。

（2）决策树法

决策树法是指在已知各种情况发生概率的基础上，通过构造决策树来求取财务净现值的期望值大于等于零的概率，评价项目风险、判断其可行性的决策分析方法。它是直观运用概率分析的一种图解方法。决策树法特别适用于多阶段决策分析。

决策树一般由决策点、机会点、方案枝、概率枝等组成，如图 3-14 所示。为了便于计算，对决策树中的"□"（决策点）和"○"（机会点）均进行编号，编号的顺序是从左到右，从上到下。通过绘制决策树，可以很容易地计算出各个方案的期望值并进行比选。

【例 3-25】 某项工程管理人员需要决定下月是否开工。如果开工后天气好，则可为国家创收 4 万元，若开工后天气坏，将给国家造成损失 1 万元，不开工则损失 10000 元。根据过去的统计资料，下月天气好的概率是 0.3，天气坏的概率是 0.7。请做出决策。

【解】 先将题意表格化，得出表 3-20。

表 3-20 【例 3-25】题表

自然状态	概率	行动方案	
		开工	不开工
天气好	0.3	40000	−10000
天气坏	0.7	−10000	−10000

再画决策树如下，由决策图 3-14 可得应该开工。

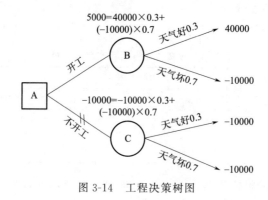

图 3-14　工程决策树图

本章小结及重要术语

思考题

1. 某企业为降低产品成本，拟订出三个互斥的技术方案，各方案的服务寿命均为 10 年，净现金流量如表 3-21 所示，试在基准收益率为 12% 的条件下用财务净现值法选择经济上最有利的方案。

表 3-21　三个互斥型方案的现金流　　　　　　　　　　　　　　单位：元

方案	初始投资	年净现金流量
A	5000	1400
B	9000	1950
C	11000	2600

2. 公司打算购买两种新机器中的一种，假如公司基准贴现率为 12%，设备方案数据如表 3-22 所示，用财务净年值法分析应购买哪种机器？

表 3-22　两方案的数据

项目	方案 A	方案 B
投资额/元	10000	16000
年经营收入/元	6000	6500
年经营支出/元	3000	2800
残值/元	1000	1600
寿命/年	6	9

3. 某项目有三个方案 A、B、C，均能满足同样需要，但各方案投资及年运营费用不同，见表 3-23，在基准收益率为 12% 的情况下，用费用年值对方案进行比选。

表 3-23　三个方案的投资费用数据　　　　　　　　单位：万元

方案	期初投资	1~5年运营费用	6~10年运营费用
A	70	13	13
B	90	10	10
C	105	6	8

4. 试用财务净年值对表 3-24 中三项寿命不等的互斥投资方案作出取舍决策。基准收益率为 12%。

表 3-24　现金流量表

方案	A	B	C
初始投资/万元	6000	8000	10000
残值/万元	0	200	350
年度支出/万元	1200	1200	1600
年度收入/万元	3400	4200	4800
寿命/年	3	4	6

5. 建筑企业打算购置一台建筑机械，现有两种可供选择。设基准收益率为 15%，相关数据见表 3-25，试用年费用法选择。

表 3-25　两台建筑机械的现金流量表

机械	机械 A	机械 B
期初投资/元	11000	18000
每年费用支出/元	3500	3100
残值/元	1000	2000
服务期/年	6	9

6. 某项目设计生产能力为年产 50 万件，每件产品价格为 120 元，单位产品可变成本为 100 元，年固定成本为 700 万元。试计算：
(1) 产品销售税金及附加忽略不计，盈亏平衡点的生产能力利用率。
(2) 产品销售税金及附加为 3% 时，盈亏平衡点的生产能力利用率。

7. 某厂生产和销售一种产品，单价为 18 元，单位变动成本为 11 元，销售税率为 6%，全月固定成本 10 万元，每月销售 4 万件。现企业通过市场分析，决定将其产品单价降至 16 元；同时每月还将增加广告费 2000 元。试计算：
(1) 该产品降价前的盈亏平衡点。
(2) 该产品降价后的盈亏平衡点。
(3) 增加销售多少件产品才能使降价后的利润比原来增加 5%。

8. 有一投资方案，其设计能力为年产某产品 1500 台，预计产品售价 1800 元/台，单位经营成本为 700 元/台，估算投资额为 800 万元，方案寿命为 8 年，试对此方案的投资回收期做敏感性分析。

第 4 章
工程项目经济效益分析

知识导图

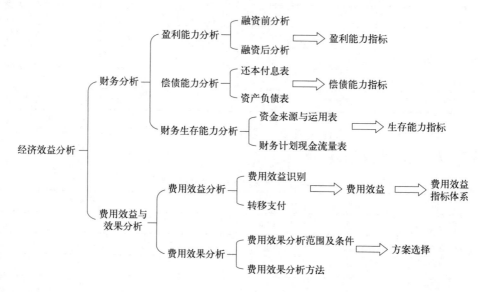

重难点

工程项目融资前和融资后的财务盈利能力分析，工程项目的偿债能力分析和财务生存能力分析，费用效益分析各要素的影子价格和经济指标计算分析。

学习目标

知识目标：掌握财务盈利能力分析，掌握偿债能力分析和财务生存能力分析，掌握费用效益分析主要参数及指标的计算；熟悉工程项目财务分析主要表格，熟悉费用效益识别与转移支付；了解财务分析的基本原则与步骤，了解费用效益分析与财务分析的区别与联系，了解费用效果分析的方法。

素质目标：树立实事求是的科学精神，明辨是非、追求真理的科学态度；培养大局意识、核心意识。

4.1 工程经济分析中的财务分析

4.1.1 财务分析概述

(1) 财务分析的含义和作用

财务分析是以财务报告资料及其他相关资料为依据,采用一系列专门的分析技术和方法,对一定时期内财务活动的过程和结果进行研究和评价,借以认识财务活动规律,促进企业提高经济效益的财务管理活动。

财务分析是工程项目经济评价的核心内容,其分析结论是决定项目取舍的重要决策依据。各个投资主体、各种投资来源、各种筹资方式兴办的大中型和限额以上的建设项目,均需进行财务分析。

在进行财务分析时,要明确分析范围,根据项目的特点和性质,选取适宜的分析方法,然后在研究和预测的基础上选取必要的基础数据进行成本费用分析、收入税费估算,并编制财务辅助报表。在此基础上,编制主要财务报表并计算财务分析指标进行财务分析。

财务分析服务于各个信息使用者,即项目的利益相关者。财务分析对项目的利益相关者来说起着非常重要的作用,主要体现在财务分析是项目投资决策与评价的重要组成部分,是重要的决策依据,在项目或方案比选中起着重要作用,对项目特别是对非经营性项目的财务可持续性的考察起着重要作用。

(2) 财务分析的基本原则与步骤

财务分析应遵循费用与效益计算口径的一致性原则、费用与效益识别的有无对比原则、动态分析与静态分析相结合以动态分析为主的原则、基础数据确定的稳妥原则。

财务分析的基本步骤如下:

① 确定财务分析的范围、依据和方法。

② 确定财务分析的基础数据和参数。主要包括计算期、财务基准折现率(基准收益率)、成本估算、收入估算及其他相关税费。

③ 编制财务报表。包括项目全部投资现金流量表、项目资本金现金流量表、利润及利润分配表、资产负债表、借款还本付息表、资金来源与运用表等。

④ 选取适宜的分析方法和评价指标,进行盈利能力、偿债能力、营运能力分析。

⑤ 进行不确定性分析。如盈亏平衡分析、敏感性分析等。

⑥ 得出财务分析的结论,并提出建议。

根据以上基本步骤,具体的分析流程如图4-1所示。

财务分析分为融资前分析和融资后分析两种情形。融资前分析是不考虑债务融资条件进行的财务分析,只进行盈利能力分析,并以项目投资现金流量分析为主,计算项目投资内部收益率和净现值指标,也可计算投资回收期指标(静态)。融资后分析是以设定的融资方案为基础进行的财务分析,主要针对项目资本金现金流和投资各方现金流进行分析,既包括盈利能力分析,又包括偿债能力分析和财务生存能力分析等内容。

(3) 工程项目财务分析主要表格

① 基本报表

现金流量表、损益表(利润表或利润与利润分配表)、资金来源与运用表、资产负债表、

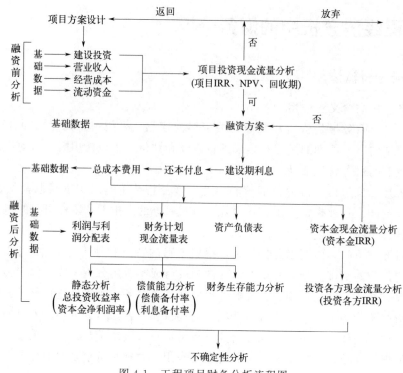

图 4-1 工程项目财务分析流程图

借款还本付息计划表、财务外汇平衡表。

② 辅助报表

固定资产投资估算表、流动资金估算表、投资使用计划与资金筹措表、主要产出物和投入物使用价格依据表、单位产品生产成本估算表、固定资产折旧费估算表、无形资产及递延资产摊销估算表、总成本费用估算表、销售收入估算表、销售税金估算表。

4.1.2 财务盈利能力分析

（1）融资前分析

融资前分析（项目投资现金流量分析）可从所得税前和（或）所得税后两个角度进行考察，选择计算所得税前和（或）所得税后分析指标。融资前分析只进行盈利能力分析，是针对项目基本方案进行的现金流量分析。它是在不考虑债务融资条件下进行的，从项目投资总获利能力的角度，考察项目方案设计的合理性。即不论实际可能支付的利息是多少，分析结果都不发生变化，因此可以排除融资方案对决策的影响。项目投资现金流量分析，应以动态分析（项目折现现金流量分析）为主，静态分析（非折现现金流量分析）为辅。

① 项目投资现金流量识别与报表编制。进行现金流量分析，首先要正确识别和选用现金流量，包括现金流入和现金流出。

a. 现金流入。主要包括营业收入（必要时还包括补贴收入），在计算期的最后一年，还包括回收固定资产余（残）值及回收流动资金。

b. 现金流出。现金流出主要包括建设投资、流动资金、经营成本、销售税金及附加。

如果运营期内需要投入维持运营投资，也应将其作为现金流出。所得税后分析还要将所得税作为现金流出。该所得税应根据不受利息因素影响的息税前利润（EBIT）乘以所得税税率计算,称为调整所得税,也可称为融资前所得税。

c. 净现金流量。即现金流入与现金流出之差,是计算评价指标的基础。

根据上述现金流量编制的现金流量表称为项目投资现金流量表,其格式见表 4-1。

表 4-1　项目投资现金流量表

序号	项目	合计	计算期				
			0	1	2	⋯	n
1	现金流入						
1.1	营业收入						
1.2	补贴收入						
1.3	回收固定资产余值						
1.4	回收流动资金						
2	现金流出						
2.1	建设投资						
2.2	流动资金						
2.3	经营成本						
2.4	销售税金及附加						
2.5	维持运营投资						
3	所得税前净现金流量						
4	累计所得税前净现金流量						
5	调整所得税						
6	所得税后净现金流量(3−5)						
7	累计所得税后净现金流量						

计算指标:税前 FIRR、税后 FIRR、税前 FNPV、税后 FNPV、税前投资回收期、税后投资回收期

② 项目投资现金流量分析的指标。依据项目投资现金流量表可以计算财务内部收益率(FIRR),财务净现值(FNPV),这两项指标通常被认定为主要指标。

另外还可借助该表计算项目投资回收期,可以分别计算静态或动态的投资回收期,我国的评价方法只规定计算静态投资回收期。

(2) 融资后分析

融资后分析是指以设定的融资方案为基础进行的财务分析。融资后分析考察项目在拟定融资条件下的盈利能力、偿债能力和财务生存能力等内容,判断项目方案在融资条件下的可行性。融资后分析是比选融资方案,进行融资决策和投资者最终决定投资的依据。

融资后的盈利能力分析应包括动态分析和静态分析两种。

① 动态分析。动态分析指通过编制财务现金流量表,根据资金时间价值原理,计算财务内部收益率和财务净现值等指标分析项目的获利能力。融资后的动态分析可分为项目资本金现金流量分析和投资各方现金流量分析两个层次。

a. 项目资本金现金流量分析。项目资本金现金流量分析是从项目权益投资者整体的角度,考察项目给项目权益投资者带来的收益水平。它是在拟定的融资方案基础上进行的息税后分析,可以进而判断项目方案在融资方案条件下的合理性。

项目资本金现金流量分析需要编制项目资本金现金流量表，其格式见表 4-2。

表 4-2　项目资本金现金流量表

序号	项目	合计	计算期				
			0	1	2	…	n
1	现金流入						
1.1	营业收入						
1.2	补贴收入						
1.3	回收固定资产余值						
1.4	回收流动资金						
2	现金流出						
2.1	项目资本金						
2.2	借款本金偿还						
2.3	借款利息支付						
2.4	经营成本						
2.5	销售税金及附加						
2.6	维持运营投资						
2.7	所得税						
3	净现金流量(1－2)						

计算指标：资本金的税前 FIRR、税后 FIRR、税前 FNPV、税后 FNPV、税前投资回收期、税后投资回收期

（a）现金流入。包括营业收入，必要时还包括补贴收入；在计算期的最后一年，还包括回收固定资产余值及回收流动资金。

（b）现金流出。主要包括建设投资和流动资金中的项目资本金（权益资金）、经营成本、销售税金及附加、借款本金偿还、借款利息支付和所得税。该所得税应等同于利润与利润分配表等财务报表中的所得税。如果运营期内需要投入维持运营投资，也应将其作为现金流出（通常设定维持运营投资由企业自有资金支付）。

（c）净现金流量。即现金流入与现金流出之差。由表 4-2 可见，该表的净现金流量包括了项目（企业）在缴税和还本付息之后所剩余的收益（含投资者应分得的利润）。

项目资本金现金流量分析指标。按照我国财务分析方法的要求，一般可以只计算项目资本金财务内部收益率一个指标。

b. 投资各方现金流量分析。对于某些项目，为了考察投资各方的具体收益，还需要编制从投资各方角度出发的现金流量表，即应从投资各方实际收入和支出的角度，确定其现金流入和现金流出，分别编制投资各方现金流量表，计算投资各方的财务内部收益率指标，考察投资各方可能获得的收益水平。其格式见表 4-3。

表 4-3　投资各方现金流量表

序号	项目	合计	计算期				
			0	1	2	…	n
1	现金流入						

续表

序号	项目	合计	计算期				
			0	1	2	…	n
1.1	应得利润						
1.2	资产清理分配						
(1)	回收固定资产余值						
(2)	回收流动资金						
(3)	净转收入						
(4)	其他收入						
2	现金流出						
2.1	建设投资额						
2.2	经营出资额						
3	净现金流量(1−2)						
4	累计净现金流量						

计算指标：投资各方的税前IRR、税后IRR、税前NPV、税后NPV、税前投资回收期、税后投资回收期

② 静态分析。静态分析是指不采取折现方式处理数据，主要依据利润与利润分配表计算总投资收益率（ROI）和项目资本金净利润率（ROE）等静态指标，也可借助前述的现金流量表计算静态投资回收期（P_t）指标。

a. 利润与利润分配表。利润与利润分配表是反映项目计算期内各年的利润总额、所得税及税后利润的分配情况，用以计算总投资收益率（ROI）和项目资本金净利润率（ROE）等静态财务分析指标的表格。

b. 利润与利润分配表的编制。利润与利润分配表的格式见表4-4。

表4-4 利润与利润分配表

序号	项目	合计	计算期				
			0	1	2	…	n
1	营业收入						
2	销售税金及附加						
3	总成本费用						
4	补贴收入						
5	利润总额(1−2−3+4)						
6	弥补以前年度亏损						
7	应纳税所得额(5−6)						
8	所得税						
9	净利润(5−8)						
10	期初未分配利润						
11	可供分配的利润(9+10)						
12	提取法定盈余公积金						
13	可供投资者分配的利润(11−12)						

续表

序号	项目	合计	计算期				
			0	1	2	…	n
14	应付优先股股利						
15	提取任意盈余公积金						
16	应付普通股股利(13－14－15)						
17	各投资方利润分配						
18	未分配利润(13－14－15－16－17)						
19	息税前利润(利润总额＋利息支出)						
20	息税折旧摊销前利润(19＋折旧＋摊销)						

(a) 利润总额。利润总额是项目在一定时期内实现盈亏总额，即营业收入扣除营业税金及附加和总成本费用之后（若有补贴收入则加上）的数额。其计算公式为：

$$利润总额＝营业收入－销售税金及附加－总成本费用＋补贴收入 \quad (4-1)$$

(b) 项目亏损及亏损弥补的处理。项目在上一个年度发生亏损，可用当年获得的所得税前利润弥补；当年所得税前利润不足以弥补的，可以在5年内用所得税前利润延续弥补；延续5年未弥补的亏损，用缴纳所得税后的利润弥补。

(c) 所得税的计算。利润总额按照现行财务制度规定进行调整（如弥补上年的亏损）后，作为计算项目应缴纳所得税税额的计税基数，即应纳税所得额，用公式表示为：

$$应纳税所得额＝利润总额－弥补以前年度亏损$$

则所得税计算公式为：

$$所得税＝应纳税所得额 \times 所得税税率 \quad (4-2)$$

(d) 所得税后利润的分配。缴纳所得税后的利润，即净利润，连同上年度未分配利润，构成了本期可供分配的利润。

(e) 息税前利润。息税前利润（EBIT）是指扣除当年利息和所得税前的利润额，等于当年利润总额和当年应付利息之和。计算公式为：

$$EBIT＝利润总额＋利息支出 \quad (4-3)$$

(f) 息税折旧摊销前利润。息税折旧摊销前利润（EBITDA）是指扣除当年利息、所得税、折旧费和摊销费之前的利润额，等于息税前利润加上折旧费和摊销费，用公式表示为：

$$EBITDA＝EBIT＋折旧费＋摊销费 \quad (4-4)$$

(3) 反映项目盈利能力的指标

按照是否考虑资金的时间价值，反映盈利能力分析的指标分为静态指标和动态指标两类。

① 静态指标。静态盈利能力指标依据利润与利润分配表和现金流量表中的有关数据计算，主要有总投资收益率、项目资本金净利润率和项目静态投资回收期。

② 动态指标。动态盈利能力指标需要根据三个层次的现金流量表（即项目投资现金流量表、项目资本金现金流量表和投资各方现金流量表）计算，主要有财务内部收益率和财务净现值、资本金财务内部收益率、投资各方财务内部收益率及项目动态投资回收期等。

4.1.3 偿债能力分析和财务生存能力分析

偿债能力分析和财务生存能力分析都属于融资后分析。偿债能力分析是通过编制相关报表，计算利息备付率、偿债备付率等比率指标，考察项目借款的偿还能力；财务生存能力分析是通过编制财务计划现金流量表，结合偿债能力分析，考察项目（企业）资金平衡和余缺等财务状况，判断其财务可持续性。

(1) 偿债能力分析

反映偿债能力的报表主要有借款还本付息计划表和资产负债表。

① 借款还本付息计划表。借款还本付息计划表是反映借款偿还期内借款支用和还本付息的情况，用以计算利息备付率和偿债备付率等指标，进行偿债能力分析的表格。

借款还本付息计划表应根据与债权人商定的或预计可能的债务资金条件和方式计算并编制，其格式如表 4-5 所示，该表也可与"建设期利息估算表"合并。

表 4-5 借款还本付息计划表

序号	项目	利率	建设期			运营期		
			1	2	3	4	⋯	n
1	年初借款本息累计							
2	本年借款项							
3	本年应计利息							
4	本年偿还本金							
5	本年支付利息							
6	年末剩余借款项							

还款方式及还本付息额的计算：

方法一：等额利息法。每期付相同的利息，不还本金，最后一期全部还清。每期偿还利息额为：

$$I_t = L_a i \quad t=1,2,3,\cdots,n \tag{4-5}$$

偿还本金为：

$$CP_t = \begin{cases} 0 & t=1,2,\cdots,n-1 \\ L_a & t=n \end{cases}$$

式中 I_t——第 t 期付息额；
i——贷款利率；
CP_t——第 t 期还本额；
n——贷款年限；
L_a——贷款总额。

方法二：等额本金法。每期偿还相等的本金和相应的利息。

每期偿还利息额为：

$$I_t = i[L_a - L_a(t-1)/n] \quad t=1,2,\cdots,n \tag{4-6}$$

每期偿还本金为：

$$CP_t = L_a/n \quad t=1,2,\cdots,n$$

方法三：等额偿还法。每期偿还相等的本利额（等额分付资本回收），计算公式为：

$$I_t + CP_t = A = L_a(A/P,i,n) \tag{4-7}$$

其中：每年支付利息 I_t = 年初借款累计 $\times i$，每年偿还本金 $CP_t = A - I_t$

方法四：气球法。任意偿还本利，到期全部还清。

【例 4-1】 某工程项目在投产期初借款额累计为 5000 万元。假定这笔贷款的偿还期为 5 年，利率为 10%；生产期可用于还本的折旧、摊销费和未分配利润每年共为 1500 万元。试计算以等额本金法、等额偿还法还款方式偿还贷款需偿还本金和利息各为多少？

【解】 两种方法解题过程见表 4-6 和表 4-7。

表 4-6 等额本金法还本付息表 单元：万元

项目	1	2	3	4	5	6
年初累计	5000	4000	3000	2000	1000	0
本年借款						
本年应计利息	500	400	300	200	100	
本年偿还本金	1000	1000	1000	1000	1000	
本年应付利息	500	400	300	200	100	
偿还本金资金来源	1500	1500	1500	1500	1500	

表 4-7 等额偿还法还本付息表 单位：万元

项目	1	2	3	4	5	6
年初累计	5000	4181	3280	2289	1199	0
本年借款						
本年应计利息	500	418.1	328	228.9	119.9	
本年偿还本金	819	900.9	991	1090	1199	
本年应付利息	500	418.1	328	228.9	119.9	
偿还本金资金来源	1500	1500	1500	1500	1500	

② 资产负债表。资产负债表通常按企业范围编制，用以反映企业某一特定日期的财务状况。编制过程中应实现资产与负债和所有者权益两方的自然平衡。与实际企业相比，工程项目财务分析中资产负债表的科目可以适当简化，它反映的是各年年末的财务状况，必要时也可以按"有项目"范围编制。其格式见表 4-8 所示。

表 4-8 资产负债表

序号	项目	建设期			运营期			
		0	1	2	3	4	…	n
1	资产							
1.1	流动资产总额							
1.1.1	应收账款							
1.1.2	存货							
1.1.3	现金							
1.1.4	累计盈余资金							
1.2	在建工程							
1.3	固定资产净值							
1.4	无形及递延资产净值							
2	负债及所有者权益							

续表

序号	项目	建设期			运营期			
		0	1	2	3	4	…	n
2.1	流动负债总额							
2.1.1	应付账款							
2.1.2	流动资金借款							
2.1.3	其他短期借款							
2.2	长期借款							
	负债小计							
2.3	所有者权益							
2.3.1	资本金							
2.3.2	资本公积金							
2.3.3	累计盈余公积金							
2.3.4	累计未分配利润							

计算指标:资产负债率、流动比率、速动比率

反映项目偿债能力的指标。根据借款还本付息计划表数据、利润表以及总成本费用表的有关数据可以计算利息备付率、偿债备付率指标。

(2) 财务生存能力分析

① 财务生存能力分析的报表。财务生存能力分析旨在分析考察"有项目"时（企业）在整个计算期内的资金充裕程度，分析财务可持续性，判断在财务上的生存能力，应编制资金来源与运用表和财务计划现金流量表。

资金来源与运用表，简称资金表，是综合反映一定时期内营运资金来源和运用及其增减变动情况的报表。该表是用来反映一定时期内各种资金来源、资金运用和资金盈余增减变化的原因，分析资金取得的来源和运用的方向，说明项目财务情况变动的动态报表。

财务计划现金流量表是国际上通用的财务报表，用以反映计算期内各年的投资活动、融资活动和经营活动所产生的现金流入、现金流出和净现金流量，考察资金平衡和余缺情况，是表示财务状况的重要财务报表。

a. 资金来源与运用表。资金来源与运用表格式参见表 4-9。

表 4-9 资金来源与运用表

序号	项目	建设期			运营期			合计	上年余值
		0	1	2	3	…	n		
	生产负荷								
1	资金来源								
1.1	利润总额								
1.2	折旧费								
1.3	摊销费								
1.4	长期借款								
1.5	流动资金借款								

续表

序号	项目	建设期			运营期			合计	上年余值
		0	1	2	3	…	n		
1.6	其他短期借款								
1.7	自有资金								
1.8	其他								
1.9	回收固定资产余值								
1.10	回收流动资金								
2	资金运用								
2.1	固定资产投资								
2.2	建设期利息								
2.3	流动资金								
2.4	所得税								
2.5	应付利润								
2.6	长期借款本金偿还								
2.7	流动资金借款本金偿还								
2.8	其他短期借款本金偿还								
3	盈余资金								
4	累计盈余资金								

需要说明的是：利润计算已经考虑了投产期利息，因此资金运用只考虑建设期利息。折旧与摊销在利润计算中考虑为支出，但是并没有实际支出，故可以作为资金来源继续利用。年盈余资金反映了项目的年资金平衡情况，出现负值表明项目维持需要进一步借贷或通过其他年利润补充；累计盈余资金要求大于零，否则项目无法进行下去。

b. 财务计算现金流量表。财务计算现金流量表格式见表 4-10。

表 4-10 财务计算现金流量表

序号	项目	建设期			运营期			
		0	1	2	3	4	…	n
1	经营活动净现金流量							
1.1	现金流入							
1.1.1	销售收入							
1.1.2	增值税销项税额							
1.1.3	补贴收入							
1.1.4	其他收入							
1.2	现金流出							
1.2.1	经营成本							
1.2.2	增值税进项税额							
1.2.3	销售税金及附加							
1.2.4	增值税							

续表

序号	项目	建设期			运营期			
		0	1	2	3	4	…	n
1.2.5	所得税							
1.2.6	其他流出							
2	投资活动净现金流量							
2.1	现金流入							
2.2	现金流出							
2.2.1	建设投资							
2.2.2	设备更新投资							
2.2.3	流动资产投资							
2.2.4	其他							
3	筹资活动净现金流量							
3.1	现金流入							
3.1.1	权益资金投入							
3.1.2	建设资金借款							
3.1.3	流动资金借款							
3.1.4	债券							
3.1.5	应付账款							
3.1.6	短期借款							
3.1.7	其他							
3.2	现金流出							
3.2.1	债券债务利息							
3.2.2	债券债务本金							
3.2.3	应付利润							
3.2.4	其他							
4	净现金流量							
5	累计盈余资金							

② 财务生存能力分析的要点。财务生存能力分析应结合偿债能力分析进行，项目的财务生存能力分析可通过以下相辅相成的两个方面进行：

a. 分析是否有足够的净现金流量维持正常运营。在项目（企业）运营期间，只有能够从各项经济活动中得到足够的净现金流量，项目才能持续生存。财务生存能力分析中应根据财务计划现金流量表，考察项目计算期内各年的投资活动、融资活动和经营活动所产生的各项现金流入和流出，计算净现金流量和累计盈余资金，分析项目是否有足够的净现金流量维持正常运营。

通常因运营期前期的还本付息负担较重，故应特别注重运营期前期的财务生存能力分析。如果拟安排的还款期过短，致使还本付息负担过重，导致为维持资金平衡必须筹借的短期借款过多，可以设法调整还款期，甚至寻求更有利的融资方案，减轻各年还款负担，所以财务生存能力分析应结合偿债能力分析进行。

b. 各年累计盈余资金不出现负值是财务上可持续的必要条件。在整个运营期间，允许个别年份的净现金流量出现负值，但不能容许任一年份的累计盈余资金出现负值。一旦出现负值时应适时进行短期融资，该短期融资应体现在财务计划现金流量表中，同时短期融资的利息也应纳入成本费用和其后的计算。较大的或较频繁的短期融资，有可能导致以后的累计盈余资金无法实现正值，致使项目难以持续运营。

4.2 工程项目的费用效益与效果分析

4.2.1 工程项目的费用效益分析

4.2.1.1 费用效益分析概述

（1）费用效益分析的概念

费用效益分析，是按照资源合理配置的原则，从整个国家和全社会的角度考察项目的效益和费用，运用影子价格、影子工资、影子汇率和社会折现率等经济参数，计算分析项目需要国家付出的代价和对国家的贡献，以考察投资行为的经济合理性的活动。评价结果是对项目进行决策的首要依据。

对工程项目进行费用效益分析的目的，是把国家有限的各种资源（包括劳动力、资金、土地和自然资源等）投入到最需要的项目上去，使有限的资源能够得到合理配置和有效利用，以取得最大的经济效益。通过费用效益分析，对那些本身财务效益好但经济效益差的项目进行调控，对那些本身财务效益差而经济效益好的项目予以鼓励。

（2）费用效益分析的作用

①费用效益分析是宏观上合理配置国家有限资源的需要；②费用效益分析是真实反映项目对国民经济净贡献的需要；③费用效益分析是政府审批或批准项目的重要依据，有助于实现企业利益和社会利益的统一。

（3）费用效益分析的必要性

① 由于企业和国家是两个不同的评价角度，企业利益并不总是与国家利益完全一致，因此，一个项目对国家和企业的费用和效益范围不完全一致。财务盈利效果仅是项目内部的直接经济效果，不包括其对外部的影响。

② 财务分析采用的是预测价格。由于种种原因，项目的投入品和产出品财务价格失真，不能正确反映其对国民经济的真实价值。

③ 不同项目的财务分析包括了不尽相同的税收、补贴和贷款条件，使不同项目的财务盈利失去了公正的效果。

（4）费用效益分析的基本方法

费用效益分析强调站在整个社会的角度，分析社会资源占用的经济效益，其分析方法应根据项目的具体情况选用。费用效益分析的主要方法包括以下几种：

① 费用效益比较分析法。即效益（效果）与费用比较的理论方法，寻求以最小的投入（费用）获取最大的产出（效益、效果）。

② 经济分析采取"有无对比"法识别项目的费用和效益。

③ 定性分析法。即对项目的各种经济影响进行全面陈述，为投资决策提供依据。

④ 经济分析采取影子价格估算效益和费用，且遵照效益和费用计算范围对应一致的基

本原则。

（5）费用效益分析的适用范围

需要进行费用效益分析的项目主要有：①国家及地方政府参与投资的项目；②国家给予财政补贴或者减免税费的项目；③主要的基础设施项目，包括铁路、公路、航道整治疏浚等交通基础设施建设项目；④较大的水利水电项目；⑤国家控制的战略性资源开发项目；⑥动用社会资源和自然资源较大的中外合资项目；⑦主要产出物和投入物的市场价格不能反映其真实价值的项目。

上述无法完全依靠市场配置资源的项目，具有以下特征：

① 项目的产出物不具有市场价格。由于公共产品和外部效果等因素的影响，无法对其进行市场定价。

② 市场价格虽然存在，但无法确切地反映投入物和产出物的边际社会效益和成本，因而在竞争市场上提供这些服务得到的利益将无法充分地反映这些供给所产生的社会净利益。

 拓展阅读　费用效益分析与财务分析的区别与联系

4.2.1.2　费用效益识别与转移支付

（1）费用效益识别

① 费用效益识别的基本原则

a. 全面识别原则。凡是项目对社会经济所作的贡献，均计为项目的经济效益；凡是社会经济对项目所付出的代价，均计为项目的经济费用。

b. 边界原则。费用效益分析则从国民经济的整体利益出发，其系统分析的边界是整个国家。费用效益分析不仅要识别项目自身的内部效果，而且需要识别项目对国民经济其他部门和单位产生的外部效果。

c. 资源变动原则。费用效益分析以实现资源最优配置从而保证国民收入最大增长为目标。经济资源的稀缺性，就意味着一个项目的资源投入会减少这些资源在国民经济其他方面的可用量，从而减少了其他方面的国民收入，从这种意义上说，该项目对资源的使用产生了国民经济费用。同理，项目的产出是国民经济收益，是由于项目的产出能够增加社会资源——最终产品。因此不难理解，在考察费用和效益的过程中，依据不是货币，而是社会资源真实的变动量。凡是减少社会资源的项目投入都产生国民经济费用，凡是增加社会资源的项目产出都产生国民经济收益。

需要注意的是，这里提到的资源应是稀缺的经济资源，而不是闲置或不付出代价就可自由使用的资源。

② 直接效益与直接费用

直接效益是指由项目产出物直接生成，并在项目范围内计算的经济效益。一般表现为：增加项目产出物或者服务的数量以满足国内需求的效益；替代效益较低的相同或类似企业的产出物或者服务，使被替代企业减产（停产）从而减少国家有用资源耗费或者损失的效益；增加出口或者减少进口从而增加或者节支外汇的效益等。

直接效益的确定分为以下几种情况：

a. 如果项目的产出物用以增加国内市场的供应量，其效益就是所满足的国内需求，也就等于消费者的支付意愿。

b. 如果国内市场的供应量不变，则若项目产出物增加了出口量，其效益为所获得的外汇；若项目产出物减少了总进口量，即替代了进口货物，其效益为节约的外汇；若项目产出物顶替原有项目的生产，致使原有项目减少或停产，其效益为原有项目减产或停产而节约的资源。

直接费用是指由项目使用投入物所形成，并在项目范围内计算的费用。一般表现为投入项目的各种物料、人工、资金、技术以及自然资源而带来的社会资源的消耗。项目直接费用的确定分为以下几种情况：

a. 其他部门为供应本项目投入物而扩大生产规模所耗用的资源费用。

b. 减少对其他项目（或最终消费）投入物的供应而放弃的效益。

c. 增加进口（或减少出口）所耗用（或减少）国家外汇的费用。

此外，项目范围内主要为本项目服务的商业、教育、卫生、文化、住宅等生活福利设施投资，应计为项目的费用（这些生活福利设施所产生的效益，可视为已经体现在项目的产出效益中，一般不必单独核算）。

直接效益和直接费用也可以统称为内部效果。

③ 间接效益与间接费用

间接效益是指由项目引起的，但在直接效益中未得到反映的那部分效益，例如技术扩散和示范效果等。间接费用是指由项目引起的，而在直接费用中未得到反映的那部分费用，例如生态破坏和环境污染等。间接效益与间接费用主要包括以下几个方面：

a. 技术扩散和示范效果。技术扩散和示范效果是指建设技术先进的项目培养和造就大量的技术人员和管理人员，他们除了为本项目服务外，还会由人员流动、技术交流给整个社会经济发展带来好处。

b. 环境和生态效果。例如造纸厂在给自身带来经济效果的同时，污水的排放也会给社会环境带来巨大损害。

c. 产业关联效果。例如，建设一个水电站，一般除发电、防洪、灌溉和供水等直接经济效果外，还必然带来养殖和水上运动的发展，以及旅游业的增进等间接效益；此外，农业还会因土地淹没而遭受一定的损失（间接费用）。这些都是修建水电站而产生的产业关联效果。

(2) 转移支付

项目的某些财务收益和支出，从国民经济角度看，并没有造成资源的实际增加或者减少，而是国民经济内部的"转移支付"，不计作项目的国民经济效益与费用。转移支付主要包括四部分内容：

① 税金

在财务分析中，税金对国民经济整体而言，并未减少国民收入，只不过是将企业的这笔货币收入转移到政府手中而已，是收入的再分配。项目的费用效益分析，是从资源增减的角度区别收益和费用的，税金既然是国民收入的再分配，并不伴随资源的变动，所以，在费用效益分析中既不能把税金列为效益，也不能把税金列为费用。

② 补贴

补贴是一种货币流动方向与税金相反的转移支付。政府如果对某些产品实行价格补贴，可能会降低项目投入的支付费用，或者会增加项目的收入，从而增加项目的净收益。但是这种收益的增加仍然是国民收入从政府向企业的一种转移，仅仅是资源的支配权发生变动，而既未增加社会资源，也未减少社会资源，因而补贴不被视作费用效益分析中的费用和收益。

③ 国内贷款的还本付息

项目的国内贷款及其还本付息也是一种转移支付，在项目投资人的财务分析中被视作财务支出。但从国民经济角度看，情况则不同，还本付息并没有减少国民收入，这种货币流动过程仅仅代表资源支配权力的转移，社会实际资源并未增加或减少，因而在费用效益分析中，不被视为费用。

④ 国外贷款的还本付息

国外贷款还本付息的处理分以下三种情况：

a. 评价国内投资经济效益的处理办法。项目的费用效益分析是以项目所在国的经济利益为根本出发点的，所以必须考察国外贷款还本付息对项目举办国的真实影响。如果国外贷款利率很高，高于全部投资的内部收益率，那么一个全投资效益好的项目，也可能由于偿还国外债务造成大部分资金外流的局面，致使本国投资得不偿失。为了能够揭示这种情况，如实判断本国投资资金的盈利水平，必须进行国内投资的经济效益分析。在分析时，由于还本付息意味着国内资源流入国外，因而应当视作费用（现金流出）。

b. 国外贷款不指定用途时的处理办法。对项目进行费用效益分析的目的是使有限的资源得到最佳配置。因此，应当对项目所用全部资源的利用效果作出分析评价，这种评价就是包括国外贷款在内的全投资经济效益分析。不过，对使用国外贷款的项目进行全投资经济评价的条件是国外贷款不是针对某一项目专款专用，该贷款还允许用于其他项目。这种情况下，与贷款对应的实际资源虽然来自国外，但受贷国在如何有效利用这些资源的问题上，面临着与国内资源同样的优化配置任务，因而应当对包括国外贷款在内的全部资源的利用效果作出评价。在这种评价中，国外贷款还本付息不视作效益，也不视作费用，不出现在费用效益分析所用的项目国民经济效益费用流量表中。

c. 国外贷款指定用途的处理办法。如果不上马拟建项目，就不能得到国外贷款，这时便无须进行全投资的费用效益评价，可只进行国内投资资金的经济评价。因为全投资经济效益评价的目的在于对包括国外贷款在内的全部资源的多种用途进行比较选优，既然国外贷款的用途已经唯一限定，别无其他选择，也就没有必要对其利用效果作出评价了。

4.2.1.3 费用效益分析主要参数及指标计算

(1) 费用效益分析主要参数

1) 影子价格

① 影子价格的含义。影子价格是指依据一定原则确定的，能够反映投入物和产出物真实经济价值，反映市场供求状况，反映资源稀缺程度，使资源得到合理配置的价格。

影子价格依据经济分析的定价原则，反映社会对这些货物真实价值的度量，是投资项目经济评价的通用参数。广义的影子价格还包括资金的影子价格（社会折现率）、土地的影子价格、工资的影子价格（影子工资）、外汇的影子价格（影子汇率）等。从宏观角度讲，在一定的生产和技术条件下，可供利用的资源是有限的，资源存在最优分配问题。要实现资源的最优分配，就应该把稀缺资源优先分配给经济效益好的投资项目。资源在最优利用状况下，单位（资源的计量单位）效益增量价值，便是资源的影子价格。资源稀缺程度与影子价格成正比，资源越稀缺，资源单位效益增量值就越大，价格也就越高；反之，当资源可以满足全社会需求时，资源单位效益增量价值就越小，当供大于求时影子价格则为零。

② 使用影子价格的原因。在费用和效益的衡量阶段，作为衡量尺度的价格成为问题的关键。财务分析采用的是市场预测价格，如果在较完全的市场机制下，这样的价格能够真实反映各种资源的经济价值。然而，由于市场缺陷的存在，市场价格往往不能真实反映项目实际效益，不能作为资源配置的正确信号和计量依据。因此，项目费用效益分析应采用计算国民经济效益与费用时的专用价格——影子价格。

③ 影子价格的特点。反映各种生产资源的稀缺程度；与市场自由竞争的均衡价格一致；资源的影子价格反映该资源的边际生产力；与机会成本含义一致。

④ 影子价格确定原则。影子价格是根据国家经济增长目标和资源可获性来确定的。如果某种资源数量稀缺，同时有许多用途完全依靠于它，那么它的影子价格就高。如果这种资源的供应量增多，那么它的影子价格就会下降。

进行费用效益分析时，项目的主要投入物和产出物价格，原则上都应采用影子价格。

确定影子价格时，对于投入物和产出物，首先要区分为市场定价货物、政府调控价格货物和特殊投入物三大类别，然后根据投入物和产出物对国民经济的影响分别处理。

⑤ 市场定价货物的影子价格。

第一类：外贸货物影子价格。外贸货物是指其生产或使用会直接或间接影响国家出口或进口的货物，原则上石油、金属材料、金属矿物、木材及可出口的商品煤，都划为外贸货物。外贸货物影子价格的定价基础是国际市场价格。

外贸货物中的进口品应满足：国内生产成本≥到岸价格（CIF）

外贸货物中的出口品应满足：国内生产成本≤离岸价格（FOB）

到岸价格与离岸价格统称口岸价格。

在费用效益分析中，影子价格实际计算公式如下：

$$\text{直接进口投入物的影子价格} = \text{到岸价格(CIF)} \times \text{影子汇率} + \text{进口费用} \quad (4-8)$$

$$\text{直接出口产出物的影子价格} = \text{离岸价格(FOB)} \times \text{影子汇率} - \text{出口费用} \quad (4-9)$$

进口费用和出口费用是指货物进出口环节在国内所发生的各种相关费用，包括货物的交易、储运、再包装、装卸、保险、检验等环节上的费用支出，还包括长途费用、资金占用的机会成本等。

间接出口、间接进口、替代进口、替代出口的货物在实践中为简化方便，按国内市场价格定价。

【例 4-2】 某工程项目使用进口材料 A，到岸价格为 1000 美元/t，进口费用为 50 元/t，影子汇率为 1 美元＝7.2359 元人民币，试求材料 A 的影子价格。

【解】 材料 A 属直接进口货物，其影子价格为：

1000 美元/t×7.2359 元/美元＋50 元/t＝7285.9 元/t

第二类：非外贸货物影子价格。非外贸货物是指其生产或使用不影响国家出口或进口的货物。非外贸货物分为天然非外贸货物和非天然的非外贸货物。天然非外贸货物是指使用和服务天然地限于国内，包括国内施工和商业以及国内运输和其他国内服务。非天然的非外贸货物是指由于经济原因或政策原因不能进行外贸的货物，包括由于国家的政策和法令限制不能外贸的货物，还包括国内生产成本加上到口岸的运输、贸易费用后的总费用高于离岸价格，致使出口得不偿失而不能出口，同时，国外商品的到岸价格又高于国内生产同样商品的经济成本，致使其也不能从国外进口的货物。

在忽略国内运输费用和贸易费用的前提下，由于经济性原因造成的非外贸货物满足：离岸价格<国内生产成本<到岸价格。

工程项目非外贸货物的影子价格按下述公式计算：

$$产出物的影子价格(产出物的出厂价格)=市场价格-国内运杂费 \quad (4-10)$$
$$投入物的影子价格(投入物的到厂价格)=市场价格+国内运杂费 \quad (4-11)$$

第三类：政府调控价格货物的影子价格。考虑到效率优先、兼顾公平的原则，市场经济条件下有些货物或服务不能完全由市场机制形成价格，而需由政府调控价格。例如，政府为了帮助城市中低收入家庭，对经济适用房制定指导价和最高限价。

政府调控的货物或服务的价格不能完全反映其真实价值，确定这些货物或服务的影子价格的原则是：投入物按照机会成本分解定价，产出物按照对经济增长的边际贡献率或消费者的支付意愿定价。

政府主要调控的水、电力、铁路运输等作为投入物和产出物时影子价格的确定方法如下：

a. 水作为项目投入物的影子价格，按后备水源的边际成本分解定价，或者按恢复水资源存量的成本计算。水作为项目产出物的影子价格，按消费者支付意愿或者消费者承受能力加政府补贴计算。

b. 电力作为项目投入物时的影子价格，一般按完全成本分解定价，电力过剩时按可变成本分解定价。电力作为项目产出物的影子价格，可按电力对当地经济的边际贡献率定价。

c. 铁路运输作为项目投入物的影子价格，一般按完全成本分解定价，对运能富余的地区，按可变成本分解定价。铁路运输作为产出物的影子价格，可按铁路运输对国民经济的边际贡献来定价。

d. 特殊投入物影子价格的确定。

第一：影子工资。影子工资指项目增加一名劳动力，社会为此付出的代价。影子工资则要按劳动力的潜在社会价值计算，而其潜在价值则要从分析项目使用劳动力会给国家和社会带来的影响中得到。

项目使用劳动力，给国家和社会带来以下影响：（a）项目的实施给社会提供了新的就业机会；（b）项目使用劳动力，社会损失了劳动力的边际产出或机会成本；（c）劳动力转移会发生新增的社会资源消耗（学校、医院、水电、粮食）；（d）使用劳动力增加就业人数和就业时间，也会使劳动力减少闲暇时间比、增加体力消耗和生活资料消耗。

影子工资的计算公式为：

$$影子工资=财务工资 \times 影子工资换算系数 \quad (4-12)$$

费用效益分析影子工资的确定，应符合下列规定：

（a）影子工资应根据项目所在地劳动力就业状况、就业或转移成本测定。

（b）技术劳动力的工资报酬一般可由市场供求决定，影子工资一般可以以财务实际支付工资计算，即影子工资换算系数为1。

（c）对于非技术劳动力，根据我国非技术劳动力就业状况，其影子工资换算系数一般取为 0.25~0.8；具体系数可根据当地的非技术劳动力供求状况确定，非技术劳动力较为富余的地区可取较低值，不太富余的地区可取较高值，中间状况可取 0.5。

第二：土地的影子价格。项目占用土地致使这些土地对国民经济的其他潜在贡献不能实现，这种因为有了项目而不能实现的最大潜在贡献，就是项目占用土地的机会成本。因此，土地的影子价格也是建立在被放弃的最大收益这一机会成本概念上的。如果项目占用的土地是没有什么用处的荒山野岭,其机会成本可视为零;若项目所占用的是农业土地,其机会成本为原来的农业净收益和拆迁费用及劳动力安置费;如果项目占用城市用地,应以土地市场价格计算土地的影子价格,主要包括土地出让金、基础设施建设费、拆迁安置补偿费等。

第三:自然资源影子价格。自然资源是一种特殊的投入物,项目使用的矿产资源、水资源、森林资源等都是对国家资源的占用和消耗。矿产等不可再生资源的影子价格按资源的会计成本计算。水和森林等可再生自然资源的影子价格按资源再生费用计算。

2) 影子汇率

影子汇率主要由一个国家或地区一段时期内进出口的结构和水平、外汇的机会成本及发展趋势、外汇供需状况等因素确定。一旦上述因素发生较大变化,影子汇率值需做相应的调整。影子汇率是从国民经济角度对外汇价值的估量,是外汇的影子价格。

在费用效益分析中,影子汇率通过影子汇率换算系数计算,影子汇率换算系数是影子汇率与国家外汇牌价的比值。影子汇率的计算公式如下:

$$影子汇率 = 外汇牌价 \times 影子汇率换算系数 \tag{4-13}$$

3) 社会折现率

社会折现率代表社会资金被占用应获得的最低收益率。社会折现率是用以衡量资金时间价值的重要参数,也是用作不同年份价值换算的折现率。社会折现率根据社会经济发展等多种因素确定,由专门机构统一测算发布。当前我国现阶段社会折现率为8%,对于收益为长期的建设项目,如果远期效益较大,效益实现的风险较小,社会折现率可适当降低,但不应低于6%。

社会折现率是经济内部收益率的基准值,用以衡量项目的经济效益。社会折现率也是经济净现值、经济外汇净现值、经济换汇成本、经济节汇成本等指标计算时使用的折现率。社会折现率可以用于间接调控宏观投资规模,取值高低会影响项目的选优和方案的比较。

(2) 费用效益分析指标体系

1) 费用效益分析指标

① 经济净现值。经济净现值(ENPV)是指用社会折现率将项目计算期内各年净效益流量折算到项目建设期初的现值之和。经济净现值的表达式为:

$$\text{ENPV} = \sum_{t=1}^{n}(B-C)_t(1+i_s)^{-t} \tag{4-14}$$

式中 i_s——社会折现率。

经济净现值是反映项目对国民经济净贡献的绝对指标。项目的经济净现值等于或大于零,表示国家为拟建项目付出代价后,可以得到符合社会折现率所要求的社会盈余,或者还可以得到超额的社会盈余,并且以现值表示这种超额社会盈余的量值。经济净现值越大,表示项目所带来的以绝对数值表示的经济效益越大,项目的盈利能力也就越高。

② 经济内部收益率。经济内部收益率是使项目在计算期内的经济净现值等于零时的折现率。它是项目经济效益分析中的主要判别依据,其表达式为:

$$\sum_{t=1}^{n}(B-C)_t(1+\text{EIRR})^{-t} = 0 \tag{4-15}$$

式中 B——经济效益流量;

C——经济费用流量;

$(B-C)_t$——第 t 年的经济净效益流量。

项目经济内部收益率的计算方法与项目财务内部收益率的计算方法相同,也需要使用插入法试算得到。其计算公式如下:

$$\text{EIRR} = I_1 + (I_1 - I_2) \times \frac{|\text{ENPV}_1|}{|\text{ENPV}_1| + |\text{ENPV}_2|} \tag{4-16}$$

式中 I_1——试算的低折现率;

I_2——试算的高折现率;

ENPV_1——低折现率的经济净现值(正值);

ENPV_2——高折现率的经济净现值(负值)。

项目经济内部收益率是反映项目对国民经济贡献大小的一项相对指标。根据项目内部收益率的这一特性,如果项目的经济内部收益率大于社会折现率,且项目的经济净现值大于零,则项目在经济上是完全可行的;如果项目的经济内部收益率小于社会折现率,且项目的经济净现值小于零,则项目在经济上完全不可行;如果项目经济内部收益率等于社会折现率,且项目的经济净现值等于零,则项目在经济上是相对可行的边缘性项目。

2) 费用效益分析报告表

① 项目投资费用效益流量表。项目投资费用效益流量表见表 4-11。

表 4-11 项目投资费用效益流量表

序号	项目	计算期					
		1	2	3	4	…	n
1	效益流量						
1.1	项目直接效益						
1.2	回收固定资产余值						
1.3	回收流动资金						
1.4	项目间接效益						
2	费用流量						
2.1	建设投资						
2.2	流动资金						
2.3	经营费用						
2.4	项目间接费用						
3	净效益流量(1—2)						

计算指标:项目投资经济内部收益率、项目投资经济净现值($i_s = 8\%$)。

② 国内投资费用效益流量表。国内投资费用效益流量表见表 4-12。

表 4-12 国内投资费用效益流量表

序号	项目	计算期					
		1	2	3	4	…	n
1	效益流量						
1.1	项目直接效益						
1.2	回收固定资产余值						
1.3	回收流动资金						

续表

序号	项目	计算期					
		1	2	3	4	…	n
1.4	项目间接效益						
2	费用流量						
2.1	建设投资中国内资金						
2.2	流动资金中国内资金						
2.3	经营费用						
2.4	流到国外的资金						
2.4.1	国外借款本金偿还						
2.4.2	国外借款利息支付						
2.4.3	外方利润						
2.4.4	其他						
2.5	项目间接费用						
3	国内投资净效益流量(1-2)						

计算指标：项目投资经济内部收益率、项目投资经济净现值（$i_s=8\%$）。

③ 报表编制方式。投资费用效益流量表栏目与财务现金流量表基本相同，主要区别如下：

a. 表中效益流量和费用，均按影子价格计算，外币换算采用影子汇率；

b. 营业税金和资源税属于国民经济内部的转移支付，所以既不作为费用，也不作为效益；

c. 由于是从国民经济角度考察项目的效益和费用，因此在效益流量和费用流量中分别增加了"项目间接效益"和"项目间接费用"；

d. 财务现金流量表中作为现金流出的营业外净支出，由于内容较多，而且有些内容在经济效益分析中不属于费用，为简化计算，未作详细划分，均不列为费用。

4.2.2 工程项目的费用效果分析

(1) 费用效果分析的概念

① 费用效果分析的含义

费用效果分析是指费用采用货币计量，效果采用非货币计量的经济效果分析方法。费用效果分析中的费用系指为实现项目预定目标所付出的财务代价或经济代价，采用货币计量；效果系指项目的结果所起到的作用、效应或效能，是项目目标的实现程度。按照项目要实现的目标，一个项目可选用一个或几个效果指标。

对建设项目进行费用效果分析的重点集中在以下两方面：

a. 制订实现项目目标的方案。正常情况下，在充分论证项目必要性后，项目进入方案比选阶段，此阶段一般不再质疑项目的可行性，而是本着以尽可能少的费用获得尽可能大的效果原则，通过多方案比选，确定优选方案或进行方案优先次序排队。

b. 评价项目难于货币化的效益。在建设项目中，如防灾减灾、环境保护、国家安全、科技、教育、文化、卫生、体育等一类项目属于公益性项目，公益性项目的建设目的在于向社会公众提供服务，使社会大众受益，而不是项目自身的盈利，其主体效益往往难于货币化。应采用费用效果分析的结论作为项目投资决策的依据之一。

② 费用效果分析的适用范围

费用效果分析既可以应用于财务现金流量，也可以应用于经济费用效益流量。

费用效果分析一般不适用于财务现金流量项目的整体评价和最终评价，主要用于项目总体方案的初步筛选和各个环节的方案比选。这主要是由于费用效果分析很难得出一个建设项目用货币表示的整体投入产出效果。而在可行性研究的不同技术经济环节，如场址选择、工艺比较、设备选型、总图设计、环境保护、安全指标等，无论进行财务分析还是进行费用效益分析，都很难也没必要与项目最终的货币效益直接挂钩测算。这时就很适宜采用费用效果分析。

费用效果分析除了可用于方案比选、陪选以外，对于项目主体效益难以货币化的，费用效果分析则可取代费用效益分析，并作为经济分析的最终结论。

 拓展阅读　费用效益分析与费用效果分析的比较

(2) 费用效果分析的方法

① 费用效果分析条件

费用效果分析只能比较不同方案的优劣，不能像费用效益分析那样保证所选方案的效益大于费用，因此应遵循多方案比选的原则，使所分析的项目满足下列条件：

a. 备选方案不少于两个且为互斥方案或可转化为互斥方案；

b. 备选方案应具有共同的目标，且满足效果标准的要求；

c. 备选方案的费用应采用同一币种，且资金用量未突破资金限额；

d. 备选方案应具有可比的寿命周期。

② 项目效果的度量

项目效果是指项目的结果所起到的作用、效应或效能，是项目目标的实现程度。项目的效果可以是单方面的，也可以是多方面的。项目效果的度量是测算项目费用效果的基础。

当一个新的公益性项目建成后，社会公众总能享受到比以往要多的好处。如一个城市快速干道的建成，能使人们减少上下班的时间，使司机减少等待红绿灯的时间和燃油消耗等。

企业的效益可以用货币表示的收入来度量，但公益性项目没有或仅有很少的货币收入，因此度量公益性项目的效果需特别谨慎。度量公益性项目的效果一般可按照以下步骤进行：

第一，估计每年将有多少人使用新建的设施；

第二，假设现在正使用旧设施，新设施一旦建成，将肯定使用新设施；

第三，估计人使用旧设施的成本；

第四，估计同样的人使用新设施的成本；

第五，计算使用新、旧设施的成本之差，确定公众得到的好处。

设 U_p 表示社会公众使用目前设施的年总成本，U_i 表示相同的社会公众使用新设施后的年总成本，I 为投资主体取得的收益，新项目带来的社会效果为 $E=U_p-U_i+I$。

③ 项目费用的度量

投资主体的费用包括以下两部分：

a. 投资成本。设 C_f 表示拟建公益性项目的等额年值投资成本，C_p 为用等额年值表示目前正在使用的设施余值。新项目的投资成本为 $C_I = C_f - C_p$。

b. 运营成本。设 M_f 表示拟建公益性项目的未来的年运营费，设 M_p 表示目前正在使用设施的年运营费。新项目的运营成本为 $M = M_f - M_p$，新项目的总成本 $C = C_I + M$。

④ 费用效果分析

在费用效益分析中较为困难的问题是某些项目的效益不能简单地用货币来衡量。例如，文化、教育、医疗、保健、通信、国防、公安、消防、住宅以及绿化等建设项目的效果，常有涉及降低噪声危害、预防空气污染、防止犯罪、提高人的素质、改善环境、消除疾病、延长寿命以及军事能力增强、就业机会增多等，这些效果称为无形效果。

假如某公益性项目的无形效果可量化为单一指标来衡量，采用费用效果分析法，计算指标一般可用 $R_{E/C}$ 表示，即：

$$R_{E/C} = \frac{E}{C} = \frac{项目效果}{项目用现值或年值表示的计算期费用} = \frac{效果}{费用} \tag{4-17}$$

其判定准则是：投入费用一定、效果最大，或者效果一定、费用最小的方案最佳。费用效果分析一般应包括以下几个步骤：

a. 确定预期达到的目标；

b. 对预期达到上述目标的具体要求作出说明和规定；

c. 制订各种可行方案；

d. 建立各方案达到规定要求的度量指标，典型的指标有功能、效率、可靠性、安全性、可维护性、可供应性等；

e. 确定各方案达到上述度量指标的水平；

f. 选择固定效果法、固定费用法或费用效果比较法确定最佳方案。

【例 4-3】 某流感免疫接种可使每 10 万名接种者中 6 人免于死亡，1 人在注射疫苗时有致命反应。该计划每人接种费用为 4 元，但因此可以不动用流感救护车，可节省费用为 8 万元每 10 万人。试用费用效果分析决定是否实施该计划。

【解】 净保健效果是避免 6 例死亡减去造成 1 例死亡，即避免 5 例死亡。其费用是：$4 \times 100000 - 80000 = 320000$（元）

$$效果/费用 = 5 例死亡/320000 = 1 例死亡/64000$$

计算结果表明，若社会认可用 64000 元的代价挽救一个生命时，该计划应予实施。

【例 4-4】 某研究机构新研究了 4 种新型水压机，以可靠性作为评价效果的主要指标，即在一定条件下不发生事故的概率。4 种水压机的有关数据见表 4-13，预算限制为 240 万元，应选哪个方案？

表 4-13 新型水压机基础数据表

方案	费用/万元	可靠性（1-事故概率）
1	240	0.99
2	240	0.98
3	200	0.98
4	200	0.97

【解】 采用固定费用法应淘汰方案 2 和方案 4；由固定效果法也可淘汰方案 2。最后剩

下的方案 1 和方案 3 由 $R_{E/C}$ 作出权衡判断。

方案 1：　　　　　　$R_{E/C}=0.99/240=0.41\%$

方案 3：　　　　　　$R_{E/C}=0.98/200=0.49\%$

按每万元取得的可靠性判断：应选方案 3。

(3) 成本效用分析

对建设项目特别是公益性项目进行评价时，要采用多个指标来全面衡量项目的效果，这些指标既有定量的，又有定性的。在定量的指标中有要求越大越好的，有要求越小越好的。定量指标又有各种计量单位。对此类问题，可采用成本效用分析方法，这里的效用是一个衍生系数。成本效用计算指标一般可用 $[U/C]$ 表示，即：

$$[U/C]=效用/费用 \tag{4-18}$$

其判定准则是：投入成本一定、效用最大，或者效用一定、费用最小的方案最佳。

① 指标分值的确定

定性指标的效用系数可采用打分法确定。定量指标的效用值可直接计算得到，但当各指标的计量单位不同时，需先将不同计量单位换算为统一的无量纲数值。此时引入下列公式来消除各指标计量单位的不可比性：

a. 指标要求越大越好时，其效用系数 U_j，由下式计算：

$$U_j=\frac{X_j-X_{j\min}}{X_{j\max}-X_{j\min}} \tag{4-19}$$

式中　$X_{j\min}$——预先确定的第 j 个指标的最低值（不允许再小的值）；

　　　$X_{j\max}$——预先确定的第 j 个指标的最大值；

　　　j——评价指标的数目，$j=1, 2, \cdots$。

b. 指标要求越小越好时，其效用系数 U 可由下式计算：

$$U=\frac{X_{j\max}-X_j}{X_{j\max}-X_{j\min}} \tag{4-20}$$

② 一维矩阵成本效用分析

【例 4-5】某水坝有四个方案可供选择，它们的有关参数见表 4-14 所列。已知年出现水灾概率为越小越好的指标，其最大值为 0.2，最小值为 0.01；通航可能性为越大越好的指标，其最大值为 10，最小值为 0；娱乐指标也为越大越好的指标，最大值为 275000，最小值为 0。试选最优方案。

表 4-14　水坝方案有关数据表

方案	费用现值/亿元	效果指标		
		年出现水灾概率（权重 50%）	通航可能性(0~10)（权重 30%）	娱乐(权重 20%)/(人·日/年)
A	1.0	0.3	0	0
B	2.5	0.1	5	100000
C	3.7	0.06	7	150000
D	5.5	0.01	10	275000

【解】 确定的各方案的效用系数和 $[U/C]$ 值见表 4-15 所列。

表 4-15 效用成本指标计算表

方案	费用现值/亿元	效用系数 U			加权效用系数合计	$[U/C]$
		年出现水灾概率(50%)	通航可能性(30%)	娱乐(20%)		
A	1.0	超过标准	0	0	0	淘汰
B	2.5	0.53	0.5	0.36	0.49	0.196
C	3.7	0.74	0.7	0.55	0.69	0.186
D	5.5	1.0	1.0	1.0	1.0	0.182

从综合评价的结果来看，应选择方案 B。

【例 4-6】 某研究机构研究出了四种新型的民用建筑墙体结构体系，欲采用安全性、耐久性、抗震性、耐火性、施工便利性五个指标从其中选出最好的一种投入使用。五个指标的权重和每种结构体系每平方米建筑面积的工程造价见表 4-16 所列，试采用效用成本分析法进行选优决策。

【解】 采用 100 分制对四种方案就五个指标分别打分，分值和每个方案的 $[U/C]$ 值见表 4-16 所列。

表 4-16 结构体系数据及效用系数矩阵

指标	权重①	体系 A		体系 B		体系 C		体系 D	
		分值②	效用③=②×①	分值④	效用⑤=④×①	分值⑥	效用⑦=⑥×①	分值⑧	效用⑨=⑧×①
安全性	45%	70	31.5	50	22.5	70	31.5	90	40.5
耐久性	20%	20	4	30	6	50	10	30	6
抗震性	15%	30	4.5	70	10.5	50	7.5	50	7.5
耐火性	5%	30	1.5	70	3.5	50	2.5	50	2.5
施工便利性	15%	20	3	40	6	10	1.5	10	1.5
合计	100%		44.5		48.5		53		58
造价/m²			488		468		520		508
$[U/C]$			0.0912		0.104		0.102		0.114

可见，应选择 D 种新型民用建筑墙体结构体系。

③ 二维矩阵成本效用分析

【例 4-7】 某建筑施工企业欲购置一台塔式起重机，起重机的主要功能及权重、起重机的各总成对主要功能的贡献见表 4-17 所列。现有某起重机的性能得分见表 4-18 所列，某起重机的购置费为 300000 元。试对黄河牌起重机进行二维矩阵 $[U/C]$ 分析。

【解】 对起重机 A 性能打分采用 10 级分制，其分值、效用系数计算及 $[U/C]$ 的计算过程见表 4-18。

表 4-17　指标权重及零件总成对功能贡献率

零件总成	功能			
	A 35%	B 20%	C 20%	D 25%
甲	40	0	5	20
乙	0	45	5	25
丙	30	25	50	20
丁	30	30	40	35
总和	100	100	100	100

表 4-18　某起重机 A 效用系数及 [U/C] 计算表

零件总成	功能								
	A 35%		B 20%		C 20%		D 25%		
甲	10(分值)	40(贡献率)	0	0	7	5	6	20	
	10×40=400(效用)		0		35		120		
乙	0	0	6	45	6	5	5	25	
	0		270		30		125		
丙	3	30	6	25	6	50	7	20	
	90		150		300		140		
丁	5	30	6	30	7	40	6	35	
	150		180		280		210		
零件总成贡献率总和	100		100		100		100		
效用系数总和	640		600		645		595		
	640×35+600×20+645×20+595×25=62175								
[U/C]	62175/300000=0.207								

本章小结及重要术语

思考题

1. 什么是财务分析，为什么要进行财务分析？
2. 简述财务分析的基本原则和内容。
3. 什么是费用效益分析？它与财务评价有何异同？
4. 简述费用效益分析适用范围。
5. 简述间接效益与间接费用主要包括的内容。
6. 什么是影子价格？影子价格有何特点？
7. 某建设项目有关资料：项目计算期 10 年，其中建设期 2 年。项目第 3 年投产，第 5

年开始达到100%设计生产能力。项目固定资产投资9000万元(不含建设期贷款利息和固定资产投资方向调节税),预计8500万元形成固定资产,500万元形成无形资产。固定资产年折旧费为673万元,固定资产残值在项目运营期末收回,固定资产投资方向调节税率为0。无形资产在运营期8年中,均匀摊入成本。流动资金为1000万元,在项目计算期末收回。项目的设计生产能力为年产量1.1万t,预计每吨销售价为6000元,年销售税金及附加按销售收入的5%计取,所得税率为25%。项目的资金投入、收益、成本等基础数据,见表4-19。还款方式:在项目运营期间(即3~10年)按等额还本利息照付方式偿还,流动资金贷款每年付息。长期贷款利率为6.22%(按年付息),流动资金贷款利率为3%。经营成本的80%作为固定成本。

表 4-19 建设项目资金投入、收益及成本表　　　　　　　　　　单位:万元

序号	项目		项目计算期/年				
			1	2	3	4	5
1	建设投资	自有资金	3000	1000			
		贷款(不含贷款利息)		4500			
2	流动资金	自有资金部分			400		
		贷款			100	500	
3	年销售量/万 t				0.8	1.0	1.1
4	年经营成本				4200	4600	5000

(1) 计算无形资产摊销费;
(2) 编制借款还本付息表;
(3) 编制总成本费用估算表;
(4) 编制项目损益表(盈余公积金提取比例为10%);
(5) 计算第7年的产量盈亏平衡点(保留两位小数)和单价盈亏平衡点(取整),分析项目盈利能力和抗风险能力。

8. 某建设项目有关数据如下。

建设期2年,运营期8年,固定资产投资5000万元(不含建设期贷款利息),其中包括无形资产600万元。项目固定资产投资资金来源为自有资金和贷款,贷款总额2200万元,建设期每年贷入1100万元,贷款年利率为5.85%(按季计息)。流动资金900万元,全部为自有资金。

无形资产在8年运营期中,均匀摊入成本。固定资产使用年限为10年,残值为200万元,按照直线法折旧。

固定资产投资贷款在运营期前3年按照等额本息法偿还。

项目运营期的经营成本见表4-20。

表 4-20 运营期年经营成本

项目	项目计算期/年			
	3	4	5	6~10
经营成本/万元	1960	2800	2800	2800

复利现值系数见表4-21。$(P/A,i,3)=2.674$。

表 4-21 复利现值系数表

n	2	3	4	5	6	7
$i=10\%$	0.826	0.751	0.683	0.621	0.564	0.531
$i=15\%$	0.756	0.658	0.572	0.497	0.432	0.376
$i=20\%$	0.694	0.579	0.482	0.402	0.335	0.279
$i=25\%$	0.640	0.512	0.410	0.320	0.262	0.210

表 4-22 项目净现金流量表　　　　　　　　　　　　　　　　　单位：万元

项目计算期/年	1	2	3	4	5	6	7
净现金流量	−100	80	50	60	70	80	90

问题：(1) 计算建设期贷款利息、运营期固定资产年折旧费和期末固定资产余值。

(2) 按照格式，编制还本付息表和总成本费用表。

(3) 根据假设项目各年的净现金流量表（表4-22），计算该项目的财务内部收益率（i_2 和 i_1 的差额为5%）。

9. 某投资项目，正式投产运营时要购置两台机器设备，一台可在国内购得，其国内市场价格为300万元/台，影子价格与国内市场价格的换算系数为1.3；另一台设备必须进口，其到岸价格为150万美元/台，影子汇率换算系数为1.06，外汇牌价为8.63元/美元，进口设备的国内运杂费和贸易费用为10万元和5万元。试求该种产品进行生产时，两台设备的影子价格和所需设备的总成本。

10. 某公司生产出一种产品，只在国内出售，为进行项目的费用效益分析，需计算其影子价格。已知该产品的市场价格为450元/t。该产品所占用的固定资产投资原值为1560元/t，所用原材料及燃料动力的市场价格为150元/t和50元/t，影子价格与国内市场价格的换算系数分别为1.2、1.1，该产品所占用的流动资金为500元/t，社会折现率取10%，固定资产的寿命为10年。试采用成本分解法求该产品的出厂影子价格。

第二部分
工程项目投资决策

第 5 章
工程项目投资结构

 知识导图

 重难点

对单实体投资结构、双实体投资结构、多实体投资结构的理解，经济实体类型，影响投资结构设计的因素。

 学习目标

知识目标：掌握单实体投资结构、双实体投资结构、多实体投资结构；熟悉经济实体类型，熟悉影响投资结构设计的因素；了解工程项目中的特殊目的载体，了解经济实体的特点比较，了解投资结构的构成。

素质目标：培养风险意识和风险管理能力。

听编者说

5.1 工程项目的经济实体类型

因投资对象、融资对象和管理对象均指向了工程项目,故与之对应的主体有工程项目投资主体、融资主体和管理主体。工程项目投资主体指从事工程项目投资活动,拥有投资决策权,承担项目风险,享有项目收益的权、责、利三权统一体。工程项目融资主体指进行融资活动,承担融资责任和风险的经济实体组织。工程项目管理主体指掌握管理权力,承担管理责任,进行项目决策的组织。工程项目投资结构(或称工程项目组织结构)指进行项目投资、融资和管理所涉及的主体之间在管理工作中进行分工协作,在职责权利方面所形成的结构体系。

工程项目特殊目的载体或特定目的载体(special purpose vehicle,SPV),有时又称特殊目的实体或特定目的实体(special purpose entity,SPE),是为了达到特殊目的而建立的法律实体。

5.1.1 经济实体类型

要设计合理的工程项目投资结构,首先就需要了解特殊目的载体的经济实体类型。在经济发展过程中产生了许多形式的经济实体,常见的形式包括有限责任公司、股份有限公司、合伙制实体(包括普通合伙制和有限合伙制)、信托机构和契约型组织。不同类型的经济实体具有不同的法律地位、不同的责任义务、不同的风险承担。

(1)有限责任公司

有限责任公司指由2~50个股东共同出资,股东以其所认缴的出资额对公司行为承担有限责任,有限责任公司以其全部资产对其债务承担责任的企业法人。有限责任公司的特点使其能够分别承担或同时承担项目管理、吸纳投资、发行债券、向银行和金融机构借贷等方面的工作,因而在项目融资中得到广泛的应用。

(2)股份有限公司

股份有限公司指全部资本由等额股份构成,并通过发行股票筹集资本,股东以其所认购股份对股份有限公司承担责任,股份有限公司以其全部资产对其债务承担责任的企业法人。股份有限公司的特点使其能够分别承担或同时承担项目管理、吸纳投资、发行债券和股票、向银行和金融机构借贷等方面的工作;但是,设立股份有限公司的要求比设立有限责任公司的要求严格,如设立股份有限公司的发起人不少于5人,同时还必须有固定的经营场所和必要的经营条件,并要遵守公众公司信息披露的问题,设立手续烦琐,审批程序复杂。

(3)合伙制实体

合伙制实体(简称合伙制)是两个或两个以上合伙人之间以获利为目的共同从事某项投资活动而建立起来的一种法律关系。合伙制不具有独立的法人资格,但是可以以合伙制的名义实施项目、拥有财产、安排融资或者投资。合伙制包括普通合伙制(或称一般合伙制)和有限合伙制两种。合伙制中的普通合伙人要承担共同和连带的无限责任,而工程项目融资的理念是有限追索权或无追索权融资,二者理念不一致。因此,通常用有限合伙制中有限合伙人的有限责任来吸纳社会投资人的资金,从而实现无追索权融资。此外,如果为了利用建设期的亏损冲抵项目主办人的所得税,则可考虑采用合伙制。

虽然可直接用合伙公司进行项目融资，但部分项目主办人之间可能采用合伙公司参与项目。

 案例5-1　印尼Batu Hijau金铜矿项目的合同结构

(4) 信托机构

信托机构指接受委托人的委托，按委托人的意愿以自己的名义，为受益人的利益或者特定目的履行所委托责任的受托人。受托人可以是有限责任公司或金融机构。《中华人民共和国信托法》把信托定义为："委托人基于对受托人的信任，将其财产权委托给受托人，由受托人按委托人的意愿以自己的名义，为受益人的利益或者特定目的，进行管理或者处分的行为。"由于信托所具有的特点，特别是"权利主体与利益主体相分离"的特点，使信托机构的工作主要集中在资金筹集、资金投资、资产管理等方面，因此信托机构常常与其他形式的实体组织配合使用。例如，为了保障项目的债权人利益，信托机构广泛用于资金的投资和管理，项目主办人和项目公司都不控制项目资金（特别是项目收入），所有的项目资金均交给信托机构（被称为契约受托人）管理，信托机构按照事先规定的分配顺序进行投资收益的分配。

利用信托机构进行融资的方式之一是建立信托基金。信托基金是一种"利益共享、风险共担"的集合投资方式，是通过契约或公司的形式，借助发行基金券（如收益凭证、基金份额和基金股份等）的方式，将社会上不确定数目的投资者的不等额的资金集中起来，形成一定规模的信托资产，交由专门的投资机构（基金管理人）按资产组合原理进行分散投资，获得的收益由投资者按出资比例分享，并承担相应的风险。所建立的信托基金可以采用股权投资的方式直接投资项目，也可以采用贷款的方式投资项目。前者称股权投资信托，受托人以信托资金等投资公司股权，其所有权自然地登记在受托人的名下，信托财产则由初始的资金形态（逐渐）转换成了股权形态；后者称贷款信托，以贷款方式运用信托资金，信托基金的收益来自贷款利息收入。信托基金投资结构如图5-1所示。

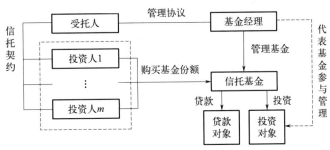

图5-1　信托基金投资结构

根据信托投资机构是否参与经营，股权投资信托还可分为：股权式投资（参与经营管理）和契约式投资（不参与经营管理）。在股权式投资中，信托投资机构委派代表参与投资项目的领导和经营管理，并以投资比例作为分取利润或承担亏损责任的依据；在契约式投资中，信托投资机构仅作资金投入，不参与经营管理，投资后按商定的固定比例，在一定年限内分取投资收益，到期后或继续投资，或出让股权并收回所投资金。

信托基金投资具有下列特点：①集合投资；②专家管理，专家操作；③组合投资，分散风险;④资产经营与资产保管相分离;⑤利益共享,风险共担;⑥以纯粹的投资为目的;⑦流动性强。

(5) 契约型组织

契约型组织是参与人(如项目主办人)之间为完成某项任务(如项目)通过契约而建立的一种合作关系(不成立公司),用合同来约定各方的权利和责任义务,它不是一个独立的法律实体,因此一般不作为特殊目的载体。

案例5-2 Murrin Murrin镍钴矿项目

在工程项目融资中契约型组织可用于项目管理和投资,但是不能用于向银行和金融机构借贷。采用契约型投资结构时,通常是由根据联合经营协议(joint operating agreements)成立的项目管理委员会(operating committee,简称管理委员会或委员会)进行项目管理。该委员会按项目主办人的投资比例派代表组成,重大决策由项目管理委员会做决定;日常管理则由项目管理委员会指定的项目经理负责(项目经理可以由其中一个投资者担任,也可以由一个合资的项目管理公司担任,还可以由一个独立的项目管理公司担任)。项目所需要的资金通过建立"资金支付系统"进行管理,由各个项目主办人分别出资开立一个共同的账户(信托账户),根据预算,按项目主办人的出资比例为下一期的费用注入相应的资金。资金来源取决于项目主办人的融资安排,可以是自有资金或者贷款,通常是二者的组合,其中贷款由项目主办人自行安排。有关项目管理委员会的组成、决策方式与程序,以及项目经理的任命、责任、权利和义务等,在合资协议或者单独的管理协议中做出明确规定。其投资结构如图5-2所示。

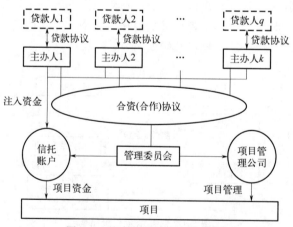

图 5-2 基本的契约型投资结构

由此可见,契约型投资结构具有下列优点:①投资者只承担与其投资比例相应的责任,不承担连带责任和共同责任;②融资安排灵活,各投资者可以按照自身的发展战略和财务状况来安排项目融资;③可在法律法规的规定下,按照投资者的目标通过合资协议安排投资结构。

但契约型投资结构也存在以下缺点:①投资结构设计存在一定的不确定性因素,要注意防止其被认为是合伙制结构而不是契约型投资结构;②投资转让程序比较复杂,交易成本较高；③缺乏现成的法律规范来管理投资行为，投资者权益需要依赖合资协议来保护，因而必须在合资协议中对所有的决策和管理程序按照问题的重要性清楚地加以规定。对于投资比例较小的投资者，特别要注意保护其在契约型投资结构中的利益和权利，要保证这些投资者在重大问题上的发言权和决策权。

5.1.2 经济实体的特点比较

对于项目主办人而言，不同的经济实体（或称实体组织，简称实体）具有不同的特征。

① 法律地位不同。无论是有限责任公司还是股份有限公司（以下统称公司型实体）都具有独立法人资格，而合伙制和契约型组织不具有法人资格，信托机构的法律地位取决于受托人本身的法律地位。

② 资产拥有形式不同。在公司型实体中，投资人拥有公司，公司拥有资产，投资人不直接拥有资产；在合伙制和契约型组织中，资产归合伙人和参与人所有；在信托的情况下，财产权转移给受托人。

③ 责任主体和责任范围不同。在公司型实体中，公司法人负责经营管理，并承担经营、债务及其他经济责任和民事责任，投资人对公司的债务责任仅限于已投入和承诺投入的资本；在合伙制中，普通合伙人负责合伙制的组织和经营管理，对于合伙制的经营、债务及其他经济责任和民事责任负有共同和连带的无限责任，而有限合伙人不参与合伙制的日常管理，对合伙制的债务责任仅限于已投入和承诺投入的资本；在契约型组织中，投资人行使契约规定的权利，并承担契约规定的责任；在信托机构中，委托人授权，受托人行使授权范围内的权利，并承担相应的责任。

④ 对经济实体的资金控制程度不同。公司型实体由公司自身控制，合伙制由合伙人共同控制，契约型组织由参与人控制，信托机构由受托人控制。

⑤ 税务安排不同。公司型实体独立缴纳所得税，税务亏损只有公司本身才可以利用；合伙制和契约型组织的税务安排由每一个合伙人和参与人分别独立完成；采用信托形式时，税务安排限定在信托机构内部。

⑥ 对投资转让的限制不同。在有限责任公司中，股权证书不能自由流通，必须在其他股东同意的条件下才能转让，且要优先转让给有限责任公司原有股东；在股份有限公司中，股票自由流通，转让非常容易；在合伙制和契约型组织中，是加入或退出的问题，而不是投资转让。不同经济实体的特点比较如表 5-1 所示。

表 5-1 不同经济实体的特点比较

特点	有限责任公司/股份有限公司	普通/有限合伙制	信托机构	契约型组织
法律地位	独立法人	不具有法人资格	与受托人法律地位相同	不具法人资格
资产拥有	投资人间接拥有	合伙人直接拥有	转移给受托人	参与人直接拥有
责任主体	公司法人	合伙人	委托人和受托人	参与人
责任范围	有限	无限(有限)①	委托范围内	有限
资金控制	由公司控制	由合伙人共同控制	由受托人控制	由参与人控制
税务安排	限制在公司内部	与合伙人的收入合并	限制在信托机构内部	与参与人的收入合并
投资转让	可以转让	加入或退出	不存在转让	加入或退出

① 普通合伙人责任无限，有限合伙人责任有限。

5.2 工程项目投资结构设计

工程项目投资结构（以下简称投资结构）设计指在项目所在国的法律、法规、会计制度、税务制度等外在客观因素的制约条件下，寻求一种能够最大限度实现各种投资者投资目标的项目资产所有权结构。

5.2.1 投资结构的构成

项目主办人常常超过 2 人，即使项目主办人只有 1 人，如果项目主办人不能或不愿意自己管理项目，则项目还需要一个组织机构（被称为管理主体）来进行项目的计划、组织、实施和控制。为了分担风险，一般还要求项目主办人投入一定比例的股本资金，从而也担当投资人的角色。作为投资人，其股本资金可以直接投入项目，但通常是通过某种形式的实体组织（被称为投资主体或投资载体）向项目投资，而项目主办人之外的投资人只能通过投资主体向项目投资；债权人把贷款（债务资金）借给借款人（被称为融资主体），由融资主体向项目投入资金。由此可见，投资结构包括 3 个主体：管理主体代替项目主办人进行项目执行和控制；投资主体接受投资人的投资，是投资人与项目（收益和风险）之间的纽带；融资主体向债权人借款并负责偿还贷款，是债权人与项目（收益和风险）之间的纽带。三个主体有机结合起来形成一个整体为项目服务，如图 5-3 所示。

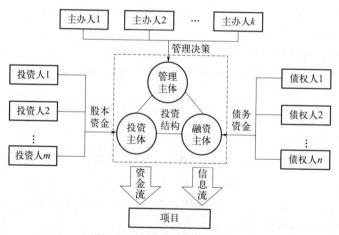

图 5-3 项目投资结构的构成

由于不同实体组织有不同的性质，因此其在投资结构中所能承担的角色有所不同。公司型实体可同时或分别承担管理主体、投资主体和融资主体 3 种角色，但并不是每种类型的经济实体都能承担这三种角色。例如，在合伙制中，普通合伙人的财产与合伙制经济实体的财产没有分离，财产界限不清，在进行债务追索时，项目主办人的资产将受到影响。

一个实体组织可以同时承担多重角色，一个角色也可以由多个实体组织共同承担，因此投资结构设计就是确定承担投资主体、融资主体和管理主体的实体组织的个数及其类型，即投资结构设计涉及两个关键问题：一是确定投资结构中实体组织的个数，二是选择实体组织的类型。其中，投资结构中实体组织的个数是关键。根据具体的项目情况和实体组织的个数，投资结构可分为单实体投资结构、双实体投资结构和多实体投资结构。

5.2.2 单实体投资结构

在单实体投资结构中,一个经济实体同时负责工程项目管理、资金贷款和吸纳股本资金的工作,即管理主体、投资主体和融资主体三者合一由同一个经济实体来承担,如图5-4所示。

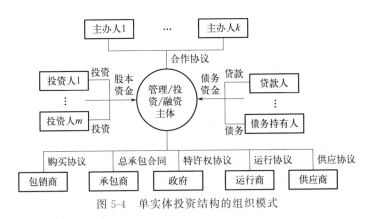

图 5-4 单实体投资结构的组织模式

在此投资结构中,由单一的经济实体负责包括管理、投资和融资在内的所有开发工作,因而对该经济实体的类型要求比较高。在常见的经济实体类型中,公司型经济实体(如有限责任公司和股份有限公司)能够同时担当管理主体、投资主体和融资主体三重角色,其他类型的经济实体,或因为难以实现有限追索权或无追索权贷款,或因为不能承担融资主体的角色,而难以胜任。信托机构理论上可以承担管理角色,如委托专业项目管理公司进行项目管理,但实践中,一方面项目主办人通常是项目设计施工和运行方面技术力量雄厚、经验丰富的公司,想自己承担项目的设计、施工和运行工作;另一方面,虽然项目融资是以项目资产和预期收益为基础的,但是债权人还是希望项目主办人是技术力量雄厚、经验丰富的公司。因此,还没有出现所有的项目主办人均为单纯的投资人的情况,也没有把项目管理工作委托给信托机构的必要。

5.2.3 双实体投资结构

在双实体投资结构中,管理主体、投资主体和融资主体的角色由两个经济实体来承担,具体的投资结构取决于两个经济实体的角色分工。理论上三个角色由两个经济实体承担可产生多种组合:如果一个经济实体同时承担两个角色,另一个经济实体承担剩下的一个角色,则产生3种组合;如果一个经济实体同时承担三个角色,另一个经济实体分担其中的一个角色(在单实体投资结构的基础上增加一个经济实体分担三个角色中的某一角色的工作),则也产生3种组合;如果每个经济实体各承担一个角色,剩下的一个角色由两个经济实体共同承担,则也产生3种组合。上述组合构成潜在的投资结构模式,但是在实践中并不是每种模式都具有相同的应用价值。

模式一:在双实体投资结构中,两个经济实体的形式取决于项目的特征和设立双实体的目的。通常是有限责任公司的形式用于项目管理和投资,再设立一个特殊目的载体负责筹集资金,从而实现风险隔离。该特殊目的载体可以是信托基金的形式,也可以是有限责任公司、合伙制或其他形式的经济实体。例如为了把融资工作与项目的其他工作分离，在投资结构中，一个经济实体用于接收项目主办人的投资和负责项目管理（承担投资主体和管理主体的角色），另一个用于筹集项目资金（承担融资主体的角色），筹集资金的经济实体把筹集的资金转贷给负责项目管理的经济实体，从而形成一个双实体投资结构，如图5-5所示。

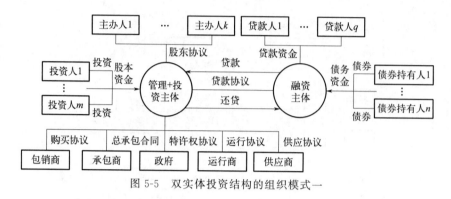

图5-5 双实体投资结构的组织模式一

模式二：为了吸纳社会大众的投资，在单一经济实体的基础上，增加信托基金，由信托基金发行基金份额筹集部分项目所需资金，从而形成双实体投资结构，如图5-6所示。

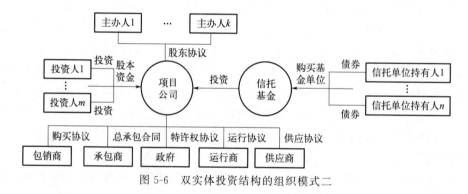

图5-6 双实体投资结构的组织模式二

"项目公司＋信托基金"的双实体投资结构已经得到了应用。

 案例5-3 澳大利亚Hills M2高速公路的双实体投资结构

这种安排可以使项目公司避免与众多投资人和贷款人直接往来，从而可以专心致力于工程项目管理工作。但这种双实体投资结构存在一个缺陷：如果筹资实体贷给项目管理实体而没有保障措施则存在还贷的风险。因此，当"筹资基金"和"管理公司"分别是独立的经济实体时，两个经济实体必须在董事会层次进行有效控制。在澳大利亚 Hills M2 高速公路项目中，由于没有任何保障措施，这种"筹资基金-管理公司"结构掩盖了大众投资人遭受损失的可能性。

5.2.4 多实体投资结构

模式一：三个经济实体独立。在三实体投资结构中，采用三个经济实体分别承担管理主体、投资主体和融资主体的角色。理论上管理主体、投资主体和融资主体的角色分别由三个不同的经济实体来承担，如图5-7所示。

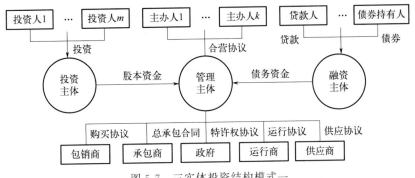

图5-7 三实体投资结构模式一

但在实践中，经济实体的角色分配较为灵活，有些角色合并后由一个经济实体来承担，而有的角色分解后由多个经济实体来承担，具有很大的弹性空间。例如成立三个经济实体：一个用于筹集项目资金，一个用于租赁，一个用于项目管理；筹集项目资金的经济实体把筹集的项目资金转贷给租赁公司和负责项目管理的经济实体。

 案例5-4　哥伦比亚TermoEmcali电厂的投资结构

这种安排可以使项目公司避免与众多投资人和贷款人直接打交道，从而可以专心致力于项目管理工作；同时，租赁安排可以使项目租赁公司获得税收上的好处，还有利于项目实施工作专业化；项目公司是核心，全面负责项目施工和运营等管理工作。但是，这种结构使管理复杂化。

模式二：信托机构＋杠杆融资租赁。在项目融资中，为了保障债权人的利益，引入信托机构，从而产生多实体投资结构。例如，在杠杆融资租赁中，若干项目主办人（也是投资人）共同设立一个项目公司，并分别与项目公司签订购买合同；为了实现杠杆融资租赁，项目主办人共同签订信托协议，把资产持有权委托给资产受托人（出租人）；然后，资产受托人以自己的名义与项目公司签订租赁协议，与债权人签订贷款协议，与建造商（设备或施工）签订建设合同；为了债权人的利益，把所有权益转移给契约信托人（资金管理），资金管理也委托给契约信托人，即所有的资金先都交给契约信托人，由契约信托人按照预先规定的支付顺序分配投资收益。信托机构在杠杆融资租赁中的应用如图5-8所示。

多实体投资结构（两个或两个以上的实体）中，由于能够充分利用不同类型实体的特点，因而具有许多优点：一是适应性强，可以适应不同项目的特点，根据项目的特点选择实体的类型和数量；二是结构设计灵活，能够满足不同参与人的需要，根据参与人的需要选择实体的类型和数量，灵活分配实体的角色，满足各个项目参与人的目标。因此，多实体投资结构提供了更大的弹性空间。但是，由于结构复杂而增加了管理难度。

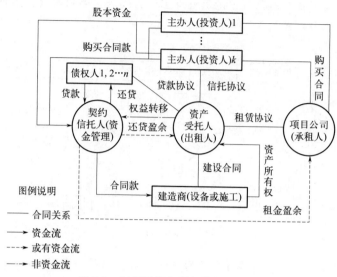

图 5-8　杠杆融资租赁投资结构模式

5.2.5　影响投资结构设计的因素

设计投资结构应该考虑项目投资的规模和行业的特点、项目自身的盈利能力以及项目所在国的法律法规、会计制度、税务制度等外在客观因素。进行投资结构设计时，选择不同的经济实体类型和数量可以构成多种投资结构设计方案。针对一个具体的项目，选择何种投资结构作为实施项目的主体、怎样确定投资结构才能实现最优化并没有一个统一的标准。项目的投资者们在面对多种方案进行取舍时，除了需要考虑一种投资结构所具备的其他结构无法取代的优势之外，更重要的是需要根据项目的特点和合资各方的发展战略、利益追求、融资方式、资金来源及其他限制条件，对选定的基础方案加以修正或重新设计，以满足各方投资目标的要求，寻求一种最大限度实现风险与收益之间平衡的方案。

(1) 项目的特点

项目的特点会影响投资结构设计。例如，当项目包含有相对独立的设备或设施时，可通过增加"租赁公司"实体组织，进行融资租赁。当项目产品具有"可分割"性时，可采用契约型实体组织，使项目主办人按投资比例获得相应份额的项目产品。当项目规模巨大而需要多家企业参与实施时，这些企业有两种选择：一是合资（合营），成立项目公司，共同出资、共同经营、共负盈亏、共担风险，或者有限合伙制企业，由普通合伙人负责运营；二是合作，建立契约型合作伙伴关系，根据合作协议确定的权利和义务进行利润或产品的分配、风险和亏损的分担、经营管理决策的制订等。

(2) 项目主办人的目标

投资结构应最大限度地满足每个项目主办人的目标。例如，公司型结构统一管理、统一销售产品、统一进行利润分配，适合于以投资获利的项目主办人。信托型结构可以使投资者免于具体的工作，如社会大众投资者可通过信托基金进行项目投资；为了保障债权人的利益，设立信托账户进行资金管理；由于信托机构一般与其他组织实体结合起来使用，所以一般出现在多实体投资结构之中。契约型结构可以使项目主办人直接获得其投资份额相对应的项目产品并按照自己的意愿去处理，比较适合项目产品"可分割"的项目，如矿产资源开发、产品加工、石油化工等项目。

（3）债务责任风险的隔离程度

投资者采用不同的投资结构，其所承担的债务责任不同。公司型结构中，债务责任主要被限制在项目公司中，投资者的风险只包括已投入的股本资金及一些承诺的债务责任。非公司型结构中，投资者以直接拥有的项目资产安排融资，其债务责任是直接的。

（4）税务效益

在项目融资中，税务效益指投资者和其他参与者利用投资结构的纳税要求不同而获得的税务收益或税务损失。各国税法差异使税务安排不尽相同。公司型结构中，税务亏损能否合并或用来冲抵往年的亏损，不同的国家规定不同。例如，在我国项目公司属于税法意义下的居民企业，应依据《中华人民共和国企业所得税法》缴纳企业所得税：企业每一纳税年度的收入总额，减除不征税收入、免税收入、各项扣除及允许弥补的以前年度亏损后的余额，为应纳税所得额，税率为25%。对于自然人从项目公司取得的股权性投资收益还应缴纳个人所得税，但对于企业投资者从项目公司取得的股权性投资收益免征企业所得税。

合伙制结构中，根据《中华人民共和国合伙企业法》第一章第六条，合伙企业的生产经营所得和其他所得，按照国家有关税收规定，由合伙人分别缴纳所得税。非公司型结构的资产归投资者直接拥有，项目产品也是由其直接拥有，纳税主体为各个项目主办人。信托型结构中，受托人只是形式上拥有项目权益，并非实质上的权益享有人，不具有纳税能力。因此，信托本身不需要缴纳所得税，但实际受益人则需要缴纳所得税，从而避免了双重征税的发生。此外，当项目为跨国项目（如英法海底隧道项目）时，如果成立有限责任公司或股份有限公司，则可能出现公司注册地的争夺问题，但是采用合伙制结构就可以避免这一问题。

（5）会计处理

不同的投资结构在会计处理上有所不同。契约型结构无论投资比例大小，该项投资全部资产负债和经营损益情况都必须在投资者自身的公司财务报表中全面反映出来。公司型结构中的项目投资及负债是否与项目主办人的资产负债表和经营损益表合并主要取决于投资结构中的控股比例。比如英美法律规定：①在一个公司的持股比例如果超过50%，则该公司的资产负债表需要全面合并到该投资者自身公司的财务报表中；②持股比例如果为20%～50%，则需要在投资者自身公司的财务报表中按投资比例反映出该公司的实际盈亏情况；③持股比例如果少于20%，只需在自身公司的财务报表中反映出实际投资成本，无须反映任何被投资公司的财务状况。

 拓展阅读　资产负债表外实体

（6）项目资金的来源

项目资金的来源影响投资结构的设计。如果要吸纳社会大众的投资，可以采用股份有限公司，公开发行股票；也可以利用信托基金，出售基金份额。如果基金愿意以入股方式投资项目，但不愿意参与管理，则可以采用有限合伙制，基金以有限合伙人的方式投资项目。如果项目主办人具有项目所需的资源,但缺少资金,则可以采用契约型结构,利用各自的优势进行合作。

(7) 项目管理的决策方式与程序

项目管理的关键是建立一个有效的决策机制。不同的投资结构,其决策方式与程序不同:公司型结构由公司董事会负责重大决策,经理负责日常经营;契约型结构由设立的管理委员会负责重大决策,管理公司负责日常经营。无论采取哪种投资结构,参与人都需要按照各种决策问题的重要性序列,通过相关协议将决策程序准确地规定下来。

总之,投资结构的选择取决于多种因素。一般来说,大多数项目可以通过单实体投资结构进行开发,实体组织的类型主要是公司型结构;为了保障债权人的利益,常常在单实体投资结构的基础上设立信托账户进行资金管理,从而形成双实体投资结构;有些项目情况复杂需要采用多实体投资结构,而且多数是不同类型的实体配合使用。

本章小结及重要术语

思考题

在线题库 参考答案

1. 简述工程项目特殊目的载体的功能。
2. 简述对于项目主办人而言不同经济实体特点的差异。
3. 简述工程项目投资结构的构成。
4. 简述采用公司型单实体投资结构对项目主办人的优势和劣势。
5. 双实体投资结构模式有哪些?
6. 多实体投资结构有哪些模式?
7. 影响投资结构设计的主要因素有哪些?

第 6 章
工程项目投资环境与投资机会

 知识导图

 重难点

工程项目投资环境因素分析，工程项目投资环境评价，工程项目投资环境的建设和优化，项目投资机会研究方法。

 学习目标

知识目标：熟悉建设工程项目投资环境的分类，熟悉工程项目投资环境因素分析，熟悉工程项目投资环境的评价指标体系，熟悉工程项目投资环境的评价方法，熟悉工程项目投资机会研究方法；了解建设工程项目投资环境的评价原则和评价标准，了解建设项目投资环境的含义、特征和作用，了解工程项目投资机会研究程序。

素质目标：树立正确的价值观、财富观；关注中国实践和理论方面取得的成就；树立理财观念，具有勤俭节约、理性消费的意识。

听编者说

6.1 工程项目投资环境

6.1.1 工程项目投资环境概述

(1) 工程项目投资环境的含义

投资环境是指投资的一定区域内对投资所要达到的目标产生有利或不利影响的外部条件的总和。这些外部条件包括政治、经济、社会、文化、法律、自然地理、基础设施、服务等因素。

工程项目投资环境作为保证实现项目投资目标的外部条件是对于投资的流动性而提出的，如果投资不能在区域间相互转移，则不存在投资环境的问题。在较低级的生产方式条件下，技术、通信和交通条件都比较落后，影响了投资在区域间的大规模流动。生产方式不断改变，技术、通信和交通条件不断发展，便利了投资者寻找最有利的投资场所，产生了资本的大规模、远距离流动。由于同一投资可以在不同地域内取得各不相同的经济效益，因此，投资环境作为影响投资效益的外部因素而变得日益重要，对投资环境的研究也日益受到社会的重视。

投资在不同的区域间流动，包括区域间内部的流动和跨区域间的流动。即使在封闭型经济中，国家之间的外来投资被隔绝，国内区域经济的存在使国内投资投向不同的区域也会产生不同的经济效益，这也使国内投资在不同区域间流动，形成了国内不同区域的投资环境。在开放型经济中，国家之间不同的自然地理、政治、经济和社会条件更是形成了各具特色的投资环境。因此，无论是封闭型经济还是开放型经济，都客观地存在不同的投资环境。

工程项目投资环境作为影响投资目标的一项重要内容，最初主要表现为投资区域范围内的自然地理环境和基础设施等基本物质条件。其后，各国为了加速推进经济发展，相继出台了鼓励投资的多种政策，除了提供基本物质条件外，还在经济、立法、制度、服务等方面不断创造各种优惠条件，用以吸引各种投资。如此就为投资者提供了更多的选择机会，也迫使接受投资的国家或地区相互竞争，从而使其在更多方面注意改善投资外部条件，创造最优投资环境。

工程投资环境的外延就从最初的自然地理环境和基础设施等基本物质条件进一步扩展到社会的政治、经济、市场、文化等其他方面，并且后者的重要性正呈不断上升趋势。

由此可知，对于工程项目而言，其投资环境是指影响整个工程项目投资过程的各种外部条件的总和，是其与投资项目有关的诸如政治、经济、社会、文化、自然等多方面因素相互交织、相互作用、相互制约而形成的有机整体。

作为一个内涵和外延都非常丰富的系统，工程项目投资环境包含对投资项目有直接或间接影响的区域范围内的地理位置、自然资源、基础设施、市场条件、人力资源、信息渠道、经济政策、法律法规、社会秩序、政治形势等诸多条件和因素，涵盖了与整个工程项目投资过程有关的各个方面。同时，作为复杂系统的组成部分，工程项目投资环境的构成因素随着经济社会的发展而变动，其间优势和劣势有可能相互转化。

(2) 工程项目投资环境的特征

建设工程项目投资环境涉及自然、社会、经济、文化、法律、科技等多方面因素，是一个十分复杂的综合体。其主要特征表现有：

① 综合性

影响工程项目投资活动的各类因素相互联系、相互制约、相互作用，构成一个多维、多元、多变量、多层次的综合系统。各因素在确定投资规模、方式，提高投资效益等方面发挥的作用不同。投资环境综合系统的各子系统以及每一系统内部的各因素之间，有着复杂多变的各种关系，因此，对投资环境的分析必须从整体出发，依据整个环境状况，寻求最佳组合，进行科学决策，为提高项目投资效益创造良好的外部条件。

② 差异性

投资环境对投资活动的制约与影响存在差异性。同一投资环境对不同部门、行业和项目的投资有不同的制约与影响，有的投资环境适合工业投资，有的投资环境适合旅游业投资，有的投资环境适合劳动密集型产业，有的投资环境适合技术密集型产业。明确投资环境的差异性，既可使投资者选择在便于发挥其行业、项目优势的地区进行投资，也便于受资地区从其投资环境的实际出发，有针对性地改善投资环境，从而有效地增强对所需行业投资的吸引力。

③ 动态性

在投资环境的构成因素中，除自然条件和地理位置不可变动外，政治、经济、法律、管理、社会文化、物质技术等众多因素都将随着时间推移而发生程度不同的变化。与此同时，评价投资环境的标准和观念也随政治、经济、科技的发展而发生变化和调整。认识投资的动态性特征，可以明确投资环境的优劣不是绝对的，而是相对的，改善投资环境是无止境的，必须坚持不懈地做出努力。同时，研究目前和预测未来的评价投资环境的标准和观念，对提高改善投资环境的自觉性和预见性是有重要意义的。

④ 可改造性

环境价值的高低并不是完全固定不变的，在相当程度上是可以通过人类有意识的经济活动加以改进和完善的。工程项目投资环境既然是处于动态变动过程中的，一些条件是可以改造的。工程项目投资环境的可改造性是建立在对投资环境有相当了解和比较分析与研究的基础上的。只有这样，才能对项目投资环境的改善有所帮助，并且避免可能由于改造不当而出现意外的负面效果。

⑤ 主导性

主导性是指在某一工程项目投资环境的大系统中，总有一个或几个要素在某一阶段的发展中居主导地位，即在整体中规定和支配其他要素。对项目投资环境进行分析和评价时，如果能够抓住这些主导因素进行研究，就能初步判断出工程项目所处环境的优劣，从而快速、及时地为项目投资机会的选择提供一项基础性参考。

(3) 建工程项目投资环境的作用

① 对投资的吸纳作用

通常，项目投资者都希望把资金投入最有利、收益最大的项目中。在其他条件相同的情况下，投资环境越优越，项目投资效益越高；反之，若投资环境越低劣，则投资产出也会相应较低。所以，投资总是流向投资环境比较优越的项目，而优化工程项目投资环境也已成为吸纳投资的重要手段。

② 节省投融资成本的作用

具有较好投资环境的工程项目，不仅项目实施起来比较便利，而且可以降低项目的投融资成本；投资环境差，不仅会影响建设工程项目的实施进度和运行效率，同时也会增加不必要的投融资成本。

③ 作为投资决策的参考依据

建设工程项目投资者要做出投资决策，事前会广泛收集各种信息，进行实地考察，以掌握工程项目具体的投资环境。只有在这些环境因素令其满意的条件下，才会进一步开展项目的投资机会研究及可行性分析等工作，进而为项目的投资决策提出科学合理的建议。从这个意义上讲，项目投资环境的分析和评价是投资者进行投资决策的首要环节，是投资决策的重要参考依据。

（4）工程项目投资环境的分类

1）按投资环境构成因素的属性分为硬环境和软环境

① 工程项目投资的硬环境

硬环境指项目投资的物质环境，它是由多种物质条件构成的环境系统。

基础设施：a. 一般基础设施，包括道路、交通、水电设施等；b. 外联基础设施，包括机场、港口、通信设施等；c. 生活服务设施，包括医院、学校、娱乐文化设施、居住设施、住宅等；d. 生产服务设施，包括基础工业厂房、配件原料生产加工设施、辅助生产设施等；e. 组织与管理机构设施，包括行政管理机构设施、金融组织设施等。

自然地理状况：a. 地表、地下环境，包括水文、地质、土地等；b. 地上环境，包括气候、季节等。

资源条件：a. 物质资源的适应性与可供性，包括品种、品位、储量等；b. 人力资源的适应性与可供性，包括人口总数、年龄、结构、文化技术水平等。

② 工程项目投资的软环境

软环境则指项目投资的政治、经济、社会、文化等环境，是由多种政策、法规、规章、制度及社会的观念、心理、文化等因素构成的非物质环境系统。

社会政治环境：a. 国际战争与和平状况；b. 国际信誉；c. 政治体制；d. 政治结构；e. 政局的连续性与稳定性；f. 社会安定与治安状况；g. 社会政治目标与战略。

社会经济环境：a. 一般经济环境；b. 经济政策；c. 经营环境；d. 市场环境。

社会法律环境：a. 法律完备性、仲裁公正性、法制的严肃性；b. 各种法律法规，比如投资法、涉外经济法规、企业法、财政法、金融法。

社会文化心理环境：a. 社会文化传统与价值观念；b. 社会对风险的态度与承受力；c. 社会对外开放程度；d. 社会风气与人际关系；e. 社会文化水平、科技发展状况。

社会服务环境：a. 信息服务，要做到及时、完备、准确；b. 组织与管理服务结构的层次与工作效率；c. 投资的审批手续与程序；d. 金融组织管理机构、法律机构的健全、完备程度；e. 社会人员的服务态度、办事效率等。

2）按项目投资环境构成因素分为狭义投资环境和广义投资环境

狭义投资环境主要是指经济环境，即一国或一个地区的经济发展水平、经济发展战略、经济体制、金融市场的完善程度、产业结构以及货币的稳定状况等。

广义投资环境除了经济环境外，还包括自然、政治、社会文化、法律、地理等方面的内容，它们之间互相联系、互相制约，共同构成投资环境大系统，并对投资项目在不同程度上产生各种影响。

3）按项目投资环境因素作用的范围，分为宏观投资环境和微观投资环境

宏观投资环境通常表示一国总的投资环境，作为一般条件考察在该国投资的有利程度。

它包括一个国家的政治状况、法制健全程度、经济发展总体水平、经济政策及对外资的态度、机构办事效率、居民的风俗习惯以及受教育程度等与投资有关的自然、经济和社会环境。

微观投资环境是指影响具体投资项目的环境状况，作为具体条件考察投资项目在该国投资的有利程度。它包括投资地点及周围的经济发展水平、地方性政策的取向、当地交通和通信等基础设施状况、产业技术水平、劳动力素质等自然、经济和社会条件。

一国的宏观投资环境良好，不等于微观投资环境都良好，对某些项目的投资可能存在不利条件；反之，宏观投资环境不良，也不等于微观投资环境都不好，对某些项目的投资可能有利可图。对投资环境宏观与微观的划分，有利于解决一般性与特殊性的矛盾。

4）按影响投资的外部条件形成和波及范围分为国际投资环境和国内投资环境

工程项目投资环境的国内和国际投资环境又可分为国家环境、行业环境、地区环境和企业环境；根据环境因素内容的不同划分，项目投资环境可分为社会经济环境、物质技术环境、自然地理环境和资源环境等。

6.1.2 工程项目投资环境因素分析

(1) 工程项目投资的自然环境

① 地理位置对投资效益的影响

a. 工程项目位于沿海或河网地区

如果投资工程项目位于沿海或河网地区，可以充分利用廉价的水运，大大减少对原料、燃料和成品运输的支出，提高投资效益；反之，如果投资工程项目位于山区或交通不便地区，则会给运输带来极大的困难，投资者不得不增加运输建设方面的资金支出，从而降低投资效益。

b. 工程项目位于生产性和非生产性基础设施比较齐全的地区

如果投资工程项目位于协作方便、生产性和非生产性基础设施比较齐全的地区，可以节约大量资金，投资者可以获得较好的经济效益。

c. 各种资源相对投资工程项目的距离远近

有些地区，原料、燃料和水源相互接近或结合在一起；而另一些地区，情况可能相反。就这一点而言，前一类地区的投资效益要好于后一类地区。

d. 投资工程项目所在具体地点

适中的地点有利于缩短产品运往消费地的距离，可以节约运费。

② 地形地貌对投资工程项目地点的影响

a. 原有企业的结构布局，相互之间有无影响，是否符合环保和城镇建设规划的要求。

b. 投资工程项目地区条件。工程项目建设要尽量减少对自然地形的改变，尽量少占或不占农田，以减少投资成本。

c. 要考虑生产、生活用水能否得到保证，工业废水、生活污水、地面雨水能否顺利排放，还要预防山洪灾害、洪涝灾害等。

d. 为便于原材料、燃料的输入和成品的输出，投资工程项目的地点应尽量靠近运输干线。

③ 资源状况对投资的影响

资源状况对属于不同产业投资项目的影响作用不同。第一产业受资源状况的影响极大。对第二产业而言,资源状况受加工工业原料来源的影响,间接地制约着它的发展,因此投资指向原料地的倾向非常明显。一般而言,第三产业的投资较少受到资源状况的制约和影响。

④ 气候条件对产业投资布局的影响

气候条件包括光照、气温、水分、土壤等要素。它对工业、建筑业、盐业生产中的露天操作产业,特别是对农、牧、渔业的生产影响最大,从而制约着这些产业的投资布局。

(2) 工程项目投资的社会环境

工程项目投资的社会环境又称投资的人文环境,它主要包括政局状况、法律制度、人口及其素质、风俗习惯等。

① 政局状况

投资的目的是获得盈利,而要获得盈利,保证投资活动的安全。这就要求有一个稳定的政治局面。稳定的政局是保证投资目标顺利实现的先决条件。

② 法律制度

投资环境包括政治、经济、文化、人口等多种因素,这些因素最终都要通过法律的形式表现出来,直接或间接地影响投资活动。法律制度不仅体现了当下的投资环境,而且还可以预测和把握投资环境的变化趋势。所以,健全的法制、正确的法治观念、相对稳定的法律制度以及公正的执法机制,都是良好投资环境的重要基础。

③ 人口及其素质

人作为物质产品和精神产品的生产者和消费者,一方面是投资的重要构成因素,另一方面又是各种投资活动的最终追逐目标。一般来说,在劳动者素质较低而劳动力供应充足的地区,适宜发展劳动密集型产业;反之,则适宜发展资金、技术密集型产业。

在人口及其素质因素中,人口的文化教育水平是一个很重要的方面。因为文化教育水平关系到项目实施所必需的劳动、技术先进程度和社会环境的文明程度等。

④ 风俗习惯

不同国家、不同地区、不同民族的不同消费需求和消费方式,是由不同的风俗习惯所决定的,它制约和影响着一个国家、一个地区的投资结构以及服务和经营方式。另外,文化背景、宗教信仰等作为社会环境的重要组成部分,也会对投资活动产生一定的影响。

(3) 工程项目投资的经济环境

① 经济发展状况

经济发展状况对投资环境的影响,可以从经济发展水平、经济发展速度和经济安全程度三个方面进行说明。

a. 经济发展水平反映了一个国家的经济实力

一般用 GDP 和人均 GDP 来反映。显然,经济发展水平越高,市场需求就越大,项目投资所依赖的环境条件也相对比较完善,对投资活动有很大的促进作用。

b. 经济发展速度是反映一国经济情况的动态指标

同样地,经济发展速度越快,市场及需求的扩大也越快,吸引投资及获得收益的机会也越大。

c. 经济安全程度是指经济发展出现波动的可能性

投资及项目建设都需要有稳定安全的经济大环境作为支撑。一般来讲,经济安全程度越低,投资环境越差,投资风险也就越大。

② 经济体制

经济体制是指国家组织、管理经济活动的制度、方式和方法的总称。投资活动要顺利地开展，就必须要求投资者对项目所在地的经济体制有清楚的了解，这样才能在一定的体制规范和要求下有效地对投资项目进行管理。经济体制主要包括商品流通体制、金融体制、财税体制、投资体制、工商管理体制、外贸体制、物资管理体制等。其中，对投资环境产生直接影响的是投资体制。

③ 市场状况

市场的性质决定着投资的流向，市场的容量决定了投资的规模，市场的结构决定了投资的结构，市场的发育程度决定了投资的发育程度。而投资要适应市场的原则，正如供给要符合需求的原则一样，只有符合市场需求的投资才有可能获得成功。

④ 基础设施

基础设施的状况直接影响投资者的兴趣，决定着投资规模的大小和效率的高低。基础设施是投资项目的先导工程，是重要的投资"硬环境"。

⑤ 原材料、燃料、动力供应

总的要求是：原材料、燃料的供应地距离投资项目不能太远；必须到外地采购原材料时，经济距离和价格要合理；原材料、燃料的供应保证程度要与特定产品的市场寿命相一致，要有通畅的运输条件；应充分估计原材料、燃料市场的未来变化趋势。

(4) 工程项目投资的政策环境

① 产业政策

对产业政策的了解，有助于投资者了解投资项目所在地的产业发展重点和目标，从而降低投资的风险。产业政策由产业结构政策、产业组织政策、产业技术政策和产业布局政策组成。其中，产业结构政策所影响的该地区的产业结构对投资者的作用尤其大。具体来说，它从以下几个方面影响着投资活动：

a. 产业结构制约投资方向

现有产业结构提供的设备、原材料、技术等，保证了特定投资项目的需要；现有产业结构提供的市场，影响着投资项目预期效益的发挥。

b. 产业结构影响投资效益

投资项目位于产业部类齐全的地区，项目可以较为方便地获得所需各种设备、原材料和技术，一般也可以较为方便地选择销售市场，经济效益往往较好；反之，则相反。

c. 产业结构制约投资项目的地点选择

现有产业结构的状况影响和制约着投资项目的厂址选择。

d. 产业结构影响投资方式

当现有产业结构比较完善、合理时，投资项目可以更多地考虑进行现有企业的技术改造；当现有产业结构不够完善、不够合理时，投资项目更多地考虑进行外延式的新建投资项目。

② 金融、货币、物价政策

从金融、货币政策看，如果银根放松、贷款利率降低、调减外汇储备，会扩大本国投资的来源和规模，有利于加快投资项目建设进度和提高投资盈利，也有利于引进外资、发展涉外投资；反之，则相反。

从物价政策看，由于物价变动对长期投资有重要影响，因此，进行长期投资，要充分考虑货币的时间价值、风险价值以及影响物价变动的诸多要素。

③ 外汇和贸易政策

外汇政策的影响主要是投资者的投资收益需要在投资所在地从东道国货币的形式转换为外币，并保证流通渠道的畅通。它对投资收益的影响很大，其主要内容包括货币是否可以自由兑换、外汇汇出有无限制等。

④ 税收制度

国家对项目投资活动进行宏观指导的一个重要方面就是利用税收杠杆来加以调节。国家可以通过开征某些税种，对不同的征税对象设置不同档次的税率，来贯彻产业政策，控制投资规模，引导投资方向，调节投资结构，加强重点建设，促进国民经济的发展。

6.1.3　工程项目投资环境评价

 拓展阅读　投资环境评价的原则

（1）工程项目投资环境的评价标准

① 适应性

适应性是指工程项目投资环境与项目投资要求相适应的程度。工程项目投资环境的优劣是相对于一定条件下的项目而言的，评价项目投资环境，首先要看这一环境与项目投资的要求是否一致，适应的程度如何。适应程度越高，投资环境越好；否则，即使条件再好，对特定项目而言，也不是好的投资环境。

② 安全性

安全性是指工程项目投资环境的评价标准要求投资环境相对稳定，能够保证安全地收回投资的本金。这也是投资活动最基本的要求，是投资者进行投资决策时考虑的首要问题之一。

③ 稳定性

稳定性是指工程项目投资环境在一定时期内按正常的规律发展变化。也就是说，投资环境作为一个不断发展变化的动态过程，要求其变化具有一定的规律性，是可以预测的，这样才有利于项目投资活动的控制与管理。

④ 引导性

引导性是指环境对工程项目投资活动所具有的合理引导的能力。这一能力包括对投资总量的调节和对投资方向的调节两个方面，投资总量调节是指项目在各种环境因素的引导下，选择合理的投资总量规模的能力；投资方向调节是指由于不同投资环境因素的差异引导，选择适当的投资方向的能力。项目投资环境是否具有较强的总量调节和方向调节的引导能力，是评价项目投资环境优劣的重要标准之一。

⑤ 相对优势

相对优势是指针对具体的项目，某一投资环境相对于另一环境而言，具有一定程度的优势。在某些情况下，对不同的投资环境进行优劣评价，往往很难得出绝对的结论，只能结合项目的具体情况，进行相对优势的比较。相对优势的分析一般侧重于成本降低优势、市场占有率优势、风险分散优势和引进技术与管理优势几个方面。如果某一投资环境在这几个方面都具有优势，则最终会通过效益指标反映出来。

(2) 工程项目投资环境的评价指标体系

为了全面、系统、准确地评价一国或某一地区的工程项目投资环境，应该建立一个能够综合反映投资环境各个层次状况的指标体系。在投资实践中，通常使用的工程项目投资环境评价指标有：

① 投资获利率

投资获利率是指一定时期内投资项目所获得的利润额与投资额之间的比率，以投资额为 T，利润为 P，则投资获利率可表示为 P/T。同样数量的投资额用于不同地区，获利越多的地区，其投资环境就越好。投资获利率是评价项目投资环境优劣程度的主要参数。

② 投资乘数

投资乘数是指盈利增量与投资增量之间的比率。该参数能够反映在现有投资数量之外追加一定数量的投资所能带来的经济效益。一般来说，投资乘数越大，表明项目投资环境越好。

③ 边际耗费倾向

边际耗费倾向是指耗费增加额与获益增加额之间的比率。在确定生产性投资的流向时，必须计算一定项目投资环境中边际耗费倾向的高低。

④ 投资饱和度

投资饱和度是指在一定条件下，某一领域已经投入的投资额与该领域资金容量的比值。当该值等于或大于1时，称为投资饱和，应中止投资。该参数主要从市场容量方面反映项目投资环境状况。

⑤ 基础设施适应度

基础设施适应度是指某一地区的交通运输、能源、水源、通信等基础设施对投资项目的适应程度。其中，各项基础设施在总体基础设施中所占权数，应根据投资项目的具体需要确定。

⑥ 投资风险度

投资风险度是指对投资活动可能遇到的风险大小的评估。该参数由于随机性很强，实际很难获取，计算方法也很多。实践中，应当根据投资的内容与投资环境之间的关系，选用合适的评价方法。

⑦ 有效需求率

有效需求率是指社会平均利润或利息与产品销售收入减去要素成本及使用者成本的比值。要素成本是投资者支付在土地、劳动力、固定资产等生产要素上的费用；使用者成本是其支付在原材料等流动资金占用上的费用。从产品销售收入中扣除这两种成本后的剩余部分就是利润。

⑧ 国民消费水平

国民消费水平是指一定地区内居民储蓄总额与当地国民收入总额之间的比值。它反映了该地区居民的生活消费水平。该指标对于不同类型的投资项目往往具有不同的意义，在应用该指标评价项目投资环境时必须加以注意。

⑨ 资源增值率

资源增值率是指某种资源经过加工以后，其所形成的产品价值总额与该资源开发时的最初价值总额之间的比率。它反映了开发某种资源所带来的盈利大小。资源增值率高，或者说明生产技术与经营管理水平高，或者说明交通运输等基础设施条件良好，有利于对资源进行深度加工。

⑩ 优化商品率

优化商品率是指一个地区的名优商品总数与全部商品总数的比率。它既可以概略地反映该地区生产力发展水平的高低、科技力量的强弱和产品竞争能力的大小等状况，也可以间接反映项目投资环境的适应性。

(3) 工程项目投资环境的评价方法

① 冷热对比法

冷热对比法是最早的项目投资环境评价方法之一，基本思想是：从投资者的立场出发，选定各个投资环境因素，对投资项目的投资环境因素逐一评价，好的为热，差的为冷，然后根据冷热因素所占比重的大小，决定投资环境的优劣，最后在此基础上对不同的项目投资环境做出比较。其选定的投资环境因素具体包括以下 7 个：

a. 政治稳定性。政治稳定性主要是指政权是否稳定且被拥护，以及政府能否为企业的生产经营创造良好的外部环境。肯定为"热"，否定则为"冷"。

b. 市场机会。市场机会主要是指需求程度、消费者人数及购买力强弱等。若都比较大则为"热"，否则为"冷"。

c. 经济发展和成就。经济发展和成就主要是指宏观经济环境的好坏，即经济是否稳定，发展速度是否快，经济效率是否高等。肯定为"热"，否定则为"冷"。

d. 法律阻碍。法律阻碍主要是指法律法规对投资的鼓励及规范程度，以及投资投入后项目实施和经营的困难程度等。阻碍少且难度小为"热"，否则为"冷"。

e. 实质阻碍。实质阻碍是指自然、地理条件的优劣，因为恶劣的自然地理条件往往会影响投资环境的质量，并对投资及项目的实施造成阻碍。阻碍小为"热"，否则为"冷"。

f. 文化一元化。文化一元化是指一个投资体系内各阶层人士的相互关系、风俗习惯、价值观念及宗教信仰等是否存在较大差异。差异小为"热"，否则为"冷"。

g. 地理及文化差距。地理及文化差距主要是指投资环境体系内的空间距离及文化、观念的差异等。距离近且差异小为"热"，否则为"冷"。

② 等级尺度法

等级尺度法是国际上流行的一种投资环境的分析和评价方法，该方法着眼于对投资者施加限制和鼓励政策所带来的影响，并且将投资环境因素分为不同的等级予以评分，最后汇总。

等级尺度法确定的影响投资环境的八大因素包括资本收回限制、外商股权比例、对外商的管制程度、货币稳定性、政治稳定性、给予关税保护的意愿、当地资本可供程度和近五年通货膨胀率。其具体的评分方法是：首先，根据每个因素对整体投资环境的重要性确定评分区间；同时，根据每个因素的完备程度分成若干层次，在各因素的评分区间内确定各层次的分值；其后进行正式的投资环境评价，即根据受评对象的情况，分别评出各因素的分值；最后，将各因素的分值加总，即得出投资环境的评价总分。总分越高，则投资环境就越好。

③ 多因素评价法

a. 多因素和关键因素评价法

多因素和关键因素评价法是两个前后关联的评价方法，是将影响投资环境的因素分为政治、经济、财务、市场、基础设施、技术、辅助工具、法律与法制、行政机构效率、文化、竞争共 11 类，然后再对每一类进行细分，在对各子因素分别进行评分的基础上加总，得出综合的评价结果。

关键因素评价法是从具体的投资动机出发，找出影响具体投资动机的关键因素（包括降低成本、发展当地市场、原料供应、生产和管理技术、风险分散、追随竞争者共 6 种），再予以评价。

b. 多因素加权平均法

多因素加权平均法的基本思路是：投资环境包含多个因素，评价时应该分别给出各因素的权重，再给出得分，最后算出加权总分。这些因素包括宏观经济状况、国际收支状况、政治风险、生活水平、成本因素、社会因素、税制及其他法规7个方面。

④ 准数评价法

准数评价法是根据各种投资环境因素的相关特性，对在投资建设与实施经营过程中起不同效用的因素进行了归纳和分类，形成"投资环境准数"的数群概念，其投资环境评价因素具体包括以下几类：

a. 投资环境激励系数。包括政治经济稳定、资本汇出自由、投资外交完善度、立法完备性、优惠政策、对外资兴趣度、币值稳定7个子因素。

b. 城市规划完善度因素。包括整体经济发展战略、利用外资的中长期规划、总体布局的配有性3个子因素。

c. 税利因素。包括税收标准、合理收费、金融市场3个子因素。

d. 劳动生产率因素。包括工人劳动素质和文化素质、社会平均文化素质、熟练技术人员和技术工人数量3个子因素。

e. 地区基础因素。包括基础设施及交通、工业用地、制造业基础、科技水平、外汇资金充裕度、自然条件、第三产业水平7个子因素。

f. 效率因素。包括政府机构管理科学化程度、有无完善的涉外服务及咨询体系、管理手续简化程度、信息资料提供系统、配套服务体系、生活环境6个子因素。

g. 市场因素。包括市场规模、产品的市场占有率、进出口限制、人财物供需市场开放度4个子因素。

h. 管理权因素。包括开放城市自主权范围、"三资"企业外资股权限额、"三资"企业经营自主权程度3个子因素。

⑤ 抽样评价法

抽样评价法是指运用抽样调查的方法，随机地抽取或选定若干不同类型的投资者，由调查者设计出有关投资环境的评价因素，再由投资者对投资环境进行口头或书面评估，最后根据综合后的意见得出评价结论的一种方法。

⑥ 动态评价法

动态评价法主要思想是：在评价项目投资环境时，不仅要看目前的影响因素，还要考虑今后可能发生的变化以及由这些变化可能带来的对投资活动的影响。所以，在进行项目投资环境评价时，这种方法将投资者的业务条件、引起变化的主要压力等都做了详细的归纳，然后将有利因素和假设汇总，找到对项目的成功实施具有决定性作用的若干个关键因素，最后提出项目预测方案。

表6-1是对以上工程项目投资环境评价方法的简要归纳。除此之外，对工程项目投资环境的评价方法还包括以投资的硬环境和软环境为核心的"两因素评价法"；以重要性、满意度、吸引力三项指标为核心的"三因素评价法"等。这些评价方法有一些相似之处，但也都有其各自的特点，所以，在实践中要根据具体的情况和掌握的信息，选择适当的评价方法，并且可以根据评价目标等的不同，适当地修改和调整评价方法，以便更科学、更合理地对项目投资环境进行评价。

表 6-1　工程项目投资环境评价方法

方　法	优缺点及说明
冷热对比法	侧重从国际宏观角度进行分析,缺少国内微观角度的探讨,方法略显粗糙。可用于对项目投资环境的前期分析
等级尺度法	所需资料容易获取和比较,方法也比较简单,但评分主观性比较强,考虑因素也不够周全。适合评价法制、经济、基础设施都比较完备及发达的环境中的项目投资
多因素评价法	不仅考虑了影响投资的所有重要因素,而且根据投资者的投资动机考虑了具体有效的项目关键因素,但没有考虑吸引投资的目的。可作为某项目投资环境的一般性评价;而关键因素评价法则对具体项目投资目标的实现具有决策分析的意义。其优缺点和适用情况与等级尺度法类似
准数评价法	根据要素内在联系予以综合,克服了机械评分法的不足,但其公式中多因素之间的关系在实践中缺乏足够的证据。对投资者筛选投资项目、了解自身的投资环境具有很好的参考作用
抽样评价法	简便易行,信息资料容易获得,且调查对象和内容可以根据投资需要合理取舍,但主观性还是比较强,样本不足以反映客观真实的情况。其结果可作为了解项目投资环境的参考依据
动态评价法	考虑了投资项目在中长期内动态发展变化的可能性及其影响因素,但对因素与假设的汇总分析比较薄弱,也比较主观。对项目预测方案的分析和提出具有重要的指导意义

6.2　工程项目投资机会

6.2.1　工程项目投资机会研究概述

项目投资机会研究也称投资机会鉴别,是对项目进行可行性研究之前的准备性调查研究,也是为寻求有价值的投资机会而对项目投资环境(如项目背景、资源条件、市场状况等)所进行的初步调查研究和分析预测。项目投资机会研究包括一般机会研究和特定项目机会研究。

(1) 一般机会研究

一般机会研究处于项目投资机会研究的最初阶段,是投资者通过收集大量信息,经过分析比较,从错综纷繁的事物中鉴别发展机会,并最终形成确切的项目投资方向(意向)或投资领域的过程。一般机会研究的重点是地区的经济形势、产业政策、资源条件及市场信息。所关注的是地区和行业的宏观与中观信息;研究的目的在于识别投资机会,并对项目的投资方向(地域方向和物业性质方向)提出建议。因此,一般机会研究又分为地区机会研究、行业机会研究和资源开发机会研究三类。

(2) 特定项目机会研究

特定项目机会研究是在一般机会研究确定了项目发展方向或投资领域后进行的进一步调查研究。其目的是经过方案筛选,将项目发展方向或投资领域转变为概略的项目提案或投资建议。与一般机会研究相比,特定项目机会研究通常是更为深入、具体的分析和研究。特定项目机会研究主要包括对项目投资环境的客观分析(如对市场、产业政策、税收政策、金融政策、财政政策等的分析)、对项目战略目标及内外部资源条件的分析(如对技术能力、管理能力以及外部建设条件的分析)以及对项目承办者的优势劣势分析(SWOT 分析)等。项目投资机会研究的成果形成投资机会研究报告或项目建议书,为后续的可行性研究工作提供依据。

6.2.2 工程项目投资机会研究程序

（1）明确投资动机

在进行项目投资机会的论证中，首先应分析投资者的投资动机，然后才能在此基础上甄别投资机会，论证投资方向。通常，可以从以下方面对投资动机进行识别和论证：

① 激烈的市场竞争迫使投资者进行技术更新改造，研发新的和适销对路产品。

② 为降低单位产品成本，实现最大利润，增加投资，扩大生产规模，达到经济规模。

③ 市场需求巨大，产品供不应求，丰厚的利润吸引投资商投资开发新产品。

④ 为分散经营风险，改善投资经营结构，拓宽投资领域，全方位、多元化投资经营。

⑤ 改善投资区域分布，转移投资区域，形成合理的投资布局。

⑥ 受国家宏观政策和大气候影响，转移投资方向，调整投资产业结构。

⑦ 追求某领域项目投资的高回报，把握机会，创造条件，跟踪投资。

⑧ 利用高科技和独特的专利技术，研究开发新产品，填补空白，开辟潜在市场，获取超额投资利润。

⑨ 为增强企业后劲，提高经营效益的稳定性，投资长线项目（如基础设施项目、工业项目等），或为某一大型建设项目辅助配套。

⑩ 按有关部门要求和社会需要，利用某些优惠政策和有利条件，进行扶贫开发和社会公益事业项目建设等。

（2）鉴别投资机会

在进行投资机会论证时，应根据投资者的投资动机，对各种投资机会进行鉴别和初选，论证投资机会酝酿的依据是否合理。针对项目投资机会的鉴别，应从以下方面开始：

① 资金来源及其性质。

② 自身优势项目。

③ 资源优势项目。

④ 新技术优势项目。

⑤ 地理位置优势项目。

⑥ 市场超前项目。

⑦ 现有企业的前后工序配套项目，多种经营项目，具有生产要素的成本及市场等综合优势的项目。

⑧ 具有时代特点而构思的投资项目。

⑨ 策划投资项目应该涉及未来热点市场的竞争项目。

⑩ 其他国家在经济方面具有同样水平时获得成功的同类行业项目。

（3）论证投资方向

在初步筛选投资机会后，要对自然资源条件、市场需求预测、项目开发模式选择、项目实施的环境等进行初步分析，并结合其他类似经济背景的国家或地区的经验教训、相关投资政策法规、技术设备的可能来源、生产前后延伸的可能、合理的经济规模、产业政策、各生产要素的来源及成本等，初步评价投资机会的财务、经济及社会影响，论证投资方向是否可行。

投资方向的论证应结合我国现阶段市场经济特征和基本建设规律，以及国家的产业政策、不同行业的特点，进行科学策划、评估和慎重决策。投资方向包括：

① 资源利用开发型项目。由于不少资源具有不可再生或再生能力差的特点，这些资源随着不断地被开发利用而日益减少，资源量越来越少，其价格就越来越高，尤其对稀缺资源或无再生能力的资源来说更是如此。例如石油、天然气、稀有金属矿产等不可再生资源，随着开采量的增加而储量逐年减少，因此，投资开发这类资源并对其进行加工或深加工容易获利。同样，独具特色的旅游资源，独特的地理、气候形成的农业资源等，均可被有效开发利用。

② 填补市场空白型项目。项目投资效益的好坏，关键在于市场。比如工业加工项目，只要产品需求大，降低生产成本，则能获利。如果在某区域范围内，由于经济发展落后，工业化程度低，或者因为产业结构不合理，而使某些完全有条件生产加工的产品全靠外地运进，导致某些经营领域尚存在一定规模的市场空白，投资者则完全可以利用市场机会，构思投资项目，生产经营符合市场需求的产品。

③ 科技领先型项目。因为高额利润回报的诱导，促使人们不断研究应用新技术、开发新产品。因此，如果投资者按照社会的现实需要和潜在需求，组织人员攻关，研制技术领先的新产品，或者通过购买技术专利，开发新产品投放市场，则可望获取高技术附加值带来的高额利润回报。这类项目往往投资大、周期较长，需要投资者具有一定的资本实力和技术力量，但只要获得成功，投资商付出的代价是能够得到足够或成倍补偿的。因此，在具备技术条件的前提下，研究开发具有巨大潜在需求的科技领先型产品，是任何一个有远见的投资商应着重考虑的重要投资方向之一。

④ 配套加工服务型项目。该类项目投资的着眼点主要在于某一大型项目的开发建设或某一产业的蓬勃发展，客观上对某些配套产品或配套服务形成了巨大需求，从而使该类项目投资获得具有一定规模和稳定的需求市场，市场风险相对较小。因此，投资者可采取跟进配套策略，投资开发配套项目。如在某一新兴汽车工业基地，可考虑投资开发与汽车生产配套的轮胎、坐垫、雨刮器等产品；在某一具有巨大旅游开发潜力的新兴旅游区，可投资开发宾馆等配套服务项目。

⑤ 基础建设项目。投资商主要依据投资风险和投资回报来判断是否进行某项投资。对于基础设施或基础工业项目，令投资者首先感兴趣的是这类项目风险小、收益有保证，而且从长远看，也能获取令人满意的投资回报的项目。例如城市供水、城市煤气、收费公路、桥梁、（水）火电站以及输电网线和通信线路等。但由于这类项目一般投资大、周期长，因此要求投资商具有较强的资本实力和良好的融资渠道。

⑥ 政府鼓励的国有企业改造和支柱产业项目。投资该类项目一般能得到当地政府在政策、土地使用等方面的优惠，有时还能得到资金和信贷等方面的支持，对有些项目政府甚至还承诺给予某一固定比例的投资回报。因此，投资者可在综合考虑各项条件和因素后，有选择地收购、兼并国有企业或参与支柱产业项目的投资建设。

（4）具体项目机会论证

在最初鉴别并确定投资方向之后，就应该进行具体项目的投资机会研究，并向潜在的投资者散发投资机会初步建议。具体项目机会论证比一般机会研究更普遍，它将项目设想转变为概略的投资建议。其目的是促使投资者做出反应，因此必须包括针对该项目的一些基本资料，而不是简单地列举一些具有一定潜力的产品名录。

6.2.3　工程项目投资机会研究方法

对项目投资机会进行分析研究，就是从多角度、多维度对投资项目的价值和可行性进行判断。常用的方法主要有 PESTEL 分析法、行业寿命周期法、市场集中度法、矩阵分析法、价值链分析法、波特五力模型法、SWOT 分析法等。下面介绍常用的 PESTEL 分析法、波特五力模型法和 SWOT 分析法。

(1) PESTEL 分析法

PESTEL 分析法又称大环境分析法，具体为政治（political）因素、经济（economic）因素、社会（social）因素、技术（technological）因素、环境（environmental）因素和法律（legal）因素。是分析宏观环境的有效工具，不仅能够分析外部环境，而且能够识别一切对组织有冲击作用的力量，是调查组织外部影响因素的方法。

① 政治因素。政治因素是指对组织经营活动具有实际与潜在影响的政治力量和有关的政策、法律及法规等因素。

② 经济因素。经济因素是指组织外部的经济结构、产业布局、资源状况、经济发展水平以及未来的经济走势等因素。

③ 社会因素。社会因素是指组织所在社会中成员的历史发展、文化传统、价值观念、教育水平以及风俗习惯等因素。

④ 技术因素。技术因素不仅仅包括那些引起革命性变化的发明，还包括与企业生产有关的新技术、新工艺、新材料的出现和发展趋势以及应用前景。

⑤ 环境因素。环境因素是指一个组织的活动、产品或服务中能与环境发生相互作用的因素。

⑥ 法律因素。法律因素是指组织外部的法律、法规、司法状况和公民法律意识所组成的综合系统。

(2) 波特五力模型法

波特五力模型法认为行业中存在着决定竞争规模和程度的五种力量：供应商的讨价还价能力、购买者的讨价还价能力、新进入者的威胁、替代品的威胁、同行业竞争者的竞争程度。这五种力量综合起来影响着产业的吸引力以及现有企业的竞争战略决策。

波特五力模型将大量不同的因素汇集在简单的模型中，以此分析行业的基本竞争态势，该方法隶属外部环境分析方法中的微观分析法，是对一个产业盈利能力和吸引力的静态断面扫描，说明的是该产业中的企业平均具有的盈利空间。波特五力模型法是一个产业形势的衡量指标，而非企业能力的衡量指标，用于项目投资机会的研究，以揭示投资者在行业或项目中具有何种盈利空间。

① 供应商的讨价还价能力

供应商主要通过提高投入要素价格与降低单位价值质量的能力来影响行业中现有企业的盈利能力与产品竞争力。其力量的强弱主要取决于所提供给买主的投入要素。当供应商所提供的投入要素其价值占了买主产品总成本的较大比例、对买主产品生产过程非常重要或者严重影响买主产品的质量时，供方对买主的潜在讨价还价能力就大大增强。满足如下条件的供应商具有较强的讨价还价能力：

a. 供应商行业被具有比较稳固市场地位而不受市场激烈竞争困扰的企业所控制，其产品的买主多，以至于每一个买主都不可能成为供应商的重要客户。

b. 供应商各企业的产品各具有一定特色，以至于买主难以转换或转换成本太高，或者很难找到可与供应商企业产品相竞争的替代品。

c. 供应商能够方便地实行前向联合或一体化，而买主难以进行后向联合或一体化。

② 购买者的讨价还价能力

购买者主要通过其压价与要求提供较高产品或服务质量的能力来影响行业中现有企业的盈利能力。影响购买者讨价还价能力的主要原因有：

a. 购买者的总数较少，而每个购买者的购买量较大，占了卖方销售量的很大比例。

b. 卖方行业由大量相对来说规模较小的企业所组成。

c. 购买者所购买的基本上是标准化产品，同时向多个卖主购买产品在经济上也完全可行。

d. 购买者有能力实现后向一体化，而卖主不可能前向一体化。

③ 新进入者的威胁

新进入者在给行业带来新生产能力、新资源的同时，也希望在现有市场中赢得一席之地。就有可能会与现有企业发生原材料与市场份额的竞争，最终导致行业中现有企业的盈利水平下降，甚至危及现有企业的生存。这种竞争性威胁的严重程度取决于两方面的因素：进入新领域的障碍大小与预期现有企业对新进入者的反应情况。

④ 替代品的威胁

两个处于同行业或不同行业中的企业，可能会由于所生产的产品互为替代品，从而在它们之间产生相互竞争行为。这种源自替代品的竞争会以各种形式影响行业中现有企业的竞争战略。

a. 现有企业产品售价以及获利潜力的提高，将由于存在着能被用户方便接受的替代品而受到限制。

b. 由于替代品生产者的侵入，现有企业必须提高产品质量，或者通过降低成本来降低售价，或者提升其产品特色，否则其销量与利润增长目标就有可能受挫。

c. 源自替代品生产者的竞争强度，受产品买主转换成本高低的影响。

总之，替代品价格越低、质量越好、用户转换成本越低，其所能产生的竞争压力就越强。而这种来自替代品生产者的竞争压力强度，可以通过考察替代品销售增长率、替代品厂家生产能力与盈利扩张情况等加以描述。

⑤ 同行业竞争者的竞争程度

大部分行业中的企业相互之间的利益紧密联系在一起。作为企业整体战略一部分的竞争战略，其目标都在于使自己获得相对于竞争对手的优势。在实施中必然会产生冲突与对抗现象，进而构成了现有企业之间的竞争，主要表现在价格、广告、产品介绍、售后服务等方面，其竞争强度与许多因素有关。

通常，出现下述情况将意味着行业中现有企业之间的竞争加剧：行业进入障碍较低，势均力敌的竞争对手较多，竞争参与者范围广泛；市场趋于成熟，产品需求增长缓慢；竞争者企图采用降价等手段促销；竞争者提供几乎相同的产品或服务，用户转换成本很低；一个战略行动如果取得成功，其收入相当可观；行业外部实力强大的企业在接收了行业中实力薄弱企业后，发起进攻性行动，结果使得刚被接收的企业成为市场的主要竞争者；退出障碍较高，即退出竞争要比继续参与竞争代价更高。

(3) SWOT 分析法

SWOT 分析法，即态势分析法，常被用于企业战略制订、竞争对手分析、投资机会分析等场合。SWOT 分析包括优势（strengths）、劣势（weaknesses）、机会（opportunities）和威胁（threats）分析。因此，SWOT 分析实际上是对企业内外部条件各方面内容进行综合和概括，进而分析组织的优势和劣势、面临的机会和威胁的一种方法。

① SWOT 模型的含义

优势和劣势分析主要是着眼于企业自身的实力及其与竞争对手的比较，而机会和威胁分析将注意力放在外部环境的变化及其对企业的可能影响上。在分析时，应把所有的内部因素（优势和劣势）集中在一起，然后用外部力量来对这些因素进行评估。

a. 机会与威胁分析。随着经济、科技等诸多方面的迅速发展，特别是世界经济全球化、一体化过程的加快，以及全球信息网络的建立和消费需求的多样化，企业所处的环境更为开放和动荡。正因如此，环境分析成为重要的企业职能。

环境发展趋势可分为环境威胁和环境机会两大类。环境威胁是指环境中一种不利的发展趋势所形成的挑战，如果不采取果断的战略行为，将导致企业的竞争地位受到削弱；环境机会就是对企业行为富有吸引力的领域，在这一领域中，该企业将拥有竞争优势。对环境的分析也可以有不同的角度。例如，一种简明扼要的方法就是 PESTEL 分析法，另外一种比较常见的方法就是波特五力模型法。

b. 优势与劣势分析。每个企业都可以通过"企业经营管理检核表"的方式定期检查自己的优势与劣势。当两个企业处在同一市场，或者都有能力向同一顾客群体提供产品和服务时，如果其中一个企业有更高的盈利率或盈利潜力，那么就认为这个企业比另外一个企业更具有竞争优势。即竞争优势是指一个企业超越其竞争对手的能力，这种能力有助于实现企业的主要盈利目标。

由于企业是一个整体，而且竞争优势的来源十分广泛，所以，在做优势与劣势分析时，必须从整个价值链的每个环节上，将企业与竞争对手做详细的对比。例如产品是否新颖、制造工艺是否复杂、销售渠道是否畅通，以及价格是否具有竞争性等。衡量一个企业及其产品是否具有竞争优势，只能站在现有潜在用户的角度上，而不是站在企业的角度上。

企业在维持竞争优势的过程中，必须深刻认识自身的资源和能力，采取适当的措施。因为企业一旦在某一方面具有了竞争优势，势必会吸引竞争对手的注意。企业经过一段时期的努力，建立起某种竞争优势；然后就处于维持这种竞争优势的态势，其竞争对手开始逐渐做出反应；而后，如果竞争对手直接进攻企业的优势所在，或采取其他更为有力的策略，就会削弱企业的这种优势。

② SWOT 分析步骤

a. 确认当前的战略。

b. 确认企业外部环境的变化（波特五力模型法或者 PESTEL 分析法）。

c. 根据企业的资源组合情况，确认企业的关键能力和关键限制。

d. 按照通用矩阵或类似的方式打分评价。

e. 将结果在 SWOT 分析图上定位。

 本章小结及重要术语

 思考题

1. 简述建设项目投资环境的含义及特征。

2. 简述自然环境对建设工程项目投资的影响。
3. 简述经济环境对建设工程项目投资的影响。
4. 简述工程项目投资环境的评价指标体系及含义。
5. 采取冷热对比法时项目投资环境的评价选定因素有哪些?
6. 采用准数评价法时项目投资环境的评价选定因素有哪些?
7. 简述工程项目投资机会研究的程序。
8. 简述项目投资机会中的PESTEL分析法。
9. 简述项目投资机会中的SWOT分析法及步骤。

第 7 章
工程项目投资决策

 知识导图

 重难点

工程项目投资决策程序，确定条件下的现金流分析和风险条件下的现金流分析，确定现金流的评价方法，工程项目投资决策程序和风险影响的评价方法。

 学习目标

知识目标：掌握确定条件下的现金流分析和风险条件下的现金流分析，掌握确定现金流的评价方法；熟悉决策的分类和工程项目投资决策的特征，熟悉工程项目投资决策程序和风险影响的评价方法；了解工程项目投资决策及其必要性。

素质目标：培养勇担社会责任与风险、勇于面对挑战、不轻言放弃的企业家精神；形成正确的投资理念。

  听编者说

7.1 工程项目投资决策基础

7.1.1 对工程项目投资决策的理解

(1) 决策的理解

① 决策的概念

决策是一个被广泛使用的概念,每一个人、营利组织、非营利组织或政府机构都离不开决策。广义的概念为为实现特定目标,根据客观可能性,在一定量的信息和经验的基础上,借助一定的工具、技巧和方法,对影响目标实现的诸多因素进行分析,进而提出问题、确立目标、设计和选择方案的过程。狭义的概念把决策看作是从几种备选的行动方案中做出的最终抉择,是决策者的拍板定案。

决策的核心是在拟要从事的计划或活动所要达到的多个目标和多个执行方案中做出最合理的抉择,以达到最满意的效果。

② 决策的要素

a. 决策主体。决策主体分为分析人员和决断人员两类。分析人员可以是系统内部的人员,也可以是接受委托的系统外部人员,在决策过程中承担提出问题、系统优化和评价方案的任务。决断人员往往是系统组织中的领导者,在决策分析过程中能够也必须进行最后的定案。

b. 决策目标。决策目标是决策主体综合考虑客观环境和内部资源而确定的希望达到的目标。决策是围绕着目标展开的,决策的开端是确定目标,终端是实现目标。决策必须至少有一个希望达到的目标。

c. 决策方案。决策必须至少有两个为达到的目标而制订的备选方案。备选方案可以是只有约束条件的控制性规划方案,也可以是具体明确的设计方案、实施方案或运营方案。

d. 自然状态。自然状态也称结局,每个决策中的备选方案实施后可能发生一个或几个可能的结局,如果每个方案都只有一个结局,就称为"确定型"决策;如果每个方案至少产生两个可能的结局,就称为"风险型"决策或"不确定型"决策。

e. 效用。每个方案各个结局的价值评估值称为效用,通过比较各个方案效用值的大小可以评估方案的优劣。

③ 决策的特点

投资决策的过程是动态的、不断修正并不断调整的,整个过程都会受到各方因素的影响。投资决策是在投资实践活动进行之前的一种主观认识活动;投资决策以具体的投资目标为指导,包括对投资方案进行制订、选择、评价直至得出最优方案等全部活动。投资决策具有以下显著特点:

a. 不确定性。任何一项决策都是面向未来的,都存在一定的不确定性。决策的后果完全符合预期情况的很少,大多会偏离原先期望,甚至截然相反。这就要求决策者必须具有较强的洞察力和前瞻性,深谋远虑、高瞻远瞩,并能正确认识和对待决策后果与预期目标的偏差。

b. 追求成功率。技术问题往往允许进行大量试验,可以经历数百次失败,只要最后成功就是胜利。而决策特别是战略决策多属一次性活动,失败有可能导致难以逆转的严重后果。这就要求决策者必须学习科学决策的基本理论,掌握并正确应用科学决策的方法和技术，不断总结经验，改善决策质量。

（2）决策的分类

① 按决策的作用分类

a. 战略决策。战略决策是涉及组织生存与发展的全局性、长远性重大方案的论证和选择，如新项目的建设、新产品的研制和新市场的开发等。战略决策具有的特点是：通常都是系统顶层管理部门的重大决策；常涉及系统内复杂关系的处理；决策问题一般都具有半结构化或非结构化的特征；决策水平的高低与高层管理人员的素质关系密切。

b. 管理决策。管理决策是指为保证组织总体战略目标的实现而解决局部问题的策略决策，由中层管理人员做出。例如新建钢铁联合企业中厂区道路系统的设计、工艺方案和设备的选择。

c. 业务决策。业务决策是指基层管理人员根据管理决策的要求为解决日常工作和作业任务中的问题所做的执行决策。例如生产中产品合格标准的抉择、日常生产调度的决策等。

② 按决策的结局分类

决策可分为确定型决策、风险型决策和不确定型决策。

a. 确定型决策。确定型决策是指那些自然状态唯一确定，有精确、可靠的数据资料支持的决策问题。

b. 风险型决策。风险型决策是指那些具有多种自然状态，且能得到各种自然状态发生的概率，但难以获得充分可靠信息的决策问题。

c. 不确定型决策。不确定型决策是指那些难以获得多种自然状态发生的概率，甚至对未来状态都难以把握的决策问题。

还有其他分类方式，如根据项目问题的影响程度和范围，可分为总体决策（或称战略决策）和局部决策（或称策略决策）；根据决策目标的数量，可分为单一目标决策和多目标决策；根据决策问题重复情况，可分为重复性（或称常规型、程序化）决策和一次性（或称非常规型、非程序化）决策；根据决策中所涉及的方案个数及相互关系，可分为独立方案决策和相关方案决策。

（3）工程项目投资决策的特征

工程项目投资决策是指在进行建设项目的投资活动时，项目投资者为了实现预期的投资目标，按照一定的程序，确定投资目标、选择投资项目、拟订投资方案，同时运用科学的理论和方法对各个备选方案进行综合评价，选择能实现预期投资目标的最优方案，并做出决策的过程。投资决策具有以下特征：

① 属于上层管理部门的战略决策。上层管理部门不仅是中央、省、市等领导部门，而是指任何系统的上层管理部门。对于一个企业、一个学校以及任何一个单位，建设项目几乎毫不例外地都被作为战略决策，因为这涉及该单位的未来生存和发展的方针和谋划。

② 具有全局性和长远性影响。由于建设项目投资决策解决的问题都是涉及系统全局性发展的重大问题，常常反映了系统一定时期要达到的主要目的和目标及所要采取的步骤和措施。所以，其后果必将影响系统全局的发展或系统一个较长时期的发展。

③ 涉及系统内复杂的组织关系的处理。建设项目投资决策一般都涉及系统内多个部门和方面的利害关系，例如三峡工程决策必须处理好上下游两个地区间的矛盾关系，以及航运、发电、防洪、旅游等方面的矛盾关系。所以建设项目投资决策过程不仅贯穿本部门的活动，而且必然受到其他部门或政治力量的制约和干预，常常不得不利用一些政治和外交手段

去处理大量复杂的组织关系问题。

④ 一般都是半结构化或非结构化的决策问题。建设项目投资决策要考虑的大量因素中，除极少数的可以定量分析外，大多数都包含政治、权力、情感及决策者个性和素质等因素的影响，使这些问题无法结构化为规范性的问题去求解。这是建设项目投资决策最显著地区别于日常决策的方面。

⑤ 决策结果与分析人员的因素关系密切。日常决策可以按照经验、惯例、固定的程序和方法进行，即使决策者的素质不高，决策也不会出现大问题。建设项目投资决策由于影响重大，涉及许多组织、行为和心理因素，而且很难结构化，故其决策的质量很大程度上依赖决策分析人员和决策者的素质。

（4）工程项目投资决策及其必要性

当今社会正处在世界一体化、经济全球化、信息网络化的时代，工程项目投资将处于更大的风险范围中，决策因素众多，相互关系复杂，环境变化多端，后果影响重大而深远，使工程项目投资决策变得越来越困难，并且对决策的正确性提出了越来越高的要求。为了防止在大型建设项目决策上的片面性和盲目性，避免由于决策的失误而造成社会资源浪费，很有必要研究建设项目投资决策问题。

 拓展阅读　工程项目投资决策遵循的原则

7.1.2　工程项目投资决策程序

工程项目投资决策是一个发现问题、分析问题和解决问题的过程，是从根据国民经济发展需求确定投资决策目标开始，到工程建设方案的确定和实施控制为止的全过程。这一过程包括工程项目决策目标确定、方案创造、综合评价和过程控制四个阶段。

工程项目投资决策是贯穿建设项目每个阶段的整体的、渐进的动态过程，上一个阶段决策的成果是下一个阶段决策的依据，下一个阶段的决策又是上一个阶段的延续和深化。在进行项目的投资决策时，要想达到良好的投资效果，必须严格执行科学的决策程序，具体流程如下：

（1）发现决策问题

任何决策都是从发现问题开始的，决策的目的就是针对问题提出要达到的具体目标和实现目标的实施方案。因此，决策者要针对具体的决策问题做好调查研究，按照轻重缓急，分期分批进行解决。

（2）确定决策目标

决策问题确定以后，要针对提出的问题确定所要达到的具体目标，工程项目投资决策的最终目的就是要达到项目投资的预期目标。在确定决策目标的过程中，应注意以下几点：

① 一切从客观实际出发

确定目标时，要本着一切从客观实际出发的原则，对目标的可实施性进行反复的、充分的论证，为科学的决策提供依据，只有经过详细论证的目标才具有实际性和可实现性。

② 决策目标必须具体明确

不论是单目标决策还是多目标决策，都要保证每个目标只有一种解释，不能模棱两可。

因此，在对目标进行阐述时，应尽量避免多义性，尽可能使目标数量化，完成的时间具有确定性。

③ 要明确目标的约束条件

大多数投资项目的目标都具有约束条件（如资源限制、资金限制、时间限制等），无约束条件的目标是极少的。因此，在进行项目的决策时，必须了解清楚项目的约束条件。

④ 确定目标要从大局出发

决策目标的确定要有全局观点，以大局为重，要首先考虑国家及社会的利益，不能把企业或个人的利益建立在损害国家利益、社会利益的基础之上。

(3) 进行信息收集

决策者所掌握的信息量和对时间的把握直接影响决策的成功与否，要尽量保证收集到的信息及时，且真实、有效，要尽可能地避免花费过多时间和精力去收集没有价值的信息。除此之外，决策者还要保持与外界的有效沟通，这样有助于更加及时地收集信息，做出比较明智的决策。

(4) 确定价值标准

根据项目所要达到的最终目标确定它的各级价值标准，作为进行备选方案抉择的判别准则，各级价值标准必须一目了然、层层递进。例如一个建设项目是否应该上马，应考虑它的技术价值、经济价值、社会价值、环境价值等，每类指标还可以细分为若干项，形成一个价值链。决策者必须设定合理的价值标准，如果标准欠妥，将导致决策的失误。

(5) 创建可供选择的方案

根据要实现的决策目标，参照价值标准创建可供选择的方案。在这个过程中要充分运用智囊技术，如最常用的"头脑风暴法"突破旧的思维定式、开辟新视野、提出新方案，具有很明显的效果。

(6) 评价备选方案

对已创建的备选方案，要根据价值准则，结合项目实施的具体背景和情况，从决策的目标出发，全面分析各备选方案所需的人力、物力、技术、资金等条件，评价备选方案的优劣，筛选出切实可行的方案，以备决策。

(7) 选择最优方案进行决策

项目择优是整个决策过程的中心环节。选择最优方案的方法可分为两大类：一类为经验判断法，另一类为数学分析法。正确、有效地进行项目评价，必须掌握项目的决策方法。

(8) 方案实施，控制决策的执行情况

根据所选定的方案进行决策以后，要拟定达到目标的手段、步骤和措施，并将方案付诸实施。在决策方案实施后，要进行跟踪检查，保证执行结果与决策时的期望值一致。

(9) 信息反馈，必要时实行追踪决策

决策方案实施后，还必须注意对方案实施情况的信息反馈。例如客观环境的变化是否引起决策方案的实施与决策目标产生偏离；主观条件的变化是否造成决策目标的重大偏离等。如果有重大偏离，必须停止原方案的实施，重新论证并做出相应的科学决策。这种决策称为追踪决策。

7.2 工程项目投资综合分析

项目分析主要是进行项目的财务分析、经济分析和风险分析，其目的是在技术可行性的基础上研究项目的经济可行性和可融资性。对于投资者而言，要分析在特许期（比项目经济寿命和物理寿命短）内是否能达到预期的经济效益并获得满意的投资收益率、将面临哪些风险，从而判断项目在财务经济上是否可行，最终决定是否投资。对于以项目融资形式提供债务资金的贷款人而言，要分析在贷款期（比特许经营期短）内项目是否能产生足够的现金流用来偿还贷款的本息、将面临哪些风险，从而判断项目融资是否可行，最终决定是否放贷。对于政府而言，要分析项目对社会发展和经济发展是否有促进作用、是否能为社会经济发展做贡献，从而判断项目在经济上是否可行，最终决定是否批准立项、是否提供支持等决策。由此可见，项目效益和风险分析是项目融资的核心，资金结构、投资结构和资信结构的设计都是在项目效益和风险分析的基础上进行的。

7.2.1 项目的现金流分析

项目对社会的贡献就是项目效益，包括财务经济效益、社会经济效益。任何一个项目都需要投资，即项目的成本。此外，项目在对社会做出贡献的同时也可能对自然环境和社会环境产生负面影响，即项目的社会成本。对于项目主办人（投资人）而言，项目效益分析的重点放在项目的财务分析评价（不考虑项目的社会经济效益）上。因此，项目效益分析可分为财务分析和经济分析。财务分析是按照国家现行的财税制度、项目所属行业的财务制度，以现行的价格为基础，对项目收益、费用、获利能力、贷款偿还能力等财务状况进行预测、分析和计算，并以此评价项目在财务上的可行性。经济分析是在财务分析的基础上，评价项目对社会经济发展的贡献及给自然环境和社会环境带来的负面影响。财务分析是项目效益分析的核心，基础是现金流分析。

（1）确定条件下的现金流分析

在进行项目投资之前，现金流分析就是对项目在建设期的资金投入进行估算，对运营期内的收入和支出做出预测，编制现金流量表，并以此来分析项目的财务状况、盈利能力和债务清偿能力，即现金流分析就是分析项目未来的现金流入和现金流出。项目未来的现金流出主要包括项目的建设投资估算、垫支流动资金、经营成本（如工具、备件、原材料和燃料动力，以及职工培训费等）、各种税款，以及其他现金流出。项目未来的现金流入主要包括经营收入、固定资产残值的回收、流动资金的回收，以及其他现金流入。在项目的寿命周期内，现金流表现出明显的阶段性特征。建设期主要是投入资金、增加非现金资产，可能有少量的收入，但主要是现金流出，因而净现金流量为负；项目投入运行后，营业收入一般都超过经营成本，因而表现为现金流入，净现金流量为正。如果把建设期的起点定为第 0 个单位时期，然后将每个单位时期净现金流量按时间顺序排列，就构成了现金流量序列。

进行现金流分析时，一般需做出下列明确的或隐含的处理：①项目投资和预期收益都限定在财务支出和财务收入范围内，不考虑社会利得和成本；②假设在计算期内项目的现金流入和现金流出是确定的。

现金流分析的运用分两种情况：对于项目投资者而言，如果是普通项目，需要分析项目的整个经济寿命期内的现金流，以此判断项目投资的可行性；如果是特许经营权项目，只需分析特许期内的现金流，以此判断项目投资的可行性。对于项目融资的贷款人而言，无论是普通项目还是特许经营权项目，只需分析贷款期内的现金流，以此判断项目的可融资性。对于政府（项目的最终所有者）而言，除了分析项目的整个经济寿命期内的现金流外，还应分析项目的社会效益，以此判断项目的经济可行性。

现金流量作为项目投资决策的主要信息有如下优点：①现金流量按时间顺序动态地反映了项目现金收支运动（投资的流向与回收），便于完整、全面地评价工程项目的投资收益；②现金流量只计算现金收支，不计算非现金收支，排除了非现金收支内部周转的资本运动形式，从而简化了计算过程；③现金流量的时序性使得应用货币时间价值的形式进行动态投资效果的综合评价成为可能。

进行现金流分析时，现金流量只计算现金收支、不计算非现金收支（如折旧、应收及应付款等），只考虑现金、不考虑借款利息，并要求如实记录现金收支实际发生的时间。因此，项目产品所缴纳的税金就是实际纳税时这个系统的现金流出；而固定资产年折旧额则是系统内部的现金转移，不是系统外发生的现金流量。

（2）风险条件下的现金流分析

现金流量建立在投资估算和收入预测的基础之上，具有不确定性。由于项目的诸多变量受社会因素、政治因素、经济环境、市场变化、技术发展等因素的影响，实际现金流量会偏离预期现金流量；投资估算和收入预测本身的不准确性，也会导致实际现金流量偏离预期现金流量。实际现金流量可能高于预期现金流量，也可能低于预期现金流量，如图7-1所示。

因而，简单的现金流分析提供的信息还不充分，需要进行风险分析，即分析有不确定因素情况下的现金流。

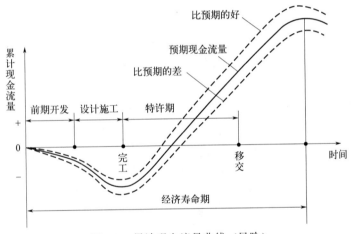

图7-1 累计现金流量曲线（风险）

常用的分析方法有敏感性分析、情景分析和蒙特卡罗模拟等。

① 敏感性分析。敏感性分析是在确定性分析的基础上，通过逐一改变相关变量数值的方法来解释结果指标受这些因素变动影响大小的规律，进一步分析不确定性因素对结果指标的影响和影响程度，以及有关因素的变动极限。若某变量（参数）的小幅度变化能导致结果指标的较大变化，则称此变量（参数）为敏感性因素，反之则称其为非敏感性因素。敏感性分析的目的是在诸多的不确定因素（变量）中找出项目经济效益反应敏感的变量，为管理提供依据。

敏感性分析得到了广泛应用。但是敏感性分析也存在一定的局限性：一是忽略了各种变量的相关关系和相互作用，假定自变量之间是独立的（不相关）；二是无法计量其目标量相对自变量的非线性变化，如果目标量与自变量之间的关系较复杂，则无法获得正确的结果。因此，在使用敏感性分析时要注意其适用范围，并且在必要时辅以其他的风险分析方法。

② 情景分析。情景分析指对涉及的变量要素中每一个变量进行假设，从而形成一种情景，分析该情景的目标指标数值，通过不断假设，形成一系列的可能情景及其相应的目标指标数值，结合设定的各种可能情景的概率，研究多种因素同时作用时可能产生的影响。情景一般是人为设定的，但也可以直接使用历史上发生过的情景，或者从对风险要素历史数据变动的统计分析中得到，或者通过运行描述在特定情况下风险要素变动的随机过程得到。情景分析中所用的情景通常包括基准情景、最好的情景和最坏的情景。与敏感性分析对单一因素进行分析不同，情景分析是一种多因素分析方法。在情景分析过程中要注意考虑各种变量的相关关系和相互作用。情景分析的步骤为筛选情景、建立模式、模式计算和评价计算结果。

③ 蒙特卡罗模拟。蒙特卡罗模拟是建立在计算机模拟的基础上的一种以概率统计理论为基础的数值计算方法。用该方法模拟某一过程时，需要产生各个随机变量的概率分布，并用统计方法把模型的数字特征估计出来，从而得到实际问题的数值解，一般由三个模块组成：输入模块、计算模块和输出模块。输入模块为计算模块提供数据，计算模块在输入变量与输出变量之间建立逻辑关系，输出模块对计算结果进行处理。对于那些由于计算过于复杂而难以得到解析解或者根本没有解析解的问题，蒙特卡罗模拟是一种有效的求出数值解的方法。

7.2.2 项目投资决策方法

对于不同的项目参与者而言，目标不同，决策标准不同，相应的项目投资决策方法也不同。对于项目投资人而言，项目投资决策方法主要以现金流分析和风险分析为基础，因此适用的项目投资决策方法可分为两大类：一是基于确定现金流的评价方法，二是考虑风险影响的评价方法。而考虑风险影响的评价方法又分为直接考虑风险的方法和间接考虑风险的方法。对于项目融资的贷款人而言，要求更加严格，只考虑项目的部分现金流，要求项目初期有足够大的现金流，即贷款期（而不是整个项目寿命期）内的现金流量足够偿还贷款的本息。对于政府而言，则更看重项目的社会经济效益，其项目投资决策方法需要加入社会经济影响评价和环境影响评价，因而，考虑社会利得和成本的评价方法比较适用，如经济净现值、经济内部收益率、投资利润率等；有时用考虑宏观经济影响的方法，如宏观经济业绩贡献评价指标、宏观经济效果指标、投资效果指标、宏观经济的补充指标等。

(1) 基于确定现金流的评价方法

1) 投资回收期法

投资回收期是以项目税前的净收益抵偿全部投资所需的时间。投资回收期一般从建设开始年起计算，但应说明其中建设期有多长或自投入运营开始年或发挥效益年算起的投资回收期。投资回收期指标所衡量的是收回初始投资的速度。在计算时，如果不考虑资金的时间价值，所计算的投资回收期为静态投资回收期；如果考虑资金的时间价值，所计算的投资回收期则为动态投资回收期。将求出的投资回收期与基准投资回收期相比较，当计算的投资回收期比基准投资回收期短时，认为项目是可接受的，否则项目在财务上是不可接受的。如果有多个项目可供选择，在项目的投资回收期小于基准投资回收期的前提下，还要从中选择投资回收期最短的项目。

2) 投资收益率法

投资收益率指项目投入生产后，其年净收益与项目总投资的比率，当投资收益率大于或等于基准投资收益率时，项目在财务上才可以考虑被接受，投资收益率越高越好。投资收益率是一个综合性指标,根据分析目的的不同,投资收益率又可分为投资利润率、资本金利润率和投资净利润率等。投资利润率指项目生产经营期内年平均利润总额占项目总资金(固定资产投资与全部流动资金之和)的百分比,它是反映项目单位投资盈利能力的指标。对生产期内各年的利润总额变化幅度不大的项目,可以近似地用年平均利润总额与项目总投资的比值表示。当投资利润率大于或等于基准投资利润率时,项目在财务上才可以考虑被接受,投资利润率越高越好。

3) 财务净现值法

财务净现值法是按行业的基准收益率或设定的折现率,将项目计算期内的各年净现金流量折算成建设期初的净现值,以评价项目投资的盈利能力。财务净现值≥0时,表明项目在计算期内可获得大于或等于基准收益水平的收益额,从财务的角度看,项目是可以接受的;财务净现值<0时,投资方案就是不可接受的。财务净现值越大,投资方案越好,财务净现值均>0时,财务净现值最大的方案为最优方案。财务净现值法考虑了资金的时间价值,但确定折现率比较困难;考虑了项目全寿命期的净现金流量,虽然反映了投资效果,但只适用于年限相等的互斥方案的评价。应用财务净现值法的主要问题是如何确定合理的折现率,折现率一般可以根据资金成本来确定,也可以根据投资人要求的最低投资回报率来确定;此外,财务净现值法还有一个缺点,即没有考虑投资规模,当项目投资额不等时,无法准确判断方案的优劣。

4) 财务内部收益率法

财务内部收益率指项目在整个计算期内各年净现金流量现值累计等于0时的折现率,它反映了拟投资项目的动态投资收益水平。财务内部收益率的经济含义:在项目的整个寿命期内按折现率等于内部收益率计算,始终存在未能收回的投资,只有在寿命期结束时,投资才被完全收回。即在项目的寿命期内,项目始终处于用本身的收益"偿付"未被收回的投资的状况。判断准则是,与预先设定的基准收益率进行比较:若内部收益率大于基准收益率,则项目可以被接受;否则,项目应被拒绝。

但实质上,财务净现值法中如何确定折现率的问题依然存在,只是转化为如何确定基准折现率,如果难以确定财务净现值法中的折现率,同样难以确定财务内部收益率法中的基准折现率。此外,在计算期内分期建设,以及在经营期内某几年的净现金流量多次出现正负值交替现象时,可能无解或其解不合理。

5) 财务净年值法

净年值指按给定的折现率,通过资金等值换算将项目的净现值分摊到寿命期内各年的等额年值。判别的准则是:对独立项目方案而言,若净年值大于等于0,则项目可以被接受;否则,项目应被拒绝。多方案比选时,净年值越大且非负的方案越优(净年值最大准则),净年值与净现值在项目评价的结论上总是一致的。

(2) 考虑风险影响的评价方法

由于现金流量基于预期现金流量是确定的假设,因而基于现金流量的评价方法只考虑了项目的盈利性而忽略了风险因素造成的不确定性。为了考虑风险因素的影响,一是直接考虑现金流量的不确定性,利用仿真技术获得现金流量的分布,然后采用数理统计方法进行评价;二是通过调整折现率方式间接考虑现金流量的不确定性。

1) 数理统计评价方法

考虑项目投资决策过程中影响决策的随机事件,在此基础上建立数学模型(描述一个投资计划的函数），然后利用仿真技术（如蒙特卡罗模拟）获得现金流量的分布，对该分布进行数理统计分析获得均值、标准差等，以此为基础进行决策。基于模拟现金流量的方法有均值-方差法（决策准则：均值越大越好，方差越小越好）、均值-方差系数法（决策准则：均值越大越好，方差系数越小越好）、风险下的净现值法（决策准则：在给定的置信度下，风险下的净现值大于 0，或者净现值为 0 时的置信度高于预先设定的置信度），等等。

2）经风险调整的净现值法

在计算净现值时，折现率的确定最为关键。折现率可以根据资金成本来确定，也可以根据投资人要求的最低投资回报率来确定。普遍采用的折现率是股权收益率（ROE）或资产收益率（ROA）；当投资为股本资金和债务资金的组合时，采用股权收益率和贷款利率加权平均值作为折现率。上述三种折现率只考虑了项目的盈利而忽略了风险因素。为了考虑风险因素的影响，计算净现值时，风险大则采用高折现率，风险小则采用低折现率，若投资项目在不同阶段有不同风险，那么最好分阶段采用不同折现率进行折现。目前，确定基于风险考量的折现率有三种方法：资本资产定价模型法、市场比较法和累加法。这些折现率克服了传统折现率未充分反映风险成本的缺陷，使项目收益与风险挂钩。实质上，这些基于风险考量的折现率只是增加了安全余量。

3）决策树法

决策树法利用一种树形图作为分析工具，用决策点代表决策问题，用方案分枝代表可供选择的方案，用概率分枝代表方案可能出现的各种结果，通过预测项目各种方案的可能结果及其概率，求出期望值，为决策者提供决策依据。如果一个决策树只在树的根部有一个决策点，则称单级决策；如果一个决策树不仅在树的根部有决策点，而且在树的中间也有决策点，则称多级决策。

决策树法较充分地考虑了投资决策的不确定性及相应的复杂性、灵活性、连贯性。不确定性主要表现在机会点出现概率分枝的情况，灵活性表现为依据不同信息做出不同的决策，连贯性表现为连续、多次决策。其投资评价过程如下：投资者面临一个或一系列投资决策，即要在几种替代方案中做出选择，每一种选择结果依赖于不确定的未来事件或状态，投资者可以根据过去的信息或以一定的代价获取未来的信息来描述不确定性的概率，然后依据其对随后结果的偏好及对机会事件概率的判断，最终选择一个战略决策；一般而言，这就意味着投资者的决策导致其期望值概率最大化，或者是在风险调整概率下使净现值最大化。

4）实物期权评价方法

评价投资项目实际上就是评价投资机会。对一个投资方案进行评价时，投资人有多种选择：一是接受或者放弃该投资方案（项目投资机会的决策）；二是如接受该投资方案，是立即启动或是在今后若干年内启动；三是项目开发是否分期进行（只有一期或者分多期进行）。根据项目的具体情况，有 3 种实物期权：项目投资机会期权，后续投资项目期权和投资项目放弃期权。

① 项目投资机会期权：如果现在就决定项目是否启动，该投资项目相当于一个执行日为现在的欧式买入期权。支付成本为项目投资，买入对象物价值为项目的现值，增加值为净现值，即期权值。如果不必现在就决定项目是否启动，而是今后一定年限内决策，该投资项目相当于一个执行期为约定年限的有红利的美式买入期权，红利为项目启动后的现金流。项目早日启动早得红利，但须支出资本投资；项目晚启动会损失红利，但赢得资本投资的利息（或者机会收益）。比较利息和红利的大小，如果项目效益好（红利大于利息），晚启动会造

成损失；如果项目效益差（红利不大于利息），晚启动或不启动收益大。当净年值接近于 0 时，持有项目投资机会选择权会给投资人增加价值。

在进行项目投资决策时，如果市场的需求和价格很明确，则决策相对简单，只要确定回报是否大于投资即可（回报-投资比大于 1）。然而，现实生活中，市场情况具有一定的不确定性，这时需要进行风险-回报均衡分析，把市场不确定性与回报-投资比构成的二维空间分为 3 个区域，如图 7-2 所示。

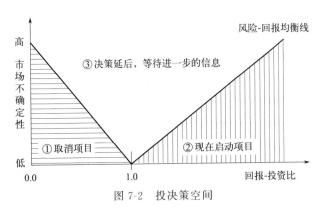

图 7-2 投决策空间

a. 在市场相对稳定的情况下，如果回报-投资比小于 1，则该项目没有投资的价值，应该取消；b. 在市场相对稳定的情况下，回报-投资比大于 1，随着市场的不确定性增加，回报-投资比也增加，并满足决策者的风险-回报均衡要求，则该项目具有投资的价值，可以立即启动项目；c. 在市场不稳定的情况下，回报-投资比小于 1，或者虽然回报-投资比大于 1，但并未满足决策者的风险-回报均衡要求，则应该延迟做决定（或取消启动），进一步获取信息。

② 后续投资项目期权：后续投资项目是否投资取决于先期投资项目是否成功，该项目可视为一个发展期权（或称扩张期权）。只有一期项目启动，二期项目才能启动，才有可能获得丰厚回报；如果一期项目不启动，就有可能失去行业竞争的机会。发展期权是一个执行日为现在的欧式买入期权外加一个执行期为 T 年的欧式买入期权。项目净现值＝一期项目净现值＋二期项目净现值。

③ 投资项目放弃期权：如果说项目投资机会期权是为了创造投资收益，后续投资项目期权是为了扩大投资收益，则投资项目放弃期权是为了规避风险，是一种卖出期权，执行价格就是项目残值。是否放弃该项目，主要取决于其是否具有经济价值，如果不能产生正的净现值，即使还有使用价值也必须放弃。

5）考虑社会利得和成本的评价方法

现金流量分析只考虑了项目的财务效益，忽略了项目的社会经济效益。实际上，任何一个项目直接或间接、或多或少都对社会产生一定的影响，有利的（正面的）影响就是社会利得，不利的（负面的）影响就是社会成本。如果能将社会利得量化为现金流入量，把社会成本量化为现金流出量，则一些基于现金流量的评价方法也就成为考虑社会利得和成本的评价方法。

① 经济净现值法

经济净现值（ENPV）法是建立在收益-成本分析的基础上分析项目对国民经济净贡献的方法。此处收益不仅包括直接的现金收益，还包括间接的收益（项目建设给社会带来的好处，如就业、改善投资环境、促进经济发展等）；成本也不是简单的项目所需的资金成本，而是包括社会成本（如对环境的负面影响、占用稀缺资源等）在内。经济净现值法按社会折现率将项目计算期内的各年国民经济净效益流量（以货币的形式表示）折算成建设期初的现值之和。经济净现值是社会对资金的时间价值的估量，经济净现值大于或等于 0，表明国家为拟建项目付出的代价可以得到符合社会折现率要求的社会盈余，项目可以接受；反之，则应拒绝。该方法的难点在于如何用货币的形式表示社会收益和社会成本。值得注意的是，经济净现值法与财务净现值法所得的决策可能不一致。例如，许多高污染项目的财务净现值大于 0，在不考虑对环境污染的前提下，项目是可行的。如果把对环境污染的社会成本考虑在内，项目的经济净现值是小于 0 的，因而项目是不可行的。

② 经济内部收益率法

与经济净现值法相应的是经济内部收益率（EIRR）法，它是项目计算期内各年国民经济净效益流量现值累计等于 0 时的折现率。经济内部收益率分为全部投资经济内部收益率和国内投资经济内部收益率。前者是反映项目对国民经济净贡献的相对指标，它表示项目占用的资金所能获得的动态收益。国内投资经济内部收益率表示项目占用的国内资金所能获得的动态收益。经济内部收益率指标应该同国家颁布的社会折现率比较，分析项目的国民经济效益。经济内部收益率大于或等于社会折现率表明项目对国民经济的净贡献达到或超过了国民经济需求的水平，则该项目在经济上是可接受的；反之，则应拒绝。

③ 投资利税率法

投资利税率指项目达到设计生产能力后的一个正常生产年份的年利税总额或项目生产经营期内的年平均利税总额占项目总资金（固定资产投资和全部流动资金之和）的比率。它是反映项目单位投资盈利能力和对国家积累所做贡献的指标。当投资利税率大于或等于基准投资利税率（如行业的平均投资利税率）时，项目才可以考虑被接受，否则应予拒绝。

④ 要素加权分析法

要素加权分析法（优选矩阵法）是一种综合评价方法，主要依靠专家的知识、经验和技能，对项目进行仔细分析，确定一系列的关键要素作为评价指标，并赋予它们一定的权重；然后，针对每个方案，对各个要素分别打分；最后，根据事先确定的计算公式，计算每个方案的得分，综合分值最高的项目即为最优项目。

6）贷款人的项目评价决策方法

衡量项目盈利能力的评价方法和衡量项目社会经济效益的评价方法都是建立在项目的整个寿命周期（如果是特许权项目，则为特许期）的基础之上的，其缺陷是忽略了项目在运营初期产生现金流量的能力。由于贷款要在相对短的时期内偿还，因而放贷人的评价方法只局限于贷款期内的项目现金流。

① 偿债覆盖率法

偿债覆盖率指项目可用于偿还债务的有效净现金流量与债务偿还责任的比值。偿债覆盖率的大小表示项目可用于还款的资金对贷款本息的覆盖程度，即计算在项目贷款条件（贷款年限、利率、宽限期、还款方式和每年应还本息）的约束下，可还款资金与应还本息的比率。根据计算基础不同，偿债覆盖率又分为单一年度的偿债覆盖率和平均偿债覆盖率。

② 贷款偿还期法

固定资产投资的贷款偿还期（又称借款偿还期）指在国家财政规定及项目具体财务条件下，以项目建成投产后的收益中可用于还贷的资金（如利润、折旧及其他收益）偿还固定资产投资中贷款本金及建设期利息所需的时间。判别的标准是，当贷款偿还期满足贷款机构的要求期限时，该项目是可接受的；反之，则应拒绝。

③ 盈利能力比率法

盈利能力比率指项目的盈利能力水平，也就是运用项目的各项资源获利的能力（也称项目投资的增值能力），利润率越高，盈利能力就越强，可以从不同角度分别测算项目的盈利能力水平，主要有以下几种：a. 销售利润率，反映项目在纳税前，每1元销售额有多少利润，数值越大表示利润越高；b. 资产总值收益率，反映项目投入资本所产生的收益，数值越大表示投资收益越大；c. 股权收益率，反映普通股资本的净盈利能力，是净利润与普通股权总额的比例。

④ 杠杆作用和资本结构比率法

杠杆作用和资本结构比率，反映项目长期债务（包括发行企业债券在内）占总资产的比例，用来衡量项目利用债权人提供的资金进行经营活动的能力，反映债权人发放贷款的安全程度，也用来观察项目举债经营的状况，主要有以下几种：

a. 负债总额与资本净额的比率（也称产权比率），指企业负债（包括流动负债和长期负债）与企业自有资本（资本净额）的比率，是反映企业稳固性的一个重要指标，也显示对债权人的保障程度，数值越小，表明偿还能力越大；b. 长期债务偿还比率，反映借款人长期债务还本付息能否按贷款协议或债券兑付计划清偿，而不影响企业所需的营运资金；c. 盈利债息比率，反映由项目经营盈利支付债务利息的保证程度，数值越大，支付债务利息的保证程度越高。

 本章小结及重要术语

 思考题

1. 什么是决策？决策要素有哪些？
2. 简述什么是建设项目投资决策。有何特点？
3. 简述建设项目投资决策程序。
4. 基于确定现金流的项目投资决策评价方法有哪些？
5. 考虑风险影响的项目投资决策评价方法有哪些？

第 8 章
工程项目投资风险分析

 知识导图

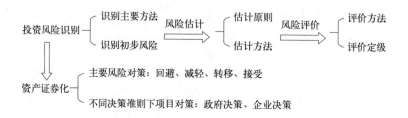

 重难点

投资项目的主要风险及风险估计方法，风险识别的主要方法及投资项目主要风险对策，工程项目投资风险的评价，不同风险决策准则下的项目决策。

 学习目标

知识目标：掌握投资项目的主要风险，掌握风险估计的主要方法，掌握不同风险决策准则下的项目决策；熟悉风险识别的主要方法，熟悉风险等级评定，熟悉投资项目主要风险对策；了解风险识别的目的，了解投资项目的风险估计，了解风险评价的含义，了解风险对策的基本要求。

素质目标：自觉遵守市场规则，抵制不良行为；强调风险意识，提高风险防范能力；树立正确的价值观和道德观；培养团队合作意识、大局意识。

听编者说

8.1 工程项目投资风险分析流程和方法

工程项目投资风险分析是指认识工程项目投资可能存在的潜在风险因素，估计这些因素发生的可能性及由此造成的影响，研究防止或减少不利影响而采取对策的一系列活动，它包括风险识别、风险估计、风险评价与风险对策研究四个基本阶段。

8.1.1 工程项目投资风险的识别

风险识别就是要识别和确定工程项目可能存在的风险因素，同时初步确定这些风险因素可能给项目带来的影响。风险识别需要在充分认识风险特征的基础上，识别项目潜在的风险和引起这些风险的具体风险因素，只有首先揭示出项目主要的风险因素，才能进一步通过风险评估确定损失程度和发生的可能性，进而找出关键风险因素，提出风险对策。风险识别的结果是建立项目的风险清单。

风险识别应注意借鉴历史经验，特别是后评价的经验。同时可运用"逆向思维"方法来审视项目，寻找可能导致项目"不可行"的因素，以充分揭示工程项目的风险来源。

(1) 风险识别的目的

风险识别是风险分析的基础，作为风险分析的第一步，其目的在于：

① 对工程项目产生重要影响的风险，按照风险来源和特征进行风险分类。项目风险有其自身的特征，要根据特征来识别风险因素。

② 分析这些风险产生的原因或是发生的条件。每个风险都存在自己的原因，要仔细检查引起这些风险的具体因素。

③ 寻找风险事件，即风险的直接表现。检查风险事件的后果以及表现，决定应对策略，衡量风险处理的成本。

④ 明确风险征兆，即风险发生的间接表现。作为风险预警的重要信号，可以提前采取措施，防范风险或减轻风险的不利影响。

工程项目的风险识别是风险分析过程中比较耗费时间和费用的阶段。特别是对于重大公共投资项目，具有更多的特殊性，面临更多的新情况，存在技术、经济、社会、环境等各个方面的风险因素，从中筛选出主要风险因素更加困难。为此，需要规范风险识别工作：

① 建立规范化的风险识别框架，明确风险识别的范围和流程，以提高效率，降低成本，节约时间。

② 选择合理、恰当的风险识别方法，既要经济，又要可靠。随着风险管理的发展，出现了众多的风险识别方法，各自具有不同的特点和适用条件，满足不同类型项目的风险识别的需要。

③ 组建多专业的风险识别小组。识别内部和外部的风险需要分析者富有经验、创造性和系统观念，但由于个人知识、经验和视野的局限性，较好的方法是选择若干相关专业领域的专家，组成一个风险分析小组来进行风险识别。

(2) 风险识别的主要方法

风险识别要根据工程项目的特点，采用适当的方法进行。风险识别要采用分析和分解原则，把综合性的风险问题分解为多层次的风险因素。常用的方法包括解析法、风险结构分解法、专家调查法、故障树、事件树、问卷调查和情景分析法等。下面主要介绍解析法、风险结构分解法、专家调查法。

① 解析法

解析法是将一个复杂系统分解为若干子系统进行分析的常用方法,通过对子系统的分析进而把握整个系统的特征。例如,市场风险细分如图 8-1 所示。

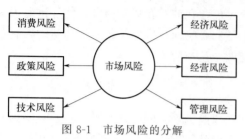

图 8-1 市场风险的分解

经济风险。如全球或区域性的经济萧条带来需求的低增长或负增长,导致购买力低下,从而影响项目产品或服务的消费需求。

政策风险。如国家产业政策、技术政策、土地政策等的调整,对部分投资过热行业行政管制,银行相应控制信贷,导致一些正在建设的项目资金供应中断,面临资金短缺的风险。

技术风险。由于技术的不断创新,新产品的不断出现,致使原有产品寿命周期缩短。

管理风险。如项目组织管理不善、项目团队缺乏经验、主要管理者流失等问题,带来项目管理的风险。

经营风险。如竞争者采用新的竞争策略,或是有新的竞争者加入同一目标市场,导致市场竞争格局发生重大变化,企业的市场份额下降等。

消费风险。如消费态度、消费习惯和消费方式的变化,将影响产品销售。

以上因素将影响投资的工程项目产出的数量或价格,并影响项目的销售收入,进而影响项目的盈利能力和正常运营。

解析方法有多种具体途径,基于影响图的解析方法为风险识别提供了更系统观察风险源对项目目标影响的逻辑过程,使风险分析专业人员能够更好地理解风险过程,全面识别项目风险。比如投资某收费的桥梁工程项目的财务风险解析过程:从风险源到中间风险因素到关键风险因素,再到财务效益目标。通过解析,可以发现构成项目财务风险的主要风险源包括设备价格、材料价格、劳动力价格、交通量、工程量、过桥费标准、收费年限、利率、移民搬迁补偿标准等,如图 8-2 所示。

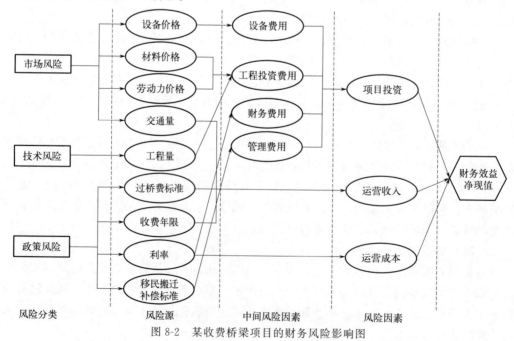

图 8-2 某收费桥梁项目的财务风险影响图

② 风险结构分解法

风险结构分解法是在解析法基础上发展而来的,是风险识别的主要方法之一。美国项目管理学会将其定义为:一种基于原因或来源对风险进行垂直分类的方法,它可以描述和组织项目的全部风险,每深一个层次表示项目风险来源描述的进一步详细和明确。它是将一个复杂系统分解为若干子系统进行分析的常用方法,它是一种风险来源的递阶层次分解结构,通过对子系统的分析进而把握整个系统的特征,可以帮助项目分析人员和决策者更好地了解和分析项目潜在的风险,并全面地把握项目的整体风险。

从规范风险识别的角度,美国项目管理学会又提出了一种通用的风险分解结构框架,如表 8-1 所示。它适用于任何组织的任何类型和任何性质的项目,如工业制造、公共设施和商业项目等。包括三个层次:第一层分为管理风险、外部风险和技术风险三类;第二层中管理风险包括来自企业和客户或相关利益者的风险,外部风险包括自然环境风险、文化风险和经济风险,技术风险包括需求、性能、应用风险,共 8 种风险;第三层包括 31 个具体的风险。

表 8-1 通用的项目风险分解结构

层次	层次一	层次二	层次三
项目风险	管理风险	企业	历史/经验/文化
			组织稳定性
			财务
			其他
		客户或利益相关者	历史/经验/文化
			合同
			需求稳定性
			其他
	外部风险	自然环境	物质环境
			项目地点
			当地服务
			其他
		文化	政治
			法律/行政管制
			兴趣群体
			其他
		经济	劳动力市场
			劳动条件
			金融市场
			其他
	技术风险	需求	范围不稳定
			使用条件
			复杂性
			其他

续表

层次	层次一	层次二	层次三
项目风险	技术风险	性能	技术成熟性
			技术局限性
			其他
		应用	组织经验
			个人能力及组合
			物资资源
			其他

③ 专家调查法

专家调查法是基于专家的知识、经验和直觉，通过发函、开会或其他形式向专家进行调查，发现项目潜在风险，对项目风险因素及其风险程度进行评定，将多位专家的经验集中起来形成分析结论的一种方法，它适用于风险分析的全过程。由于专家调查法比一般的经验识别法更具客观性，因此应用更为广泛。

专家调查法有很多，其中头脑风暴法、德尔菲法、风险识别调查表、风险对照检查表和风险评价表是最常用的几种方法。此处只重点介绍后面三种方法。

a. 风险识别调查表，主要定性描述风险的来源与类型、风险特征、对项目目标的影响等，典型的风险识别调查表如表 8-2 所示。

表 8-2　典型的风险识别调查表

编号：	时间：
项目名称	内容
风险类型	
风险描述	
风险对项目目标的影响（费用、质量、进度、环境等）	
风险的来源、特征	

b. 风险对照检查表，是一种规范化的定性风险分析工具，具有系统、全面、简单、快捷、高效等优点，容易集中专家的智慧和意见，不容易遗漏主要风险；对风险分析人员有启发思路、开拓思路的作用。当有丰富的经验和充分的专业技能时，项目风险识别相对简单，并可以取得良好的效果。显然，对照检查表的设计和确定是建立在众多类似项目经验基础上的，需要大量类似项目的数据。而对于新的工程项目或完全不同环境下的工程项目，则难以适应，可能导致风险识别的偏差。因此，需要针对项目的类型和特点，制订专门的风险对照检查表，提高风险识别的工作效率。投资项目风险对照检查表举例如表 8-3 所示。

c. 风险评价表，是通过专家凭借经验独立对各类风险因素的风险程度进行评价，最后将各位专家的意见归集起来的风险评价方法。风险评价表通常的格式如表 8-4 所示，表中风险种类应随行业和项目特点而异，其层次可视情况细分，同时应说明对程度判定的理由，并尽可能明确最悲观值（或最悲观情况）及其发生的可能性。

表 8-3　风险对照检查表示例

风险因素	可能的原因	可能的影响	可能性		
			高	中	低
进度延误风险	资金不足	度延误		*	
	设计变更			*	
	施工能力不足				*
	……				
投资估算不准确风险	工程量估计不准	投资超资	*		
	设备价格变化			*	
	材料价格变动				*
	土地成本增加			*	
	……				
项目组织风险	项目复杂程度高	质量出现问题			*
	业主经验缺乏			*	
	可行性研究深度不足				*
	……				

表 8-4　风险评价表

风险因素名称	风险程度					说明
	重大	较大	一般	较小	微小	
1. 市场风险						
市场需求量						
竞争能力						
价格						
2. 原材料供应风险						
可靠性						
价格						
质量						
3. 技术风险						
可靠性						
适用性						
经济性						
4. 工程风险						
地质条件						
施工能力						
水资源						
5. 投资与融资风险						
汇率						
利率						

续表

风险因素名称	风险程度					说明
	重大	较大	一般	较小	微小	
投资						
工期						
6. 配套条件						
水、电、气配套条件						
交通运输配套条件						
其他配套工程						
7. 外部环境风险						
经济环境						
自然环境						
社会环境						
8. 其他						

(3) 投资项目的主要风险

① 市场风险

市场风险是竞争性投资工程项目常遇到的重要风险。它的损失主要表现在项目产品销路不畅，产品价格低迷等以致产量和销售收入达不到预期的目标。细分起来，市场方面涉及的风险因素较多，可分层次予以识别。市场风险一般来自四个方面：一是由于消费者的消费习惯、消费偏好发生变化，使得市场需求发生重大变化，导致项目的市场出现问题，市场供需总量的实际情况与预测值发生偏离。二是由于市场预测方法或数据错误，导致市场需求分析出现重大偏差。三是市场竞争格局发生重大变化，竞争者采取了进攻策略，或者是出现了新的竞争对手，对项目的销售产生重大影响。四是由于市场条件的变化，项目产品和主要原材料的供应条件和价格发生较大变化，对项目的效益产生了重大影响。

② 技术与工程风险

在可行性研究中，虽然对投资项目采用技术的先进性、可靠性和适用性进行了必要的论证分析，选定了认为合适的技术。但由于各种主观和客观原因，仍然可能会产生预想不到的问题，使投资的工程项目遭受风险损失。可行性研究阶段应考虑的技术方面的风险因素主要有：对技术的适用性和可靠性认识不足，运营后达不到生产能力、质量不过关或消耗指标偏高，特别是高新技术开发项目这方面的风险更大。对于引进国外二手设备的项目，设备的性能能否如愿是应认真分析的风险因素。另外，工艺技术与原料的匹配问题也是应考察的风险因素。

对于矿山、铁路、港口、水库等工程项目，工程地质情况十分重要。但限于技术水平有可能勘探不清，致使在项目的生产运营甚至施工中就出现问题，造成经济损失。因此在地质情况复杂的地区，应慎重对待工程地质风险因素。

③ 组织管理风险

管理风险是指工程项目管理模式不合理、项目内部组织不当、管理混乱或者主要管理者能力不足、人格缺陷等，导致工程质量出现问题、投资大量增加、项目不能按期建成投产造成损失的可能性。包括项目采取的管理模式、组织与团队合作以及主要管理者的道德水平等。因此，合理设计项目的管理模式、选择适当的管理者和加强团队建设是规避管理风险的主要措施。

组织风险是指由于工程项目存在众多参与方，各方的动机和目的不一致将导致项目合作的风险，影响项目的进展和项目目标的实现。还包括项目组织内部各部门对项目的理解、态度和行动的不一致而产生的风险。完善项目各参与方的合同，加强合同管理，可以降低项目的组织风险。

④ 政策风险

政策风险主要指国内外政治经济条件发生重大变化或者政策调整，工程项目原定目标难以实现的可能性。工程项目是在一个国家或地区的社会经济环境中存在的，由于国家或地方各种政策，包括经济政策、技术政策、产业政策等，涉及税收、金融、环保、投资、土地、产业等政策的调整变化，都会给项目带来各种影响。特别是对于海外投资的工程项目，由于不熟悉当地政策，规避政策风险更是项目决策分析与评价阶段的重要内容。

⑤ 环境与社会风险

环境风险是指由于对工程项目的环境生态影响分析深度不够，或者是环境保护措施不当，带来重大的环境影响，引发社会矛盾，从而影响项目的建设和运营。

社会风险是指由于对工程项目的社会影响估计不足，或者项目所处的社会环境发生变化，给项目建设和运营带来困难和损失的可能性。有的工程项目由于选址不当，或者因对利益受损者补偿不足，都可能导致当地单位和居民的不满和反对，从而影响项目的建设和运营。社会风险的影响面非常广泛，包括宗教信仰、社会治安、文化素质、公众态度等方面。

⑥ 其他风险

对于某些工程项目，还要考虑其特有的风险因素。例如，对于矿山、油气开采等资源开发项目，资源风险是很重要的风险因素，在可行性研究阶段，矿山和油气开采等项目的设计规模，一般是根据有关部门批准的地质储量设计的，对于地质结构比较复杂的地区，加上受勘探的技术、时间和资金的限制，实际储量可能会有较大的出入，致使矿山和油气开采等项目产量降低、开采成本过高或者寿命缩短，造成巨大的经济损失；对于投资巨大的项目，还存在融资风险，由于资金供应不足或者来源中断导致建设工期拖延甚至被迫终止建设，或者由于利率、汇率变化导致融资成本升高造成损失；大量消耗原材料和燃料的项目，还存在原材料和燃料供应量、价格和运输保障三个方面的风险；在水资源短缺地区建设项目，或者项目本身耗水量大，水资源风险因素应予重视；对于中外合资项目，要考虑合资对象的法人资格和资信问题，还有合作的协调性问题；对于农业投资项目，还要考虑因气候、土壤、水利、水资源分配等条件的变化对收成产生不利影响的风险因素。

以上仅是列举出投资项目可能存在的一些风险因素，但并不能涵盖所有投资项目的全部风险因素，也并非每个投资项目都同时存在这么多风险因素，要根据项目具体情况予以识别。

8.1.2 工程项目投资风险的估计

(1) 风险估计

风险估计是在风险识别后对风险事件发生可能性、风险事件影响范围、风险事件发生的时间和风险后果对项目影响的严重程度所进行的估计。投资的工程项目涉及的风险因素有些是可以量化的，可以通过定量分析的方法对其进行分析；同时客观上也存在着许多不可量化的风险因素，它们有可能给项目带来更大的风险，有必要对不可量化的风险因素进行定性描述。因此，风险估计应采取定性描述与定量分析相结合的方法，从而对项目面临的风险做出全面的估计。应该注意到定性与定量不是绝对的，在深入研究和分解之后，有些定性因素可以转化为定量因素。

（2）风险估计的主要方法

风险估计的方法包括风险概率估计方法和风险影响估计方法两类，前者分为客观概率估计和主观概率估计，后者有概率树分析、蒙特卡罗模拟、决策矩阵等方法。

1）风险概率估计

风险概率估计，包括客观概率估计和主观概率估计。在项目评价中，风险概率估计中较常用的是正态分布、三角形分布、β 分布等概率分布形式，由项目评价人员或专家进行估计。

① 客观概率估计

客观概率是实际发生的概率，不取决于人的主观意志，可以根据历史统计数据或是大量的试验来推定。通常有两种方法：一是将一个事件分解为若干子事件，通过计算子事件的概率来获得主要事件的概率；二是通过足够量的试验，统计出事件的概率。由于客观概率是基于同样事件历史观测数据的，它只能用于完全可重复事件，因而并不适用于大部分现实事件。应用客观概率对项目投资风险进行的估计称为客观估计，它利用同一事件的历史数据，或是类似事件的数据资料，计算出客观概率。该法的最大缺点是需要足够的信息，但通常是不可得的。

当工程项目投资的某些风险因素可以找到比较多的历史数据时，就可以基于已有的数据资料进行统计分析，从而得出这些风险因素出现的概率。

如某风险因素有 Q_1，Q_2，Q_3 等 m 个状态，对应的出现次数分别是 n_1，n_2，n_3，…，n_m，则第 i 种状态出现的概率是：$P(x=Q_i)=n_i/n, i=1,2,3,…,m$，其中：$n=n_1+n_2+n_3+…+n_m$。

② 主观概率估计

主观概率是基于个人经验、预感或直觉而估算出来的概率，是一种个人的主观判断，反映了人们对风险现象的一种测度。当有效统计数据不足或是不可能进行试验时，主观概率是唯一选择，基于经验、知识或类似事件比较的专家推断概率便是主观估计。在实践中许多项目风险是不可预见，并且不能精确计算的。主观概率估计的具体步骤有：

a. 根据需要调查问题的性质组成专家组。专家组成员由熟悉该风险因素的现状和发展趋势的专家、有经验的工作人员组成。

b. 估计某一变量可能出现的状态数或状态范围、各种状态出现的概率或变量发生在状态范围内的概率，由每个专家独立使用书面形式反映出来。

c. 整理专家组成员的意见，计算专家意见的期望值和意见分歧情况，反馈给专家组。

d. 专家组讨论并分析意见分歧的原因，再由专家组成员重新独立填写变量可能出现的状态或状态范围、各种状态出现的概率或变量发生在状态范围内的概率，如此重复进行，直至专家意见分歧程度满足要求值为止。这个过程最多经历三个循环，超过三个循环不利于获得专家们的真实意见。

③ 风险概率分布

a. 离散型概率分布。当输入变量的可能值为有限个数时，称这种随机变量为离散型随机变量,如产品市场销售量可能出现低销售量、中等销售量、高销售量三种状态,即认为销售量是离散型随机变量。各种状态的概率取值之和等于1,它适用于变量取值个数不多时的输入变量。

b. 连续型概率分布,当输入变量的取值充满一个区间,无法按一定次序列举出时,称这种随机变量为连续型随机变量。如市场需求量在某一数量范围内,无法按一定次序列举,列出区间内 a,b 两个数,则总还有无限多个数 x,$b>x>a$,这时的产品销售量就是一个连续型随机变量,它的概率分布用概率密度和分布函数表示,常用的连续型概率分布有:

分布一:正态分布。其特点是密度函数以均值为中心对称分布,如图 8-3,这是一种最常用的概率分布,其均值为 $\bar{x}$,方差为 σ,用 $N(\bar{x},\sigma)$ 表示。当 $\bar{x}=0$,$\sigma=1$ 时称这种分布为标准正态分布,用 $N(0,1)$ 表示,适用于描述一般经济变量的概率分布,如销售量、售价、产品成本等。

分布二:三角形分布。其特点是密度数是由悲观值、最可能值和乐观值构成的对称的或不对称的三角形,见图 8-4。适用于描述工期、投资等不对称分布的输入变量,也可用于描述产量、成本等对称分布的输入变量。

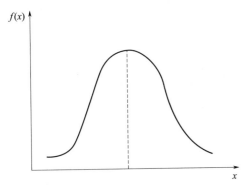

图 8-3 正态分布概率密度图

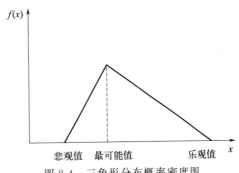

图 8-4 三角形分布概率密度图

分布三:β 分布。其特点是密度函数为在最大值两边不对称分布,见图 8-5,适用于描述工期等不对称分布的输入变量。

分布四:经验分布。其密度函数并不适合于某些标准的概率函数,可根据统计资料及主观经验估计非标准概率分布,它适合于项目评价中的各种输入变量。

④ 风险概率分析指标

描述风险概率分布的指标主要有期望值、方差、标准差、离散系数等。

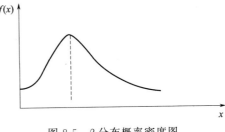

图 8-5 β 分布概率密度图

a. 期望值。期望值是风险变量的加权平均值。对于离散型风险变量,期望值为

$$\bar{x}=\sum_{i=1}^{n}x_{i}P_{i}$$

式中 n——风险变量的状态数;
  x_i——风险变量的第 i 种状态下变量的值;
  P_i——风险变量的第 i 种状态出现的概率。

对于等概率的离散随机变量,其期望值为:$\overline{x} = \frac{1}{n}\sum_{i=1}^{n}x_i$。

b. 方差和标准差。方差和标准差都是描述风险变量偏离期望值程度的绝对指标。对于离散型变量,方差 S^2 为

$$S^2 = \sum_{i=1}^{n}(x_i - \overline{x})^2 P_i$$

方差的平方根为标准差,计为 S。

对于等概率的离散随机变量,方差为 $S^2 = \frac{1}{n-1}\sum_{i=1}^{n}(x_i - \overline{x})^2$;

当 n 足够大(通常 n 大于 30)时,可以近似为 $S^2 = \frac{1}{n}\sum_{i=1}^{n}(x_i - \overline{x})^2$。

c. 离散系数。离散系数是描述风险变量偏离期望值的离散程度的相对指标,计为 β

$$\beta = \frac{S}{\overline{x}}$$

【例 8-1】 某工程项目产品的市场销售量为 100t。为分析销售量的风险情况,请了 15 位专家对该种产品销售量可能出现的状态及概率进行预测,专家意见整理如表 8-5。请依据该表计算销售量的概率分布指标。

表 8-5 销售量的概率专家调查意见汇总表 单位:%

概率	销量				
	80t	90t	100t	110t	120t
1	10	15	50	15	10
2	15	25	40	15	5
3	10	15	60	10	5
4	5	12.5	65	12.5	5
5	10	15	55	15	5
6	10	15	50	15	10
7	5	15	55	15	10
8	5	10	60	15	10
9	5	15	50	20	10
10	0	15	70	15	0
11	10	15	75	0	0
12	10	25	60	5	0
13	10	20	60	10	0
14	0	10	60	20	10
15	5	20	60	15	0

【解】 首先分别计算专家估计值的平均概率 $P_i = \frac{1}{n}\sum_{j=1}^{n}P_{ij}$,其中 n 为专家人数 15。

专家估计销售量为 80t 的平均概率为 =(10+15+10+5+10+10+5+5+5+0+10+10+10+0+5)/15=7.33,同样可以计算出销售量为 90t、100t、110t 和 120t 的概率。结果见

表 8-6。

表 8-6 专家预测销售量的概率分布

销售量/t	80	90	100	110	120
概率/%	7.33	16.17	58.00	13.17	5.33

(1) 计算出专家估计销售量的期望值

$$\bar{x} = \sum_{i=1}^{n} x_i P_i = 80 \times 7.3\% + 90 \times 16.17\% + 100 \times 58.00\% + 110 \times 13.17\% + 120 \times 5.33\%$$
$$= 99.30 \text{t}$$

(2) 计算销售量的方差、标准差和离散系数

$$S^2 = \sum_{i=1}^{n}(x_i - \bar{x})^2 P_i = (80 - 99.30)^2 \times 7.33\% + (90 - 99.30)^2 \times 16.17\%$$
$$+ (100 - 99.30)^2 \times 58.00\% + (110 - 99.30)^2 \times 13.17\%$$
$$+ (120 - 99.30)^2 \times 5.33\% = 79.49$$

标准差 $S = 8.92$,离散系数 $\beta = 0.09$。

【例 8-2】 某项目产品售价服从正态分布,请了 10 位专家对价格的范围及在该范围内的概率进行估计,调查结果如表 8-7。计算专家估计值的期望值和标准差。

表 8-7 专家调查结果表

专家	期望值	范围	范围内概率/%
1	100	80~120	90
2	100	80~120	95
3	100	80~120	85
4	95	75~115	90
5	95	75~115	95
6	95	75~115	85
7	105	85~125	90
8	105	85~125	95
9	105	85~125	88
10	100	80~120	80

【解】 (1) 首先计算专家估计值的期望值和期望值的方差、标准差和离散系数。

期望值 $= \dfrac{1}{n} \sum x_i = \dfrac{1}{10}(100 + 100 + 100 + 95 + 95 + 95 + 105 + 105 + 105 + 100) = 100$

方差 $S^2 = \dfrac{1}{n-1} \sum (x_i - \bar{x})^2 = \dfrac{1}{10-1}[(100-100)^2 + (100-100)^2$
$+ (100-100)^2 + (95-100)^2 + (95-100)^2 + (95-100)^2$
$+ (105-100)^2 + (105-100)^2 + (105-100)^2 + (100-100)^2] = 16.7$

标准差 $S = \sqrt{16.7} = 4.08$,离散系数 $= \dfrac{S}{\bar{x}} = \dfrac{4.08}{100} = 0.04$。

计算结果汇总得出表 8-8。

表 8-8　专家估计值汇总

期望值	100
方差	16.7
标准差	4.08
离散系数	0.04

(2) 其次，计算各专家估计的正态分布的标准差 σ。

第 1 位专家认为价格在 80～120 范围内的概率为 90%，即在 80～120 范围外的概率为 10%。即价格小于 80 元的概率为 5%，大于 120 元的概率为 5%。换言之，价格大于 80 元的累计概率为 0.95。如图 8-6 所示。

根据标准正态分布的分布函数表，对应 0.95 概率的 x 值在 1.65 与 1.64 之间，取中间值 1.645。因此，低于 80 元，即比期望值 100 元少 20 元的概率为 5%，相当于 -1.645σ，则 $\sigma=20/1.645=12.2$ 元。

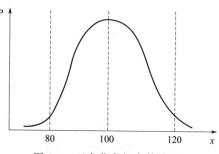

图 8-6　正态分布概率估计图

同样，2 号专家认为比期望值减少 20 元的概率为 2.5%，相当于 -1.96σ，则 $\sigma=20/1.96=10.2$；3 号专家认为比期望值减少 20 元的概率为 7.5%，相当于 -1.44σ，则 $\sigma=20/1.44=13.9$。以此类推，可计算 10 位专家对产品价格的期望值与标准差的估计值，见表 8-9 所示。

表 8-9　专家估计分析表

专家	期望值	范围	范围内概率/%	标准差 σ
1	100	80～120	90	12.2
2	100	80～120	95	10.2
3	100	80～120	85	13.9
4	95	75～115	90	12.2
5	95	75～115	95	10.2
6	95	75～115	85	13.9
7	105	85～125	90	12.2
8	105	85～125	95	10.2
9	105	85～125	88	12.8
10	100	80～120	80	15.6

根据表 8-9 可计算各专家估计的正态分布的标准差的平均值为 12.34。

因此，产品价格的概率分布服从期望值为 100、标准差为 12.34 的正态分布。

【例 8-3】　某工程项目建设投资服从三角形分布，请 10 位专家对建设投资进行预测。专家意见一致性要求的条件是离散系数小于 0.1，如果达不到要求，则需要进行第二轮调查。调查结果如表 8-10 所示。

表 8-10 专家估计值

专家	乐观值	最可能值	悲观值
1	950	1000	1150
2	950	1000	1160
3	1000	1050	1180
4	1000	1050	1200
5	1050	1100	1230
6	1050	1100	1230
7	1100	1150	1250
8	1100	1150	1250
9	950	1000	1180
10	950	1000	1180
合计	10100	10600	12010

（1）请计算投资额的乐观值、最可能值、悲观值；

（2）计算专家意见的离散系数，判断专家意见的分歧程度，决定是否需要进行第二轮调查。

【解】（1）根据表 8-10，计算专家估计的平均值，并分别计算各估计值的平均值、方差、标准差和离散系数。

乐观值的平均值：$\overline{x} = \frac{1}{n}\sum_{i=1}^{n} x_i = 1010$

乐观值的方差：$S^2 = \frac{1}{n-1}\sum_{i=1}^{n}(x_i - \overline{x})^2 = 3778$

乐观值的标准差 $=\sqrt{3778}=61.46$

乐观值的离散系数 $=61.46/1010=0.061$

同样计算，最可能值和悲观值的平均值、标准差和离散系数，计算结果汇总见表 8-11。

表 8-11 专家估计值汇总

值	乐观值	最可能值	悲观值
平均值	1010	1060	1201
方差	3778	3778	1343
标准差	61.46	61.46	36.65
离散系数	0.061	0.058	0.031

（2）可以看出，乐观值、最可能值和悲观值的离散系数都小于 0.1，都满足专家调查一致性要求，不再进行第二轮调查。

因此，根据调查，建设投资服从最乐观估计为 1010 万元，最可能值是 1060 万元，最悲观值为 1201 万元的三角形分布。

2）概率树分析

概率树分析是借助现代计算技术，运用概率论和数理统计原理进行概率分析，求得风险因素取值的概率分布，并计算期望值、方差或标准差和离散系数，表明项目的风险程度的方法。

① 概率树分析的理论计算法

由于工程项目评价中效益指标与输入变量（或风险因素）间的数量关系比较复杂，概率分析的理论计算法一般只适用于服从离散分布的输入与输出变量。

a. 假定输入变量之间是相互独立的，可以通过对每个输入变量各种状态取值的不同组合计算项目的内部收益率或净现值等指标。根据每个输入变量状态的组合计算得到的内部收益率或净现值的概率为每个输入变量所处状态的联合概率，即各输入变量所处状态发生概率的乘积。

若输入变量有 $A,B,C,\cdots,N$。

每个输入变量有状态 $A_1,A_2,\cdots,A_{n1}$；$B_1,B_2,\cdots,B_{n2}$；$\cdots$；$N_1,N_2,\cdots,N_{nn}$。

各种状态发生的概率

$$\sum_{i=1}^{n1} P\{A_i\} = P\{A_1\} + P\{A_2\} + \cdots + P\{A_{n1}\} = 1$$

$$\sum_{i=1}^{n2} P\{B_i\} = 1$$

$$\sum_{i=1}^{nn} P\{N_i\} = 1$$

则各种状态组合的联合概率为 $P(A_1)P(B_1)\cdots P(N_1)$；$P(A_2)P(B_2)\cdots P(N_2)$；$P(A_{n1})P(B_{n2})\cdots P(N_{nn})$，共有这种状态组合和相应的联合概率 $N_1 \times N_2 \times \cdots \times N_{nn}$ 个。

b. 按评价指标（净现值或内部收益率）由小到大进行顺序排列，列出相应的联合概率和从小到大的累计概率，并绘制以评价指标为横轴，以累计概率为纵轴的累计概率曲线。计算评价指标的期望值、方差、标准差和离散系数（$\sigma/\bar{x}$）。

c. 根据评价指标 FNPV=0，FIRR=i_c 或 (i_s)，由累计概率表计算 $P[\text{FNPV}(i_c)<0]$ 或 $P(\text{FIRR}<i_c)$ 的累计概率，同时也可获得：

$$P[\text{FNPV}(i_c) \geqslant 0] = 1 - P[\text{FNPV}(i_c) < 0]$$
$$P[\text{FIRR} \geqslant i_c] = 1 - P(\text{FIRR} < i_c)$$

当各输入变量之间存在相互关联关系时，这种方法不适用。

② 概率树分析案例

【例 8-4】 某项目的主要风险变量有建设投资、产品价格和主要原材料价格三个。经调查，每个风险变量有三种状态，其概率分布见表 8-12。

【问题】 (1) 以给出各种组合条件下的 FNPV 为基础，计算净现值的期望值（折现率 10%）。

(2) 计算期望盈利概率（即 FNPV≥0 的累计概率）及风险概率。

表 8-12　主要风险因素及概率　　　　　　　单位：%

风险因素	变化率		
	−20%	计算值	20%
建设投资	0.5	0.3	0.1
产品价格	0.5	0.4	0.1
主要原材料价格	0.5	0.4	0.1

【解】 因每个变量有三种状态，共组成 27 个组合，见图 8-7 中 27 个分支，圆圈内的数

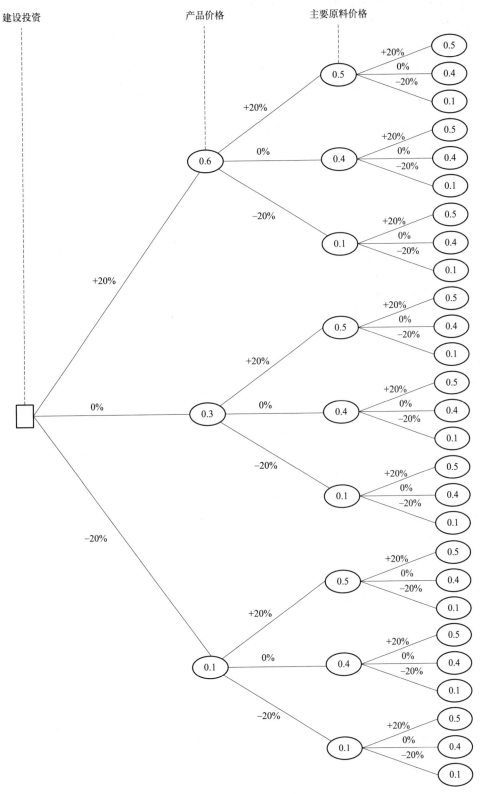

图 8-7 某项目概率树图

字表示输出变量各种状态发生的概率,如第一个分支表示建设投资、产品价格、主要原材料价格同时增加20%的情况,以下称为第一事件。

(1) 计算净现值的期望值

① 分别计算各种可能发生事件发生的概率(以第一事件为例)

第一事件发生的概率 $= P_1$(建设投资增加20%)$\times P_2$(产品价格增加20%)$\times P_3$(主要原料价格增加20%)$= 0.6 \times 0.5 \times 0.5 = 0.15$

以此类推,计算出其他26个事件可能发生的概率,如表8-13中"发生的可能性"一行数字所示。该行数字的合计数应等于1。

表8-13 可能的事件及其对应的财务净现值

事件	发生的可能性	财务净现值/万元	加权财务净现值/万元
1	0.6×0.5×0.5=0.15	32489	4873.35
2	0.6×0.5×0.4=0.12	41133	4935.96
3	0.6×0.5×0.1=0.03	49778	1493.34
4	0.6×0.4×0.5=0.12	−4025	−483.00
5	0.6×0.4×0.4=0.096	4620	443.52
6	0.6×0.4×0.1=0.024	13265	318.36
7	0.6×0.1×0.5=0.03	−40537	−1216.11
8	0.6×0.1×0.4=0.024	−31893	−765.43
9	0.6×0.1×0.1=0.006	−23248	−139.49
10	0.3×0.5×0.5=0.075	49920	3744.00
11	0.3×0.5×0.4=0.06	58565	3513.90
12	0.3×0.5×0.1=0.015	67209	1008.14
13	0.3×0.4×0.5=0.06	13407	804.42
14	0.3×0.4×0.4=0.048	22051	1058.45
15	0.3×0.4×0.1=0.012	30696	365.35
16	0.3×0.1×0.5=0.015	−23106	−346.59
17	0.3×0.1×0.4=0.012	−14462	−173.54
18	0.3×0.1×0.1=0.003	−5817	−17.45
19	0.1×0.5×0.5=0.025	67351	1683.78
20	0.1×0.5×0.4=0.02	75996	1519.92
21	0.1×0.5×0.1=0.005	84641	423.21
22	0.1×0.4×0.5=0.02	30838	616.76
23	0.1×0.4×0.4=0.016	39483	631.73
24	0.1×0.1×0.4=0.004	48127	192.51
25	0.1×0.1×0.5=0.005	−5675	−28.38
26	0.1×0.1×0.4=0.004	2969	11.88
27	0.1×0.1×0.1=0.001	11614	11.61
	合计 1.000		期望值 24483

② 分别计算各可能发生事件的净现值

将产品价格、建设投资、主要原料价格各年数值分别调增20%，通过计算机程序重新计算财务净现值，得出第一事件下的财务净现值为32489万元，以此类推，计算出其他26个可能发生事件的财务净现值。此处省去26个事件下财务净现值的计算过程。

③ 将各事件发生的可能性与其财务净现值分别相乘，得出加权财务净现值，如表8-13中最后一列数字所示。然后将各个加权财务净现值相加，求得财务净现值的期望值。

在上述设定的条件下，该项目的期望值为24483万元。

(2) 净现值大于或等于零的概率

对单个项目的概率分析应求出净现值大于或等于零的概率，由该概率值的大小可以估计项目承受风险的程度，该概率值越接近1，说明项目的风险越小；反之，项目的风险越大。可以列表求得净现值大于或等于零的概率。

具体步骤为：将上边计算出的各可能发生事件的财务净现值按数值从小到大的顺序排列起来，到出现第一个正值为止，并将各可能发生事件发生的概率按同样的顺序累加起来，求得累计概率，一并列入表8-14。

表8-14　累计概率计算表

财务净现值/万元	概率	累计概率
−40537	0.030	0.030
−31893	0.024	0.054
−23248	0.006	0.060
−23106	0.015	0.075
−14462	0.012	0.087
−5817	0.003	0.090
−5675	0.005	0.095
−4025	0.120	0.215
2969	0.004	0.219

根据表8-14，可以得出财务净现值小于零的概率为：

$P[\text{FNPV}(10\%)<0]=0.215$，即项目的风险概率为21.5%。计算得出，财务净现值大于等于零的可能性为78.5%，超过投资者所要求的70%。因此，项目期望盈利概率为78.5%。

3) 蒙特卡罗模拟法

当项目评价中输入的随机变量个数较多，每个输入变量可能出现多个甚至无限多种状态时（如连续随机变量），可考虑采用蒙特卡罗模拟法。这种方法的原理是用随机抽样的方法抽取一组输入变量的数值，并根据这组输入变量的数值计算项目评价指标，如内部收益率、净现值等，用这样的办法抽样计算足够多的次数可获得评价指标的概率分布及累计概率分布、期望值、方差、标准差，计算项目由可行转变为不可行的概率，从而估计项目投资所承担的风险。

① 蒙特卡罗模拟法的程序

a. 确定风险分析所采用的评价指标，如净现值、内部收益率等。

b. 确定对项目评价指标有重要影响的输入变量。

c. 确定输入变量的概率分布。
d. 为各输入变量独立抽取随机数。
e. 由抽得的随机数转化为各输入变量的抽样值。
f. 根据抽得的各输入随机变量的抽样值组成一组项目评价基础数据。
g. 根据抽样值所组成的基础数据计算出评价指标值。
h. 重复第 d 步到第 g 步，直至预定模拟次数。
i. 整理模拟结果所得评价指标的期望值、方差、标准差和期望值的概率分布，绘制累计概率图。
j. 计算项目由可行转变为不可行的概率。

② 应用蒙特卡罗模拟法时应注意的问题

a. 应用蒙特卡罗模拟法时，需假设输入变量之间是相互独立的。在风险分析中会遇到输入变量的分解程度问题，一般而言，变量分解得越细，输入变量个数也就越多，模拟结果的可靠性也就越高；变量分解程度低，变量个数少，模拟可靠性降低，但能较快获得模拟结果。对一个具体项目，在确定输入变量分解程度时，往往与输入变量之间的相关性有关。变量分解过细往往造成变量之间有相关性，例如产品销售收入与产品结构方案中各种产品数量和价格有关，而产品销售往往与售价存在负相关的关系，各种产品的价格之间同样存在或正或负的相关关系。如果输入变量本来是相关的，模拟中视为独立进行抽样，就可能导致错误的结论。为避免此问题，可采用以下办法处理：

限制输入变量的分解程度，例如不同产品虽有不同价格，如果产品结构不变，可采用平均价格，又如销量与售价之间存在相关性，则可合并销量与价格作为一个变量，但是如果销量与售价之间没有明显的相关关系，还是把它们分为两个变量为好。

限制不确定变量个数，模拟中只选取对评价指标有重大影响的关键变量，除关键变量外，其他变量认为保持在期望值上。

进一步搜集有关信息，确定变量之间的相关性，建立函数关系。

b. 蒙特卡洛法的模拟次数。从理论上讲，模拟次数越多，随机数的分布就越均匀，变量组合的覆盖面也越广，结果的可靠性也越高。实际应用中应根据不确定变量的个数和变量的分解程度确定模拟次数，不确定变量的个数越多，变量分解得越细，需要模拟的次数就越多。

8.1.3 工程项目投资风险的评价

(1) 风险评价

风险评价是在工程项目风险识别和风险估计的基础上，通过相应的指标体系和评价标准，对风险程度进行划分，以揭示影响项目成败的关键风险因素，并针对关键风险因素，采取防范对策的过程。工程项目风险评价的依据主要有工程项目类型、风险管理计划、风险识别的成果、工程项目进展状况、数据的准确性和可靠性、概率和影响程度等。风险评价包括单因素风险评价和项目整体风险评价。

单因素风险评价，即评价单个风险因素对项目的影响程度，以找出影响项目的关键风险因素。评价方法主要有风险概率矩阵、专家评价法等。

项目整体风险评价，即综合评价若干主要风险因素对项目整体的影响程度。对于重大投资项目或估计风险很大的项目，应进行投资项目整体风险分析。

风险评价可以按照以下三个步骤进行：

① 确定风险评价基准。风险评价基准是项目主体针对每一种风险后果确定的可接受水平。单个风险和整体风险都要确定评价基准，可分别称为单个评价基准和整体评价基准。风险的可接受水平可以是绝对的，也可以是相对的。

② 确定项目的风险水平。工程项目整体风险水平是综合所有个别风险之后确定的。一般工程项目的风险水平取决于工程中存在风险的多少和风险对工程目标的影响程度，通常，工程项目中存在的风险越多或风险事件对工程影响越大，则说明工程项目的风险等级越高。

③ 确定项目风险等级。将项目风险水平与评价基准进行对比，判断项目风险是否在可接受的范围之内，确定不同风险对工程项目目标的重要性，按照重要的程度排序，为项目决策提供依据。

(2) 风险等级评定

1) 风险量函数

风险的大小可以用风险量表示。风险量的大小取决于事件发生的可能性和事件发生后对项目目标的影响程度，这里所述的影响特指对项目目标的负面影响。因此，风险量可以用一个二元函数描述：

$$Q = f(P, I)$$

式中　Q——风险量；

　　　P——风险事件发生的概率；

　　　I——风险事件对项目目标的影响。

风险事件发生的概率越大，风险量越大；对项目目标的影响程度越大，风险量越大。

2) 风险影响

按照风险发生后对项目的影响大小，可以划分为五个影响等级。其说明如下：

严重影响：一旦发生风险，将导致整个项目的目标失败，可用字母 S 表示；

较大影响：一旦发生风险，将导致整个项目的目标值严重下降，用 H 表示；

中等影响：一旦发生风险，对项目的目标造成中度影响，但仍然能够部分达到，用 M 表示；

较小影响：一旦发生风险，项目对应部分的目标受到影响，但不影响整体目标，用 L 表示；

可忽略影响：一旦发生风险，项目对应部分目标受到的影响可忽略，且不影响整体目标，用 N 表示。

3) 风险概率

按照风险因素发生的可能性，可以将风险概率划分为五个档次：

很高：风险发生的概率在 81%~100%，意即风险很有可能发生，用 S 表示；

较高：风险发生的概率在 61%~80%，意即发生的可能性较大，用 H 表示；

中等：风险发生的概率在 41%~60%，意即可能在项目中预期发生，用 M 表示；

较低：风险发生的概率在 21%~40%，意即不可能发生，用 L 表示；

很低：风险发生的概率在 0%~20%，意即非常不可能发生，用字母 N 表示。

4) 风险评价矩阵

风险量的大小可以用风险评价矩阵，也称概率影响矩阵来表示，它以风险因素发生的概率为横坐标，以风险因素发生后对项目的影响为纵坐标，发生概率大且对项目影响大的风险因素位于矩阵的右上角，发生概率小且对项目影响小的风险因素位于矩阵的左下角。如图 8-8 所示。

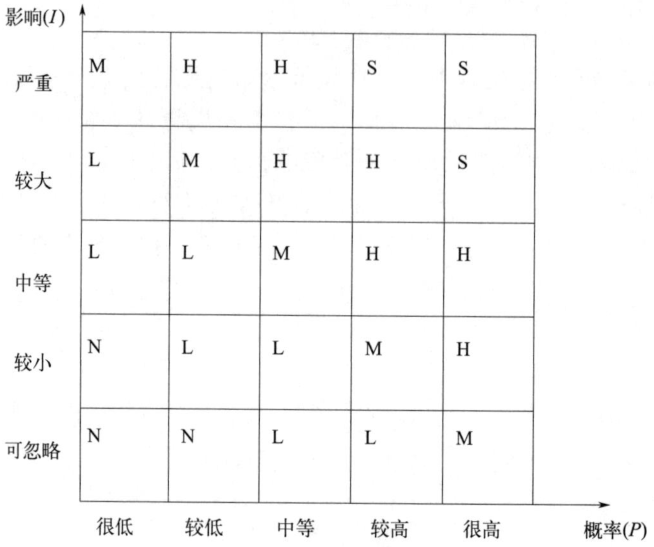

	很低	较低	中等	较高	很高
严重	M	H	H	S	S
较大	L	M	H	H	S
中等	L	L	M	H	H
较小	N	L	L	M	H
可忽略	N	N	L	L	M

图 8-8 风险概率-影响矩阵

5）风险等级

根据风险因素对投资项目影响程度的大小，采用风险评价矩阵方法，可将风险程度分为微小风险、较小风险、一般风险、较大风险和重大风险五个等级。

① 微小风险：风险发生的可能性很小，且发生后造成的损失较小，对项目的影响很小。对应图 8-8 的 N 区域。

② 较小风险。风险发生的可能性较小，或者发生后造成的损失较小，不影响项目的可行性。对应图 8-8 的 L 区域。

③ 一般风险。风险发生的可能性不大，或者发生后造成的损失不大，一般不影响项目的可行性，但应采取一定的防范措施。对应图 8-8 的 M 区域。

④ 较大风险。风险发生的可能性较大，或者发生后造成的损失较大，但造成的损失是项目可以承受的，必须采取一定的防范措施。对应图 8-8 的 H 区域。

⑤ 重大风险。风险发生的可能性大，风险造成的损失大，将使项目由可行转变为不可行，需要采取积极有效的防范措施。对应图 8-8 的 S 区域。

8.2 工程项目投资风险对策

8.2.1 风险对策的基本要求

可行性研究阶段的风险对策研究是整个工程项目风险管理的重要组成部分，对策研究的基本要求包括：

① 风险对策研究应贯穿可行性研究的全过程。可行性研究是一项复杂的系统工程，而风险因素又可能存在于技术、市场、工程、经济等各个方面。在正确识别出投资项目各方面的风险因素之后，应从方案设计上就采取防范风险的措施，才能防患于未然。因此风险对策

研究应贯穿可行性研究的全过程。

② 风险对策应具针对性。投资项目可能涉及各种各样的风险因素，且各个投资项目又不尽相同。风险对策研究应有很强的针对性，应结合行业特点，针对特定项目主要的或关键的风险因素提出必要的措施，将其影响降低到最低程度。

③ 风险对策应具可行性。可行性研究阶段所进行的风险对策研究应立足于现实客观的基础之上，提出的风险对策应是切实可行的。所谓可行，不仅指技术上可行，且在财力、人力和物力方面也是可行的。

④ 风险对策应具经济性。防范风险是要付出代价的，如果提出的风险对策所花费的费用远大于可能造成的风险损失，该对策将毫无意义。在风险对策研究中应将防范风险措施所付出的代价与该风险可能造成的损失进行权衡，旨在以最少的费用获取最大的风险效益。

⑤ 风险对策研究是项目有关各方的共同任务。风险对策研究不仅有助于避免决策失误而且是投资项目以后风险管理的基础，因此它应是投资项目有关各方的共同任务。项目发起人和投资者应积极参与和协助进行风险对策研究，并真正重视风险对策研究的结果。

在风险对策研究中，可以采用风险控制矩阵，针对不同的风险程度和控制能力，采取不同的策略。如表 8-15 所示。对于风险程度高、控制能力差的风险因素，应再进行深入的分析。对于风险程度中等、控制能力一般的风险因素，要密切关注。对于控制能力强、风险程度中低的风险因素，则可以不必过多地关注。

表 8-15　风险控制矩阵

风险控制能力	风险程度		
	高	中	低
差	深入分析	密切关注	关注
一般	密切关注	密切关注	不必过多关注
强	关注	不必过多关注	不必过多关注

8.2.2　投资项目主要风险对策

由于风险具有威胁和机会并存的特征，所以应对风险的对策可以归纳为消极风险或威胁的应对策略及积极风险或机会的应对策略。前者的具体对策一般包括风险回避、风险减轻、风险转移和风险接受，针对的是可能对项目目标带来消极影响的风险；后者针对的是可以给项目带来机会的某些风险，采取的策略总是着眼于对机会的把握和充分利用。由于大多数投资项目决策过程中更为关注的是可能给项目带来威胁的风险，因此此处陈述的主要风险对策仅涉及消极风险或威胁的应对策略。

(1) 风险回避

风险回避是彻底规避风险的一种做法，即断绝风险的来源。对工程项目可行性研究而言就意味着提出推迟或否决项目的建议或者放弃采纳某一具体方案。在可行性研究过程中，通过信息反馈彻底改变原方案的做法也属于风险回避方式。如风险分析显示产品市场方面存在严重风险，若采取回避风险的对策，就会做出缓建（待市场变化后再予以考虑）或放弃项目的决策。这样固然避免了可能遭受损失的风险，同时也放弃了投资获利的可能，因此风险回避对策的采用一般都是很慎重的，只有在对风险的存在与发生，对风险损失的严重性有把握的情况下才有积极意义。所以风险回避一般适用于以下两种情况：其一是某种风险可能造成相当大的损失，且发生的频率较高；其二是应用其他的风险对策防范风险代价昂贵，得不偿失。

（2）风险减轻

风险减轻是指把不利风险事件发生的可能性和（或）影响降低到可以接受的临界值范围内，也是绝大部分项目应用的主要风险对策。提前采取措施以降低风险发生的可能性和（或）可能给项目造成的影响，比风险发生后再设法补救要有效得多。可行性研究报告的风险对策研究应十分重视风险控制措施的研究，应就识别出的关键风险因素逐一提出技术上可行，经济上合理的预防措施，以尽可能低的风险成本来降低风险发生的可能性并将风险损失控制在最低程度。在可行性研究过程中所做的风险对策研究提出的风险控制措施运用于方案的再设计；在可行性研究完成之时的风险对策研究可针对决策、设计和实施阶段提出不同的风险控制措施，以防患于未然。典型的风险减轻措施包括通过降低技术方案复杂性的方式降低风险事件发生的概率，通过增加那些可能出现的风险的技术方案的安全冗余度以降低日后一旦风险发生可能带来的负面效果。

风险减轻必须针对项目具体情况提出防范、化解风险的措施预案，如表 8-16 所示，既可以是项目内部采取的技术措施、工程措施和管理措施等，也可以采取向外分散的方式来减少项目承担的风险。例如银行为了减少自己的风险，只贷给投资项目所需资金的一部分，让其他银行和投资者共担风险。在资本筹集中采用多方出资的方式也是风险分散的一种方法。

表 8-16 风险防范与化解措施

序号	风险发生阶段	风险因素	主要措施	责任主体
1				
2				
3				
…				

（3）风险转移

风险转移是试图将项目业主可能面临的风险转移给他人承担，以避免风险损失的一种方法。风险转移是把风险管理的责任简单地推给他人，而并非消除风险。实行这种策略要遵循两个原则，第一，必须让承担风险者得到相应的报酬；第二，对于具体风险，谁最有能力管理就让谁分担。

风险转移有两种方式，一是将风险源转移出去，二是只把部分或全部风险损失转移出去。就投资项目而言，第一种风险转移方式是风险回避的一种特殊形式。例如将已做完前期工作的项目转给他人投资，或将其中风险大的部分转给他人承包建设或经营。

第二种风险转移方式又可细分为保险转移方式和非保险转移方式两种。保险转移方式是在工程项目实施阶段常见的风险对策之一。

工程保险是针对工程项目在建设过程中可能出现的因自然灾害和意外事故而造成的物质损失，依法应对第三者的人身伤亡或财产损失承担的经济赔偿责任提供保障的险种。工程项目实施中的保险险种详见表 8-17。一般情况下，建筑工程一切险、安装工程一切险和第三者责任险都属于强制性保险。

表 8-17　工程项目实施中的保险险种

保险标的	保险类别	险种	可附加险种
财产保险	工程保险	建筑工程一切险	第三者责任保险
		安装工程一切险	
	企业财产保险	财产保险综合险	
		房屋抵押贷款保险	
		房屋利益保险	
	运输工具保险	汽车保险	第三者责任保险
		机动车辆保险	
	货物运输保险	水路、陆路、航空货物运输保险	
责任保险	第三者责任保险	建筑工程第三者责任保险	
		安装工程第三者责任保险	
	公众责任保险	电梯责任保险	
		旅馆责任保险	
	职业责任保险	建筑设计责任保险	
		勘察设计责任保险	
		会计师责任保险	
	雇主责任保险	雇主责任保险	第三者责任保险
	产品责任保险	锅炉、压力容器险	第三者责任保险
		水泥质量信誉险	
信用保证保险	合同保证保险	投标保证保险	
		履约保证保险	
		预付款保证保险	
		质量维修保证保险	
	信用保险	投资保险	
人身保险	人寿保险	死亡保险	第三者责任保险
		生存(年金)保险	
	人身意外伤害保险	人身意外伤害险	
		经理人身意外伤害保险	
	健康保险	疾病医疗保险	
		疾病死亡保险	

非保险转移方式是项目前期工作涉及较多的风险对策,如采用新技术可能面临较大的风险,可行性研究中可以提出在技术合同谈判中注意加上保证性条款。如达不到设计能力或设计消耗指标时的赔偿条款等,以将风险损失全部或部分转移给技术转让方,在设备采购和施工合同中也可以采用转嫁部分风险的条款,如采用总价合同形式将风险转移给卖方。

非保险转移主要有三种方式:出售、发包、免责合同。

① 出售。通过买卖契约将风险转移给其他单位。例如,工程项目可以通过发行股票或债券筹集资金。股票或债券的认购者在取得项目的一部分所有权时,也同时承担了一部分风险。

② 发包。发包就是通过从项目执行组织外部获得货物、工程或服务而把风险转移出去。发包时又可以在多种合同形式中选择。例如建设项目的施工合同按计价形式划分，有总价合同、单价合同和成本加酬金合同。

③ 免责合同。在合同中列入免责条款，在某些风险事故发生时，项目班子本身不应承担责任。

无论采用何种风险转移方式，风险的接收方应具有更强的风险承受能力或更有利的处理能力。

(4) 风险接受

风险接受就是将可能的风险损失留给项目业主自己承担。风险接受分为两种情况：

一种可能是主动的。已知项目有风险，但若采取某种风险措施，其费用支出会大于自担风险的损失时，常常主动接受风险，最常见的主动接受策略是建立应急储备，安排一定的时间、资金或资源来应对风险。

另一种可能是被动的。已知项目有风险，风险事件不影响项目实施，但由于可能获得高额利润而需要冒险，而且此时无法采用其他的合理应对策略，必须被动地保留和承担这种风险。例如，资源开发项目和其他风险投资项目，可能获利而需要冒险时，必须保留和承担该风险。

为了应对风险接受，可以事先制订好后备措施。一旦项目实际进展情况与计划不同，就需动用后备措施。主要有费用、进度和技术三种后备措施。

① 费用后备措施。预备费，是一笔事先准备好的资金，用于补偿差错、疏漏及其他不确定性对项目费用估计精确性的影响。预备费在项目预算中要单独列出，不能分散到具体费用项目之下，否则，项目班子就会失去对支出的控制。预备费一般分为基本预备费和价差预备费两类。基本预备费用于补偿估价和实施过程中的不确定性；价差预备费用于对付通货膨胀和价格波动。

② 进度后备措施。对于项目进度方面的不确定性因素，项目各方一般不希望以延长时间的方式来解决。因此，就要设法制订出一个较紧凑的进度计划，争取项目在各方要求完成的日期前完成。从网络计划的观点来看，进度后备措施就是在关键路线上设置一段时差或浮动时间。项目工序不确定程度越高，任务越含糊，关键路线上的时差或浮动时间也应该越长。

③ 技术后备措施。技术后备措施专门用于应对项目的技术风险，它可以是一段时间或是一笔资金。当预想的情况未出现，并需要采取补救行动时才动用这笔资金或这段时间。

预算和进度后备措施很可能用上，而技术后备措施很可能用不上。只有当不大可能发生的事件发生、需要采取补救行动时，才动用技术后备措施。

以上所述的风险对策不是互斥的，实践中常常组合使用。比如在采取措施降低风险的同时并不排斥其他的风险对策，例如向保险公司投保、引入合作伙伴等。可行性研究中应结合项目的实际情况，研究并选用相应的风险对策。

8.2.3 不同风险决策准则下的项目决策

由于不同的投资者对于项目风险的态度和承受能力是不同的，因而对于风险下建设项目的决策存在差异。按照不同人群对风险的不同态度，可以划分为三类：风险热爱型、风险中性型和风险厌恶型，如图 8-9 所示。有的投资者敢于冒大的风险，以争取获得高的收益，属于风险热爱型；有的投资者害怕风险，不愿意冒风险，而放弃项目，这类投资者属于风险厌恶型；也有的投资者既不喜好风险，也不厌恶风险，属于风险中性型。

（1）风险决策准则

风险决策准则是风险下投资项目的决策依据，因为存在风险导致项目决策的指标不再具有单一确定的结果，而是存在多种可能性，使得决策变得复杂。包括最大盈利决策、期望值决策、最小损失决策、满意度决策、最小方差决策等，采取何种决策准则，取决于决策者的风险偏好。

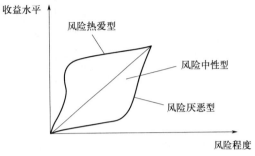

图 8-9　风险偏好与收益

最大盈利决策是指在不同的项目中选择可能获得最大收益的项目，或者是按照项目的最大获利能力来对照目标值，如果大于目标值，则项目可行。

期望值决策指在不同的项目中选择可能获得收益期望值最大的项目，或者是按照项目的期望值来对照目标值，如果大于目标值，则项目可行；反之，则项目不可行。

最小损失决策指在不同的项目中选择可能损失最小的项目，或者是按照项目的损失值来对照目标值，如果小于目标值，则项目可行；反之，则项目不可行。

满意度决策既可以是决策人想要达到的收益水平，也可以是决策人想要避免的损失水平，因此它对风险厌恶和风险偏爱决策人都适用。当选择最优方案花费过高或在没有得到其他方案的有关资料之前就必须决策的情况下应采用满意度准则决策。

最小方差决策指方案指标值的方差越大则方案的风险就越大。所以，风险厌恶型的决策人有时倾向于用这一原则选择风险较小的方案。这是一种避免最大损失而不是追求最大收益的准则。

（2）政府决策

对于政府投资项目而言，由于政府投资资金主要投资于公共项目，政府对风险的态度通常应该是风险中性型，即不追逐风险以获得高收益，也不因为存在项目风险而放弃公共利益建设。同时，由于政府投资建设大量的项目，存在所谓风险库效应，即建设项目的分散使得风险得以分散。因此，政府投资决策主要采用期望值决策准则。

但是，对于重大投资项目、关系弱势群体等特殊群体利益的项目、处于决策指标临界点的项目，则需要调整决策准则。可以采用累计概率水平准则，即项目收益水平大于基准目标值的累计概率大于某个数值，如60%或70%等，项目才可行。

（3）企业决策

企业投资决策取决于决策者的风险偏好。对于风险热爱型投资者，一般采取最大盈利决策准则；对于风险中性型投资者，则一般选择期望值决策准则；而对于风险厌恶型投资者，一般则选择风险损失的概率低于某一限度如30%准则，或是采用最小损失决策准则。

【例 8-5】 某一项目投资2300万元，按照常规的项目财务分析，得到了项目净现值NPV的最可能情况是4200万元，由于存在市场风险、政策风险和技术风险，采用蒙特卡罗模拟法进行项目风险分析，NPV的期望值为1600万元，NPV的分布如图8-10所示。请问对于不同的决策者，如何进行决策？

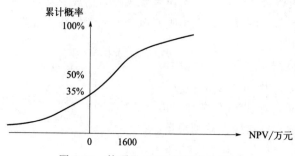

图 8-10 某项目 NPV 的概率分布图

对于风险热爱型的投资者,因为项目 NPV 的最可能值是 4200 万元,大于 0。因此,项目在财务上是可行的。

对于风险中性型的投资者,因为 NPV 的期望值为 1600 万元,大于 0。因此,项目在财务上也是可行的。

对于风险厌恶型的投资者,由于存在 35% 的可能性 NPV 小于 0。因此,项目在财务上是不可行的。

 本章小结及重要术语

 思考题

1. 简述工程项目投资风险识别的含义和目的。
2. 简述投资项目的主要风险。
3. 什么是工程项目投资风险的估计?有哪些方法?
4. 什么是工程项目投资风险的评价?基本步骤是什么?
5. 简述工程项目可行性研究阶段的风险对策。

第三部分
工程项目融资决策

第 9 章
工程项目融资程序与主体

 知识导图

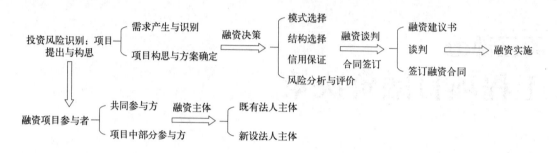

 重难点

工程项目的提出与构思的主要内容,工程项目融资决策和实施阶段的主要内容,项目融资的参与者和项目融资主体。

 学习目标

知识目标:掌握工程项目融资的实施,掌握项目融资的参与者和项目融资主体;熟悉工程项目的提出与构思,熟悉工程项目融资决策阶段;了解工程项目融资谈判与合同的签订。

素质目标:培养团队合作意识、大局意识;培养勇担社会责任与风险、勇于面对挑战、不轻言放弃的企业家精神;培养学生法律意识,同时具有解决相关法律问题的基本能力。

9.1 建设工程项目融资程序

从工程项目的提出到选择恰当的融资方式为工程项目筹集资金,一直到最后执行工程项目融资大致分为五个阶段,即工程项目的提出与构思、工程项目的投资决策分析、工程项目的融资决策分析、工程项目融资谈判、工程项目的执行,如图9-1所示。

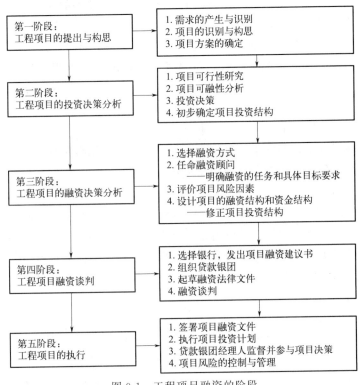

图 9-1 工程项目融资的阶段

9.1.1 工程项目的提出与构思阶段

工程项目的提出与构思是对所要实现的目标进行的一系列想象与描绘,是对未来投资工程项目的目标、功能、范围以及工程项目设计的各主要因素和大体轮廓的设想和初步界定。在此过程中必然涉及工程项目所需经费的估算及筹措,在这个阶段的方案选择中还会考虑资金筹措的影响因素,以及工程项目融资的运作与步骤。

(1) 需求的产生

工程项目产生的基本前提是需求。国防建设、人民生活和社会发展等领域中各种需求以及尚未解决的问题共同构成了项目的来源。在社会生产、分配、消费和流通的不断循环当中均有工程项目需求。例如为改善城市环境,要实施诸如城市绿化、道路拓宽、旧城区改造等工程项目。

科学研究是工程项目的一个重要来源。使国民经济结构发生重大变化,甚至改变人类的历史的一些项目常常是由科学研究发现产生的,如一些核发电和其他原子能项目都建立在20世纪初物理学和化学发现的放射性、核裂变和相对论等研究成果之上。伴随着科学发现和科学研究的发展，诸如废物、废弃电池、废品回收等以前被人类所忽视甚至认为无用的资源也找到了新的用途，由此便产生了许多新的工程项目。在此基础上，如矿产开采、输油输气管道的铺设等与自然资源的存在、发现和利用相关的工程项目也日益发展壮大起来。

在各种新的工程项目不断涌现的同时，政府的经济体制改革和各种新政策，也根据公共需求和民间需求的增多，不断地丰富和拓宽了部分对国民有利的工程项目。

（2）需求的识别

需求的识别始于需求、问题或机会的产生，终于需求建议书的发布，它是一个反复认识的过程，需要收集信息和资料，进行调查研究，并分析所收集的信息和一系列的约束条件，进行反复的认识。例如，重新装修陈旧的房屋，这时产生了项目需求，但从需求的识别角度，还需要分析房屋装修的风格、档次、价格等。这就需要对工程项目进行相关的调查研究，包括与相关的装修公司沟通、参考其他房子的装修风格、调查相关装修材料的种类和价格等。总之，需要针对工程项目做许多相关调查研究工作，以期对工程项目有比较清晰的认识，从而决定最后的方案，形成需求建议书。

需求的识别在工程项目融资中具有较重要的作用，应该结合工程项目的实际情况，明确目标和构思，形成一份比较完整和详细的需求建议书。

（3）需求建议书

需求建议书（requirement for payment）是从客户的角度出发，全面、详细地向投资者陈述、表达为了满足其已识别的需求所需做的准备工作。即需求建议书是客户向投资者发出的，用来说明如何满足其已识别需求的文件。好的需求建议书能让投资者了解消费者所期待的产品或服务是什么，即他所希望得到的是什么。承约商只有在此基础上才能准确地进行工程项目的识别、构思等。

（4）工程项目的识别

工程项目的识别是指投资者从备选的工程项目方案中挑选出一种能够满足已识别的需求的方案，属于投资者的行为。接到需求建议书之后，投资者根据具体情况确定客户需求的工程项目，以及客户的成本预算是否足以完成满足需求的工程项目，以分析客户已识别的需求是否经济可行。

（5）工程项目的构思

工程项目的构思是指投资者为了满足客户识别的需求，在需求建议书约定的条件和具体情况下为实现客户的目标而进行的设想。工程项目的构思是一种创造性活动，也可称为工程项目的创意，因为只有保持足够的创意，才能保证工程项目的吸引力和潜力、足够的市场、美好的未来。

工程项目的构思方法有多种，包括工程项目混合法、比较分析法、集体问卷法、头脑风暴法、信息整合法、逆向式创新、发散式创新等。

（6）工程项目方案的确定

投资者需要在可供选择的实施方案中，选择能够满足客户需求，同时在现实中可行、投入少、收益大的工程项目方案。

9.1.2 工程项目融资决策阶段

工程项目投资者决定采用何种融资方式为该工程项目筹集资金是此阶段的任务。是否采用特许经营项目融资，取决于投资者对债务责任分担上的要求、贷款资金数量上的要求、时间上的要求、融资费用上的要求以及诸如债务会计处理等方面要求的综合评价。如果决定选择采用特许经营项目融资作为融资手段，投资者就要选择和任命融资顾问，开始研究和设计项目的融资结构。当项目的投资者自己无法明确判断采取何种融资方式时，投资者可以聘请融资顾问对项目的融资能力以及可能的融资方案做出分析和比较，获得一定信息反馈后，再做出工程项目的融资方案决策。

(1) 工程项目融资模式的选择

融资模式是工程项目融资整体结构组成中的核心部分。工程项目融资模式的设计需要考虑工程项目投资结构的设计情况，在投资结构确定的条件下，细化、完成融资模式的设计工作。特别注明，融资顾问从工程项目开始融资起就需要参与到工程项目融资的组织安排中。工程项目融资顾问有时除担任工程项目投资者的顾问之外，也作为贷款银团的成员和经理人参与贷款。多数情况下，当工程项目融资安排完成后，融资顾问也加入贷款银团并成为其代理人，代表银行参加一定的工程项目管理和决策；有时也会根据银团的要求控制项目的现金流量，安排项目资金的使用，确保从项目的收益中拨出足够的资金用于贷款的偿还。

(2) 工程项目融资资金的结构与选择

完成工程项目的投资结构和融资模式后，剩下的工作就是安排和选择工程项目的资金构成与来源。工程项目融资的资金构成有两部分：股本资金与债务资金。工程项目中债务资金和股本资金之间的比例关系，工程项目资金的合理使用结构以及税务安排对融资成本的影响，是确定工程项目的资金结构和资金形式的三个主要因素。

在不影响工程项目抗风险能力的条件下尽可能降低工程项目的资金成本是安排工程项目资金的一个基本原则。国际上大多数国家税法都约定贷款的利息支出可以在税前利润中除去，所以债务资金的资金成本较股本资金的资金成本低。如果某一工程项目使用的资金全部是债务资金，那么它的资金成本是最低的，但是工程项目的财务状况和风险抵抗能力因为高额债务而变得脆弱；如果工程项目使用的资金全部是股本资金，其股本资金的机会成本将提高，但它具有超强的风险抵抗能力。所以说，确定债务与股本资金的比例是安排工程项目资金所要考虑的主要因素之一。

不论是对投资者还是对资金供给者而言，统筹考虑工程项目资金的合理使用结构都十分重要。确定工程项目资金的合理使用结构，除了需要考虑建立合理的债务资金和股本资金的比例关系之外，还要考虑以下因素：

① 工程项目的资金需求总量。保证工程项目融资中的资金安排可以满足项目的不同阶段和不同用途的资金需求。

② 资金的使用期限。债务资金都是有固定期限的，根据不同阶段的资金需求安排不同期限的贷款，就可以起到优化工程项目债务结构、降低工程项目债务风险的作用。

③ 资金成本和构成。资金成本包括股本资金的机会成本和债务资金的利息成本。

④ 混合融资结构，不同利率结构、不同贷款形式或者不同货币种类的贷款结合得当，可以降低工程项目融资成本，减少工程项目风险。

另外，当工程项目采取特许经营项目融资方式进行融资时，预提税也是工程项目资金结构的重要影响因素。预提税是一个主权国家对外国资金的一种管理方式，分为红利预提税和利息预提税两大类，其中以利息预提税应用最为广泛，利息预提税率通常为贷款利息的10%～30%。预提税一般由借款人缴纳，其应付税款金额可以从向境外支付的利息总额中扣减，也可以是应付利息金额之上的附加成本，这取决于借、贷双方之间的协商安排。由于国际债务资金是项目融资的一个重要资金来源,利息预提税则会增加工程项目的资金成本,所以在考虑工程项目的资金结构时,利息预提税是一个重要的研究因素。

(3) 工程项目融资的信用保证

信用保证的核心是融资的债权担保。工程项目融资包括公司融资与特许经营项目融资,公司融资的特点是无限追索权,它的债权以公司的信誉、实力、财务状况等能力以及其他的一些直接或间接的担保为保证。而特许经营项目融资的资金安全来自工程项目的经济强度与工程项目之外的各种直接或间接的担保。这些直接或间接的担保可以由工程项目的投资者提供;可以由与工程项目有直接或间接利益关系的相关方提供;也可以是直接的财务保证,如完工保证、成本超支保证等;还可以是间接的或非财务性的担保,如长期供货协议等。所有这些担保形式的组合,就构成了工程项目的信用保证结构。

(4) 工程项目融资风险的分析与评价

风险伴随着工程项目融资的各个阶段,风险情况一定程度上决定着工程项目融资的成败,因此风险的分摊与控制就显得十分重要。工程项目融资中的大量工作都是围绕风险展开的,包括风险识别、风险评价、风险分摊和风险控制的过程。

9.1.3 工程项目融资谈判与合同的签订阶段

(1) 选择银行,发出工程项目融资建议书

工程项目融资中,采取银团贷款取得工程项目所需资金时,项目公司或项目投资者会将贷款要求通知给几家潜在贷款银行,然后进行贷款条件谈判,初步谈判之后,邀请几家银行提出正式建议书,作出要约。在这期间,其他的未受邀请的银行也可以自动提出建议书。

建议书可以由一家银行单独提出,也可以由两家或两家以上的银行根据各自需要联名提出。对银行来说,联名或单独提出建议书是其一项重要的决定。银行的建议书一旦被借款人接受,该家或多家银行就正式成为受托银行,担当贷款人的角色。

银行的受托形式有"全力"与"包揽"两种。在建议书中,首先需要说明受托银行的承担形式。"全力"的承担是为了组织银团而投入人力、物力的承担。在该种承担形式下,受托银行需要组织成一个愿意提供全部贷款的银团,否则受托银行就要退出整项计划,或者与借款人协商降低贷款额度,以达到银团愿意提供的数额。如果受托银行竭尽全力后仍不能组成银团,受托银行是不需要担负法律责任的,但信誉可能遭受严重损失。所以,为避免信誉损失,受托银行一般不会与借款人协商减少贷款额或退出整个计划,而是尽力改变贷款方案,极力去说服别的银行接受这项贷款。

"包揽"性质的承担是受托银行贷出借款人所需要的资金,可分为全部包揽要约和局部包揽要约。全部包揽要约是指受托银行承诺达成贷款协议后贷出借款人所需的全部资金。局部包揽要约是指受托银行承诺贷出它所包揽的款额,其他款额则不在它的承诺范围之内。

无论是"全力"的承担还是"包揽"的承担,受托银行均有一个"保留"指标和一个"出让"指标。"保留"指标是指受托银行本身所保留的由自己贷出的贷款数额,而"出让"指标则指受托银行希望其他银行承担的贷款数额。

受托银行发出要约时,风险是其重点考虑的质疑因素,"全力"承担和"包揽"承担在市场风险承担主体上稍有不同,受托银行在选择承担形式时需要结合自身抵抗风险的能力,合理选择承担形式。"全力"承担时的市场风险由借款人承担,"包揽"承担时的市场风险则由受托银行承担。

从受托银行提出建议书到借款人接受建议书期间，受托银行与借款人需要进行协商，并有可能修改现有的建议书，直到借款人接受建议书。借款人接受建议书之后，委托协议正式生效，有关银行正式成为借款人的受托银行。

（2）工程项目融资谈判

起草和签订协议是一项十分复杂且需要必要的知识和技能、高超的谈判艺术和经验的工作。从借款人的角度出发，起草和签订好工程项目融资协议需做好以下几个方面的工作。

① 做好谈判班子的组建工作

谈判班子对谈判能否成功是非常重要的，谈判班子中成员的谈判水平直接关系着当事人在协议中的利益和谈判工作的成败。实践经验表明，好的工程项目融资谈判班子至少包括技术专家、工程专家、融资专家、律师、税务顾问等专业人才。参与谈判的人，必须是在某一方面有特长、技能或经验的人员，谈判班子必须能团结一致，在实际谈判过程中，要互相配合，取长补短。谈判班子事先要确定谈判的主谈人，并制订严密而周详的谈判方案。

② 事先做好工程项目的可行性研究及必要的谈判准备工作

借款方在谈判之前首先要明确针对该工程项目的技术要求、技术规范及工程项目所应具备的技术条件等技术方面的问题，并且要对合同协议所涉及的一些商务问题有充分的准备和对策。借款方应争取一切可能和条件，事先起草好协议和其相关文件，以期将制订协议的主动权掌握在自己手中，在整个谈判和协议中占据有利地位。

③ 掌握好政策、法律尺度

借款方的谈判班子在谈判开始之前，一定要对该协议可能涉及的本国或本地区的政策和法律有充分而明确的了解，包括土地征用、技术转让、外商投资等方面的相关法律，并针对每一个问题，先行拟定内部策略。在谈判过程中，不可随意脱离原定方案和对策，更不可随意对贷款方提出的要求任意许诺，否则既可能使贷款方怀疑借款方的诚意和能力，也可能给借款方带来不可挽回的损失。

④ 做好协议的外围工作

为了保证该项谈判能顺利进行和取得成功，借款方在谈判开始之前，应尽量充分研究与该项协议有关的一些外围工作。例如保证能源供应、电力购买及电力上网等在电站的项目融资中与业主政府履行其特许权有关的直接外围工作。充分且有效的外围工作能够帮助工程项目谈判顺利进行，并能取得在谈判中的有利地位和条件。

⑤ 与贷款方建立起相互充分信任的协议关系

工程项目融资的合同关系复杂，若要使其成功，除了要有良好的工程项目运作机制外，谈判双方在谈判协议过程中也要建立起充分的信任关系。如果谈判双方能够建立起充分信任的协议关系，就能做到互相理解、互相尊重、密切配合，齐心协力地朝着该工程项目合同谈判成功的方向努力以及朝着日后履行该项协议的方向发展，将取得事半功倍的效果；否则可能会使谈判工作旷日持久，浪费谈判双方宝贵的时间和财富，而最终还不能达成任何协议。

（3）签订工程项目融资合同

1）贷款文件

① 资料备忘录。资料备忘录是关于借款人和工程项目的资料性文件。它通常是由借款人在首席经理人的协助下起草的，由首席经理人代表借款人发给要求取得这些资料的贷款参与人。资料备忘录的内容包括：借款人的财务状况、过去的业绩和当前的经营管理结构、计划的可行性、产品市场成本估算、作价和现金流量。

②邀请电文。邀请电文是管理集团向受邀参加银团的贷款人发出的电文,内容包括贷款的全部基本条款,这些基本条款必须符合借款人所接受的受托银行发出的建议书中列举的条件。邀请电文是贷款合约的基础,它的内容包括:金额和货币币种、贷款目的、提款、宽限期、偿还和最终到期日、取消贷款和提前偿还借款、利息、各种银行收费、十足付款、管辖法律、管辖权、放弃管辖豁免权、需要使用的标准文件、需要偿还的费用、建议期满日期等。

③贷款合约。贷款合约中的标准条款包括:先决条件、陈述和保证、约定、违约事件。

2) 特许权协议

在特许经营项目融资中,特许权协议是融资合同中一项重要的内容,如 BOT 项目基本围绕特许权展开。《牛津法律大辞典》对"特许权"(concession) 的解释是:"政府机构授予个人以某种事务上的权利,例如耕耘土地、经营工业、提炼矿物等。"在这里,特许权是指业主政府授予国内外的项目主办者在其境内或本地区从事某一工程项目的建设、经营、维护和转让等的权利。特许权是约定和规范工程项目业主政府与该工程项目主办者之间权利、义务关系的法律文件,它往往是项目融资中所有协议合同的核心和依据。

9.1.4　工程项目融资的实施阶段

在正式签署工程项目融资的法律文件之后,结束融资的组织安排工作,工程项目融资将进入执行阶段。在公司融资方式中,一旦进入融资的执行阶段,合同关系就变得相对简单。然而,在特许经营项目融资中,合同关系比较复杂,比如,贷款银团通过其经理人(一般由项目融资顾问担任)将会经常性地监督工程项目的进展,根据融资文件的约定,参与部分工程项目的决策程序,管理和控制工程项目的贷款资金投资及部分现金流量。

(1) 执行工程项目投资计划

① 工程项目施工阶段

此阶段承包商将进行实际的工程项目施工。在特许经营项目融资模式下,可能还需要进一步进行工程项目的融资工作。工程项目施工通常采用的方法是交钥匙、固定价格承包方式。承包商的总包价格不应受通货膨胀的影响,同时承包商还需要承担不可预见的场地情况所带来的风险。在特许经营项目融资模式下,承包商为了保证施工工作的合理进行和正确执行,常雇用独立的检查机构对工程项目进行检查,包括工程项目的施工设计、施工质量和费用控制以及工程项目的管理等。

② 工程项目运行阶段

此阶段工程项目的运行和维护者将管理合同实施的运行,并负责在该阶段中收回投资并取得适当的利润,以归还贷款,支付运营费用、政府税收及股东分红等。如果是 BOT 等特许权融资项目,那么在约定的特许期限到期后,应将合同设施的所有权或业主权无偿归还给政府或其指定的接收单位。

(2) 贷款银团经理人监督并参与工程项目决策

在特许经营项目融资中,由于贷款银团的贷款金额大,贷款银团一般参与工程项目的决策,对工程项目建设、运营进行监督。在工程项目实施的不同阶段,贷款银团参与的事项不尽相同。在工程项目的建设期,贷款银团经理人(一般由项目融资顾问担当)将经常性地监督工程项目的建设进展,根据资金预算和建设日程表安排贷款的提取。如果融资协议包括多种货币贷款的选择,银团经理人可以为工程项目主办者提供各种资金安排上的策略性建议。

在工程项目的试生产期,银团经理人监督项目试生产情况,将实际的工程项目生产数据和技术指标与其融资文件约定的商业完工标准进行比较,判断工程项目是否达到了融资文件约定的商业完工标准。在工程项目的正常运行期,工程项目投资者所提供的完工担保将被解除,贷款的偿还将主要依赖工程项目本身的现金流量。银团经理人将按照融资文件的约定管理全部或一部分工程项目的现金流量,以确保债务的偿还。除此之外,银团经理人也会参与一部分工程项目的生产经营决策,在工程项目的重大决策问题上(如新增资本支出、减产、停产和资产处理等)有一定的发言权。由于工程项目融资的债务偿还与其工程项目的金融环境和市场环境密切相关,所以帮助工程项目投资者加强对工程项目风险的控制和管理,也成为银团经理人在工程项目正常运行阶段的一项重要的工作。

(3) 工程项目风险的控制与管理

① 国家风险的管理。针对国家风险,其切实可行的管理方法主要有寻求政治风险担保、通过谈判向东道国政府争取更多应对政治风险的权利、引入多边机构参与工程项目贷款、以引入当地大企业参与工程项目的建设和经营。

② 金融风险的管理。金融风险的管理方法主要有将工程项目收入货币与支出货币相匹配、在当地筹集债务、将合同中涉及的工程项目收入尽量以硬货币形式支付、与东道国政府谈判取得东道国政府保证优先获得外汇的协议或由其出具外汇可获得的担保、利用政治风险保险也能降低一些外汇不可获得的风险、利用衍生金融工具减少货币贬值风险等。

③ 完工风险的管理。为了限制及转移工程项目的完工风险,贷款人通常要求采取管理此种风险的方式有:a. 由工程项目发起人自己承担工程项目的建设,或按照交钥匙总承包的方式交给另一家工程总承包商来完成;b. 提供债务承购保证。该管理方法一般应用于特许经营项目融资模式中,此法要求工程项目发起人在工程项目最终不能达到商业完工标准的条件下,收购工程项目债务或将其转化为公司债务,即由有限追索的特许经营项目融资转化为完全追索的公司融资;c. 由投资者提供无条件完工担保;d. 技术保证承诺;e. 由工程项目发起人提供并建立完工保证基金。

④ 经营风险的管理。经营风险的管理措施有:a. 保证工程项目的各种供应及销售收入;b. 建立储备基金账户,保证有足够的收入来应付经营成本、特别设备检修费和偿还债务等。

⑤ 市场风险的管理。为了将市场风险置于可控范围,除了在工程项目初期做好充分的工程项目可行性研究工作外,还要在产品销售合同上确定产品的定价策略。

⑥ 环保风险的管理。根据工程项目对周围环境影响程度的不同,需要采取相应的防范措施将工程项目对环境造成的影响降至最低。

9.2 建设工程项目融资参与者与构架

9.2.1 项目融资的参与者

(1) 所有项目融资中都有的参与方

① 项目发起人

可能是具有当前项目实施和运营方面经验的自然人或者企业组织。例如,电厂项目的发起人经常是一个独立的发电供应商或电力公司;公路项目的发起人可能是一个收费公路的运营商或在建设和运营收费公路方面具有经验的建筑公司。

② 项目实体

为了实施和运营筹划的项目，发起人一般注册一个专用（公司制或非公司制）载体。在组织了合营公司或有限合伙企业后，筹集资金、管理、利润分享、利息支付、项目终止等问题都会在股东协议或合作协议里得以规范。

③ 工程建设承包商

工程建设承包商是按照设计、采购和建设（EPC）合同建设项目的经济主体。EPC合同条款明确了项目的固定价格、既定的规范及建设和委托时间表。尽管有众多的分包商和很多活动，但这种安排可以让银行只面对一个责任主体。工程建设实际安排时，有时也可能由两个关联的参与方签订两个独立合同，如与一家承包商签订建筑安装合同，而与另一家公司签订设备供应合同。为了达到面对一个责任主体的要求，融资机构要求两家承包商实施交叉担保。

④ 贷款人

包括多边和双边的金融机构。多边机构如世界银行、国际金融公司（IFC）、多边投资担保机构（MIGA），还包括地区性的开发银行如亚洲开发银行（ADB）、泛美开发银行（IADB）。双边机构在新兴市场也很活跃，如出口信贷机构（ECAs）和像美国海外私人投资公司（OPIC）和英国共同体发展公司（CDE）等的投资促进机构以及商业性金融机构。

⑤ 其他参与主体

有些项目还有其他的参与主体。如第三方资本金提供者（与项目发起人不相关联的参与方提供的直接资本）或次级投资人或贷款人（如通过获得可转换债券参与到项目中来）。次级投资人比较被动，不参与项目的经营。还有由项目发起人指定的，具体负责项目运营的项目管理者，以及参与建设和运营过程的财务顾问、工程顾问、环境咨询、律师等。

(2) 项目中的部分参与方

① 包销商

根据一个正式协议，项目产出由一个单独的总购买项目全部产出。

② 第三方运营商

负责项目的运营和维护（O&M）的主体。运营商根据项目运营结果的好坏上下调整管理费。如果不由第三方运营商经营，项目就会由某个发起人直接经营。如果运营商是项目实体的股东，则项目实体和运营商在运营和维护协议的谈判与实施过程中就会产生利益冲突。

③ 资源供应商

资源供应商是负责向项目实体提供必备的燃料（如电厂）、原水供应（如水处理厂）或公共服务（项目所需要的水电等）的提供者。

④ 政府

主要是地方政府，作为特许权转让的主体，也作为招标或授予特许权的主体。中央政府或其附属机构在项目建设中发挥重要的辅助作用。这些作用包括特许权转让主体的工作，如通过购买项目的产品或服务为项目提供间接的融资支持，作为供应商，提供主要的资源投入，提供财政或其他的激励或提供必要的特别担保。

虽然以上界定了各个参与主体在项目融资中的角色，但项目参与者可以在项目融资过程中同时扮演多个角色。如在废热发电项目中，承包商可以是项目发起人、项目建筑商，还可以是项目运营商；既可以独资，也可以与其他方合资。在废物转化为能量的设施中，城市管理部门、社区联营企业或市政公司可能既是SPV（特殊目的实体）的股东，又是原材料的供应商。银行可以既是项目发起人，又是项目贷款人。为促使项目参与主体之间有效合作，实现项目的成功运作，这些参与主体是以合同、协议方式联系的。

9.2.2 项目融资主体

项目的融资主体是指进行融资活动并承担融资责任和风险的项目法人单位。按照融资主体的不同，项目的融资方式可分为既有法人融资和新设法人融资两种。

(1) 既有法人融资

以既有法人为融资主体的融资方式的建设项目，既可以是改扩建项目，也可以是非独立法人的新建项目。既有法人融资方式的基本特点是：由既有法人发起项目、组织融资活动并承担融资责任和风险；建设项目所需的资金来源于既有法人内部融资、新增资本金和新增债务资金；新增债务资金依靠既有法人整体（包括拟建项目）的盈利能力偿还，并以既有法人整体的资产和信用承担债务担保。

既有法人作为项目融资主体适合下列情况：

① 既有法人具有为项目进行融资和承担全部融资责任的经济实力；

② 项目与既有法人的资产以及经营活动联系密切；

③ 项目的盈利能力较差，但项目对整个企业的持续发展具有重要作用，需要利用既有法人的整体资信获得债务资金。

(2) 新设法人融资

这是以组建新的具有独立法人资格的项目公司为融资主体的融资方式。采用这种融资方式的建设项目，项目法人大多是企业法人。社会公益性项目和某些基础设施项目也可能组建新的事业法人实施。采用新设法人融资方式的建设项目，一般是新建项目，但也可以是将既有法人的一部分资产剥离出去后重新组建的新的项目法人的改扩建项目。

新设法人融资方式的基本特点是：由项目发起人发起组建新的具有独立法人资格的项目公司，由新组建的项目公司承担融资责任和风险；建设项目所需资金的来源，可包括项目公司股东投入的资本金和项目公司承担的债务资金；依靠项目自身的盈利能力来偿还债务；一般以项目投资形成的资产、未来收益或权益作为融资担保的基础。

新设法人作为项目融资主体适合下列情况：

① 拟建项目的投资规模较大，既有法人不具有为项目进行融资和承担全部融资责任的经济实力；

② 既有法人财务状况较差，难以获得债务资金，而且项目与既有法人的经营活动联系不密切；

③ 项目自身具有较强的盈利能力，依靠项目自身未来的现金流量可以按期偿还债务。

确定项目的融资主体应考虑项目投资的规模和行业特点，项目与既有法人资产、经营活动的联系，既有法人财务状况，项目自身的盈利能力等因素。

【例 9-1】 试分析下列三种情形下新项目的融资主体。

情形 A：上海某公司投资 5000 万元，在南京建立一家电气分厂 A，其中 3000 万元为自有资金，2000 万元为贷款。

情形 B：上海某公司借款 2500 万元，动用公司内部资金 500 万元，总计投资并注册 3000 万元，在南京建立一家电气子公司 B。注册后，子公司贷款 2000 万元，完成总计 5000 万元的投资项目。

情形C：上海某公司和南京某公司商定，按七三比例共同投资并注册3000万元在深圳建设一家合资电气公司C。注册后，合资公司借款2000万元，完成总计5000万元的投资项目。两家合资企业所投资金中，各含50%的借款。

【解】 以上三种情形的具体分析如下：

情形A：尽管上海与南京相距较近，但分厂A是没有法人地位的，从物理形态上看完全是"新建"，但这个项目属于既有法人融资主体兴建的扩建项目。其项目财务分析是针对上海某公司，按5000万元进行项目现金流量分析，其中3000万元进行增量资本金现金流量分析，2000万元进行清偿能力分析。

情形B：上海某公司的南京子公司B具有法人地位，属于新设法人，是项目的融资主体。项目财务分析是针对上海某公司的南京子公司B，遵循新设法人项目财务评价方法，按5000万元进行项目现金流量分析，其中3000万元进行资本金现金流量分析，2000万元进行清偿能力分析。

情形C：深圳合资公司C是项目法人，属于新设法人。合资公司，遵循新设法人项目财务评价方法按5000万元进行项目现金流量分析，按3000万元进行资本金现金流量分析，其中分别按2100万元、900万元进行上海某公司和南京某公司方投资的现金流量分析，按2000万元进行清偿能力分析。

 本章小结及重要术语

 思考题

在线题库 参考答案

1. 简述建设工程项目融资程序。
2. 简述建设工程项目融资中的主要参与方。
3. 简述既有法人作为项目融资主体的情况。
4. 简述新设法人作为项目融资主体的情况。

第 10 章
工程项目融资方式

知识导图

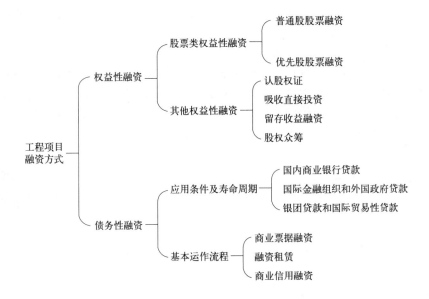

重难点

普通股股票融资、优先股股票融资；认证权证、股权众筹；商业银行贷款，发行债券融资的相关规定，商业票据融资，融资租赁，商业信用融资。

学习目标

知识目标：掌握股票类权益性融资，掌握债券融资；熟悉其他权益性融资，熟悉商业银行贷款，熟悉其他债务性融资；了解权益性融资内涵及优缺点，了解债务资金的来源及特点。

素质目标：培养学生的诚信意识和契约精神；树立正确的世界观、人生观、价值观；培养团队合作意识、大局意识；树立风险意识、创新意识。

10.1 工程项目权益性融资

 ### 10.1.1 工程项目权益融资基本理解

企业筹集中长期资金的方式,从性质上可分为两大类:权益性融资和负债性融资。权益性资本又称主权融资,是企业依法筹集并可长期拥有、自主支配的资金。具体包括:实收资本、资本公积、盈余公积和未分配利润等。

(1) 权益性融资概述

权益性融资 (equity financing) 是指通过扩大企业的所有权益,如吸引新的投资者、发行新股、追加投资等来实现融资的一种方式。权益性融资稀释了原有投资者对企业的控制权。权益性资本的主要渠道有自有资本或风险投资公司。为了改善经营或进行扩张,特许人可以利用多种权益融资方式获得所需的资本。

权益性融资实际上使权益投资者成了企业的部分所有者,通过股利支付他们获得的投资回报。由于权益性融资蕴含较大风险,权益投资者对企业的要求非常苛刻,具有独特商业机会、高成长潜力、产权界定明确的项目以及能力得到证明的管理层的企业才是理想候选者。

权益性融资具有永久性、不可逆性、无负担性的特点。

拓展阅读　权益性融资的作用

(2) 权益性融资的优缺点

权益性融资的优点:权益性融资所筹集的资本具有永久性,权益性融资没有固定的股利负担,权益资本是企业最基本的资金来源,权益性融资容易吸收资金。

权益性融资的缺点:成本较高、转移企业的控制权。

10.1.2 股票类权益性融资

(1) 股票融资的发行

 拓展阅读　股票发行条件

1) 股票的发行方式

股票发行可分为有偿增资发行和无偿增资发行两种。

① 有偿增资发行股票的方式

a. 股东配股的股票发行方式。即赋予股东以新股认购权利的发行方式。股东拥有这个权利,应认购的股数要按原持有的股数比例进行分配。

b. 第三者配股的股票发行方式。即指公司在新股票发行时,给予和公司有特定关系的第三者以新股认购权。

c. 公开招股发行方式。即公募发行,以不特定的多数投资者为发行对象。它可以是直接公募发行,也可以是间接公募发行。此方式是股票的主要发行方式。

② 无偿增资发行股票的方式

a. 无偿交付方式。即指公司以资本公积转增股本,向股东发行新股票时,股东无须支付现款就可获得股票。

b. 股票分红方式。即上市公司以股票形式给股东进行股利分配。上市公司通常以现金形式向股东进行股利分配,但为了给公司保留更多的现款和资产,也可以采用股票分红发行方式。

c. 股份分割方式。即将原来大额股票细分化,使之成为小额股票。股份分割只是增加股份的份额,而公司的资本数额并不发生变化。

2) 股票发行价格

股票的发行价格是股份公司发行股票时所使用的价格,也是投资者认购股票时所支付的价格。股票发行价格通常由发行公司根据股票面额、股市行情和其他有关因素决定。在以募集设立方式设立公司首次发行股票时,由发起人决定。在公司成立以后再次增资发行新股时,由股东大会或董事会决定。

① 平价发行。股票发行价格等于股票面额。这种发行方式较为简便易行且不受股市变动影响,但缺乏灵活性和市场性。按面额发行,由于市场价格往往高于股票面额,因此可使认购者获得差价收益,绝大多数投资者都乐于认购,所以这种方式一般在股东配股方式发行股票时采用。

② 时价发行。采用时价发行时,股票面额与发行价格之间差异归发行者所有,并转入公司资本。因此,发行公司用较少的发行股数即可得到与采用面额发行等额的资金,同时还可在公开招股和第三者配股发行时采用。

③ 中间价发行。即以股票市场价格与面额的中间值作为股票的发行价格。采用时价或中间价发行股票,股票的发行价格可能会高于或低于面额,前者被称为溢价发行,后者被称为折价发行。我国法律规定,股票发行时可以采取面值发行和溢价发行,不允许采用折价发行。溢价发行扣除发行费用后还有余额,记入公司的资本公积。

3) 股票的销售方式

股票的销售方式是指股份有限公司向社会公开发行股票时所采取的股票销售方法。

① 自销方式。是指发行公司自己直接将股票销售给认购者。此种销售方式由发行公司直接控制发行过程,可节省发行费用,但往往筹资时间长,发行公司要承担全部发行风险。发行公司要具有较高的知名度和实力才能保证发行成功。

② 承销方式。是指发行公司将股票销售业务委托给证券经营机构代理。此种销售方式是发行股票时普遍采用的。股票承销分为包销和代销两种具体方式。

在我国,公开发行股票,必须由证券经营机构承销。

 拓展阅读　股票发行的程序

(2) 普通股股票融资

普通股是最基本、最常见的一种股票,其持有者享有股东的基本权利和义务。普通股的股利完全随公司盈利的高低而变化。在公司盈利较多时普通股股东可获得较高的股利收益,但在公司盈利和剩余财产的分配顺序上列在债权人和优先股股东之后,故其承担的风险也较大。与优先股相比,普通股是标准的股票,也是风险较大的股票。

1) 普通股股东的权利

普通股股东对公司的管理权,主要体现在其在董事会选举中有选举权和被选举权,通过选出的董事会来代表所有股东对企业进行控制和管理。具体来说，普通股股东的权利主要表现为：表决权、股份转让权、股利分配请求权、优先认购权、查账权、剩余财产的要求权、公司章程规定的其他权利。

2）普通股融资的评价

普通股融资的优点：普通股融资支付股利灵活；普通股一般不用偿还股本；普通股融资风险小；普通股筹资更容易吸收资金。

普通股融资的缺点：不能获得财务杠杆带来的利益；普通股股利不具备抵税作用；导致现有股东对公司控制权的削弱；普通股的资本成本较高。

（3）优先股股票融资

与普通股相比，优先股有一定优先权，主要指优先分得股票和剩余财产。在公司分配盈利时，拥有优先股票的股东比持有普通股票的股东分配在先，而且享受固定数额的股息。在公司解散分配剩余财产时，优先股在普通股之前分配。

优先股是一种特殊的股票，在其股东权利、义务中附加了某些特别条件。优先股的股息率固定，其持有者的股东权利受到一定限制，但在公司盈利和剩余财产分配上比普通股股东享有优先权。

1）优先股的权利

① 优先分配股利的权利。优先股股利分配上的优先权，是优先股的最主要特征。优先股通常有固定的股利，通常按票面价值的一定比例来计算。优先股股利除数额固定外，还必须在普通股股利之前支付。

② 对资产的优先要求权。在企业破产清算时，出售资产所得的收入，优先股位于债权人的求偿之后，但先于普通股。其金额只限于优先股的票面价值，加上累积未支付的股利。为了保护优先股的这些优先权，发行协议有时也会有一些限制条款，比如禁止发行对资产拥有更加优先或同等求偿权的证券。

③ 管理权。优先股股东的管理权限是有严格限制的。通常在公司的股东大会上优先股股东没有表决权。但是当公司研究与优先股有关的问题时有权参加表决。例如如果讨论把一般优先股改为可转换优先股时，或推迟优先股股利的支付时，优先股股东都有权参加股东大会并有权表决。

2）优先股的种类

① 累积优先股和非累积优先股

累积优先股是指如果公司因故不能按期发放优先股股利，则这些优先股股利将累积到以后年度一并发放，公司在发放完全部积欠的优先股股利之前，不得向普通股股东支付任何股利。非累积优先股则无上述权利。

② 可转换优先股与不可转换优先股

可转换优先股指有权按照发行时的规定，在将来的一定时期内转换为普通股的优先股。不可转换优先股则没有上述权利。

③ 参加优先股与非参加优先股

参加优先股指其股东在获取定额股利后，还有权与普通股股东一起参与剩余利润的分配。非参加优先股则无此权利。

④ 有投票权优先股与无投票权优先股

有的优先股在公司一定时期内始终未能发放优先股股利时，可以被赋予投票权，参加公司董事的选举,以保证公司管理当局能够维护优先股股东的利益。有些优先股则不能获得这一权利,称为无投票权优先股。

3) 优先股融资的评价

优先股融资的优点:财务负担较发行债券要轻;财务上较为灵活;保持普通股股东对公司的控制权;有利于增强公司信誉。

优先股融资的缺点:融资成本高;融资限制较多;财务负担重。

10.1.3 其他权益性融资

(1) 认股权证

1) 认股权证的概述

认股权证通常是指由发行人所发行的附有特定条件的一种有价证券。从法律角度,认股权证本质上为一权利契约,投资人于支付权利金购得权证后,有权于某一特定期间或到期日,按约定的价格认购出一定数量的股票。认股权证的交易实属一种期权的买卖。与所有期权一样,认股权证持有人在支付权利金后获得的是一种权利而非义务,行使与否由权证持有人自主决定;而认股权证的发行人在权证持有人按规定提出履约要求之时,负有提供履约的义务,不得拒绝。简言之,认股权证是一项权利:投资人可于约定的期间或到期日,以约定的价格(而不论该标的资产市价如何)认购标的股票。

拓展阅读 认股权证的特点

2) 认股权证的种类

① 按发行方式可分为单独发行认股权证与附带发行认股权证

单独发行认股权证是指不依附于公司债券、优先股、普通股或短期票据而单独发行的认股权证。认股权证的发行,最常用的方式是认股权证在发行债券或优先股之后发行,即将认股权证随同债券或优先股一同寄往认购者。在无纸化交易制度下,认股权证将随同债券或优先股一并由中央登记结算公司划入投资者账户。

附带发行认股权证是指依附于债券、优先股、普通股或短期票据发行的认股权证。

② 按照发行人不同可以分为股本权证和备兑权证

股本权证是由上市公司自己发行的权证,一般以融资为目的,它授予持有人一项权利,在到期日前的特定日期(也可以有其他附加条款)以行权价购买公司发行的新股(或者是库藏的股票)。

备兑权证是由上市公司之外的第三方发行的权证,目的在于提供一种投资工具,同时发行人也获取一定的发行利润。备兑权证是国际权证市场上的主流形式,例如香港权证市场,99%的权证都是由券商等金融机构发行的备兑权证。

3) 认股权证的评价

① 认股权证的优点:股权融资需要建立较为完善的公司法人治理结构;如果借款者在企业股权结构中占有较大份额,那么他运用企业借款从事高风险投资和产生道德风险的可能性就将大为减小。

② 认股权证的缺点:容易分散企业的控制权;资本成本负担较重;信息沟通与披露成本较大。

（2）吸收直接投资

1）吸收直接投资概述

吸收直接投资是指企业按照"共同投资、共同经营、共担风险、共享利润"的原则来吸收国家、法人、个人、外商投入资金的一种筹资方式。

2）吸收直接投资的种类

① 吸收国家投资

国家投资是指有权代表国家投资的政府部门或机构，以国有资产投入公司，这种情况下形成的资本叫国有资本。根据《企业国有资本与财务管理暂行办法》的规定，在公司持续经营期间，公司以盈余公积、资本公积转增实收资本的，国有公司和国有独资公司由公司董事会或经理办公会决定，并报主管财政机关备案；股份有限公司和有限责任公司由董事会决定，并经股东大会审议通过。吸收国家投资一般具有以下特点：产权归属国家；资金的运用和处置受国家约束较大；在国有公司中采用比较广泛。

② 吸收法人投资

法人投资是指法人单位以其依法可支配的资产投入公司，这种情况下形成的资本称为法人资本。吸收法人资本一般具有以下特点：发生在法人单位之间；以参与公司利润分配或控制为目的；出资方式灵活多样。

③ 吸收外商直接投资

企业可以通过合资经营或合作经营的方式吸收外商直接投资，即与其他国家的投资者共同投资，创办中外合资经营企业或者中外合作经营企业，共同经营、共担风险、共负盈亏、共享利益。

④ 吸收社会公众投资

社会公众投资是指社会个人或本公司职工以个人合法财产投入公司，这种情况下形成的资本称为个人资本。吸收社会公众投资的特点有：参加投资的人员较多；每人投资的数额相对较少；以参与公司利润分配为基本目的。

3）吸收直接投资的评价

① 吸收直接投资优点：所筹的资金属于企业的权益资本，与负债资本相比较，它能提高企业的资信和借款能力；与负债资本相比，财务风险较低；吸收直接投资不仅可以筹取现金，而且能够直接获得所需的先进设备和技术，能较快地形成生产经营能力。

② 吸收直接投资缺点：吸收直接投资通常资本成本较高；吸收直接投资由于没有证券作为媒介，因而产权关系有时不够明晰，不便于产权交易。

（3）留存收益融资

留存收益融资是指企业将留存收益转化为投资的过程，将企业生产经营所实现的净收益留在企业，而不作为股利分配给股东，其实质为原股东对企业追加投资。留存收益一方面可以满足企业维持或扩大再生产经营活动的资金需求；另一方面可以保证企业有足够的资金弥补以后年度可能出现的亏损，也保证企业有足够的资金用于偿还债务，保护债权人的权益。

留存收益主要包括盈余公积和未分配利润两大类，具体的内容有：法定盈余公积、任意盈余公积、法定公益金、未分配利润。留存收益主要用于弥补亏损、转增资本、发放现金股利或利润。

留存收益融资的优点：不发生实际的现金支出；保持企业举债能力；企业的控制权不受影响。

留存收益融资的缺点：期间限制；与股利政策的权衡。

拓展阅读　股权众筹

10.2　工程项目债务性融资

10.2.1　债务资金概述

(1) 项目债务资金制度

1) 项目债务资金的含义

债务资金又称"负债资金""借入资金",是企业依法筹措并依约使用、按期偿还的资金。主要包括银行和金融性公司借款、应付债券、应付票据等。与主权资本比较,债务资金具有以下特征:

① 债务资本体现企业与债权人的债权债务关系,属于企业债务。

② 企业对债务资金在约定期限内享有使用权,并承担按期还本付息的责任,偿债压力和筹资风险较大。

③ 债权人有权按期索取利息并要求到期还本,但无权参与企业经营,对企业的经营状况不承担责任。

④ 企业的债务资金主要通过银行、金融性公司等渠道,采用银行借款、发行债券、融资租赁、商业信用等方式筹措取得。在特定的条件下,有些债务资金可转换为主权资本,如可将企业债券转换为股票。但主权资本不能转换为债务资金。

2) 项目债务资金的结构

项目债务资金的筹集是解决项目融资的资金结构问题的核心。在确定项目债务资本结构比例时,需要在融资成本和融资风险之间取得平衡,既要降低融资成本又要控制融资风险,选择债务融资的结构应考虑债务期限配比、债务偿还顺序等方面。对于有外债的项目,由于有汇率风险,通常应先偿还硬货币的债务,后偿还软货币的债务;同时还要考虑境内外借款占比、利率结构、货币结构、还款币种等因素。

(2) 项目债务资金的资金来源

投资项目债务资金的来源渠道和融资方式主要有信贷方式融资、债券方式融资和租赁方式融资。

信贷方式融资主要包括:商业银行贷款、政策性银行贷款、出口信贷、外国政府贷款、国际金融机构贷款、银团贷款和股东借款。

债券方式融资主要包括:企业债券和可转换债券。

租赁方式融资主要包括:经营租赁和融资租赁。

(3) 项目债务融资

债务融资是指企业通过向个人或机构投资者出售债券、票据筹集营运资金或资本开支。个人或机构投资者借出资金,成为公司的债权人,并获得该公司还本付息的承诺。债务融资需支付本金和利息,能够带来杠杆收益,但是会提高企业的负债率。

(4) 债务融资的特点

① 短期性。债务融资筹集的资金具有使用上的时间性,需到期偿还。

② 可逆性。企业采用债务融资方式获取资金，负有到期还本付息的义务。

③ 负担性。企业采用债务融资方式获取资金，需支付债务利息，从而形成企业的固定负担。

④ 流通性。债券可以在流通市场上自由转让。

10.2.2 商业银行贷款

(1) 商业银行贷款概述

商业银行贷款是公司融资和项目融资中最基本和最简单的债务资金形式。商业银行贷款可以由一家银行提供，也可以由几家银行联合提供。贷款形式可以根据借款人的要求设计，包括定期贷款、建设贷款、流动资金贷款等。

1) 商业银行贷款的形式

① 以贷款形式来分的贷款：项目长期贷款、项目流动资金贷款和过桥贷款。

② 以贷款银行参与数来分的贷款有：单一银行贷款、多家银行双边贷款（由多家银行分别签署贷款合同）、银团贷款（参加银行共同签署贷款文本、共担风险、共享利益，大多数大型项目融资，都是通过银团贷款筹集到所需资金的）。

2) 商业银行贷款的具体类型

① 工程贷款：对建筑工程发放的短期不动产贷款。这种贷款按实际需要或事先拟订的计划分期支付。工程完工后，用抵押贷款的资金偿还这种贷款，利率一般较高。

② 定期贷款：发放的中长期（2～10年）有担保贷款。定期贷款用于购买资本设备或营运资金，按协议分期偿还。

③ 转换贷款：俗称桥梁贷款或过桥贷款。这是借款人希望得到中长期资金而暂时使用的一种贷款种类，以满足借款人对资金的临时需求。期限不长，具有过渡性。

④ 抵押贷款：以某项财产的留置权作为还款抵押而取得的银行贷款。项目融资中，常以项目公司的资产和现金流量作为抵押而取得银行的贷款安排。

⑤ 运营资金贷款：也称流动资金贷款，是短期贷款，目的是弥补借款人运营资金的不足。这种贷款由项目公司根据需要灵活进行提款和还款，一般由长期贷款银行一并提供，避免了贷款的法律地位、监管等纠纷。

⑥ 双货币贷款：利息的计算和支付采用一种货币，本金的计算和支付采用另一种货币。

⑦ 商品关联贷款：a. 贷款本金的商品价格参与。本金的偿还额部分或全部取决于当时该种商品的价格，如低于预定价格，则偿还本金原值；如高于预定价格，需按预定公式增加银行贷款本金的偿还数额。b. 贷款利息的商品价格参与。利息水平与商品价格在同一时期内的变化水平联系。如实际的商品价格与预期的相接近，只需支付较低利率；反之借款人将承担较高的贷款利率。

(2) 国内商业银行贷款

我国相继颁布《中华人民共和国中国人民银行法》、《中华人民共和国商业银行法》和《贷款通则》，实行政策性银行和商业性银行分业经营，企业与商业银行的关系逐步变成按市场规则运作的商业信贷关系。根据《贷款通则》规定，我国商业银行贷款有如下分类：

① 根据承担风险的主体不同，分为自营贷款、委托贷款和特定贷款；

② 根据贷款期限不同分为短期贷款、中期贷款和长期贷款；

③ 根据贷款的担保情况，分为信用贷款、担保贷款、保证贷款、抵押贷款、质押贷款和票据贴现贷款。

根据相关规定，申请商业性贷款应当具备产品有市场、生产经营有效益、不挤占挪用信贷资金、恪守信用等基本条件，并符合以下要求：

① 有按期还本付息的能力，原应付贷款和到期贷款已清偿，没有清偿的已经制订贷款人认可的偿还计划；

② 除自然人和不需要经工商部门核准登记的业务法人外，应当经过工商部门办理年检手续；

③ 已开立基本账户或一般存款账户；

④ 除国务院规定外，有限责任公司和股份有限公司对外股本权益性投资累计额未超过其净资产总额的50%；

⑤ 申请中期、长期贷款的，新建项目的企业法人所有者权益与项目所需总投资的比例不低于国家规定的投资项目的资本金比例。

 拓展阅读　我国申请商业性贷款的一般程序　

(3) 国际金融组织贷款

目前全球性的国际金融组织主要有国际货币基金组织、国际复兴开发银行（IBRD）、国际清算银行等。影响较大的区域性国际金融组织包括亚洲开发银行、泛美开发银行、非洲开发银行、欧洲复兴开发银行等。这些国际金融机构有许多国家政府参与，并向特定的对象国政府提供优惠性的多边信贷，其贷款有软硬之分，是另一种官方资本来源。目前，向我国提供多边贷款的国际金融机构主要有世界银行、亚洲开发银行、国际农业发展基金组织和国际货币基金组织。

1) 世界银行集团贷款

世界银行集团共有五个经济单位，其中与融资有关的机构有以下三个：

① 世界银行

贷款对象是会员国官方、国有企业、私营企业，要有政府担保。其贷款分为项目贷款、部门贷款、结构调整贷款、技术援助贷款、紧急复兴贷款共五类，其中项目贷款所占比例、影响和作用最大。项目贷款期限平均6～9年，有的长达20年，宽限期5年，利率低于市场利率，定期调整利率，收取杂费较低。

目前在世界银行贷款中，最主要的贷款对象为农业和农村发展项目，其次是交通、能源、社会业务、工业等。世界银行对我国交通行业的贷款主要是公路、铁路和港口项目，能源侧重于电力项目（包括火电和水电），社会业务主要包括教育、卫生、环境保护和城市建设项目，工业侧重于机床、基础化工等项目。

贷款程序一般经过项目的初选、项目准备（可行性研究，初步设计）、项目分析、贷款条件谈判、项目的执行与监督和总结评价六个阶段。

② 国际开发协会

贷款对象是人均收入水平低的发展中国家，其贷款俗称"软贷款"，条件十分优惠。我国按人均GDP考核，已超出其提供贷款的标准，因此这一贷款不再向中国发放。

③ 国际金融公司

主要是向会员国，特别是发展中国家的私营企业提供资金，形式是贷款或参股，不须政府担保，每笔金额不超过200万～400万美元，贷款期限5～15年，执行商业利率。贷款对象为较贫穷的发展中国家的私营企业,贷款用途为制造业、加工业、开采业、公用业务、旅游业项目。贷款需以原借款时的货币偿还。贷款条件比较灵活,可用于国内外全部投资(包括流动资金),用于采购货物时不须进行国际竞争性招标,但限于在世界银行会员国或瑞士范围内采购。

2) 亚洲开发银行贷款

① 硬贷款,即普通贷款。按平均借入贷款的成本外加0.5%的利差来确定利率,定期调数。期限10~30年,宽限期2~7年。主要用于基础设施项目,贷款条件较严。

② 软贷款,也称特别基金贷款。期限长达40年,宽限期10年,宽限期后的10年,每年还本2%,以后20年每年还本4%为无息贷款,只收1%的手续费。另外,还为科技落后的成员国提供用于项目咨询的技术援助特别基金,属于赠款。

③ 联合融资。指亚洲开发银行和外来资金共同资助一个项目,分为平行融资、共同融资、伞形融资(后备融资)、窗口融资、参与性融资五种类型。

亚洲开发银行也以项目贷款为主,同时还有部门贷款、规划贷款、中间金融机构贷款等,主要领域包括农业和农产品加工业(重点支持水利、林业和渔业)、能源(重点是电力,特别是水电的发展)、工业(主要用于化学工业、水泥、机械制造、采矿和科技开发)、开发金融机构、交通运输及通信(重点支持港口、铁路、公路、电信等项目)基础设施和社会发展(包括供排水、环境保护、城市发展、住房、卫生、教育、人口控制)等。

3) 国际农业发展基金组织贷款

国际农业发展基金组织是按照世界粮食会议决定,于1977年设立的一个联合国专门机构,是专门为发展中国家提供优惠贷款发展粮食生产的国际组织。它以优惠条件帮助发展中国家发展农业,特别是加强粮食生产,消灭贫困和营养不良。国际农业发展基金组织提供的贷款分为三类:一是优惠贷款,偿还期为50年,含宽限期10年,每年收取1%的服务费;二是中等贷款,偿还期20年,宽限期5年,年利率4%;三是普通贷款,偿还期15~18年,宽限期3年,年利率8%,该组织提供的贷款,主要用于增加粮食生产方面,主要是扩大和改进现有灌溉设施,改良品种,改进耕作技术和土壤管理,兴修水利工程等。在消除贫困方面,强调贷款项目要直接有利于经济条件差、贫困和无地农民,贷款原则上不能用于发展营利业务。

4) 国际货币基金组织贷款

国际货币基金组织的宗旨是促进国际货币合作,支持国际贸易的发展和均衡增长,稳定国际汇兑,以及提供临时性融资,以帮助成员国调整国际收支的暂时失调。它不向成员国提供一般的项目贷款,而是在成员国发生国际收支暂时不平衡时,通过出售特别提款权或其他货币换取成员国货币的方式向成员国提供资金援助。该组织贷款条件严格,它按成员国在基金中的份额,面临国际收支困难的程度及解决这些困难的政策是否能奏效等条件来确定贷款的数额。

  拓展阅读 　国际货币基金组织贷款种类

(4) 银团贷款(辛迪加贷款)

银团贷款也是商业贷款的一种,因为项目融资中大量采用,此部分专门对其进行详细阐述。银团贷款又称为辛迪加贷款,是由获准经营贷款业务的一家或数家银行牵头,多家银行与非银行金融机构参加而组成的银行集团（banking group）采用同一贷款协议，按商定的期限和条件向同一借款人提供融资的贷款方式。国际银团是由不同国家的多家银行组成的银行集团，通常会选定一家银行作为代理行代表银团成员负责管理贷款事宜。

银团贷款是国际银行业中一种重要的信贷模式。银团贷款是商业银行贷款概念在国际融资实践中的合理延伸。国际上大多数大型项目融资案例，其资金需求规模之大、结构之复杂，只有大型跨国银行和金融机构联合组织起来，才能承担得起融资的任务。

在项目融资中使用银团贷款具有筹集到数额很大的资金、贷款货币和贷款银行的选择余地大、贷款操作形式多样、融资所花费的时间和精力较少、提款方式和还款方式比较灵活等优点。

银团主要角色有安排行、参与行、代理行、工程银行、中介机构、管理行等。这些银行都提供贷款，但又各自承担不同的责任。安排行（牵头银行）通常在贷款条件和担保文件的谈判中起主导作用，它签订贷款协议并承购全部或部分贷款，风险较大，需有丰富经验的大银行担任；参与行是参加银团并按各自承诺份额提供贷款的银行；代理行是主管项目贷款的日常事务，并收取管理费的银行，其责任是协调用款，帮助各方交流融资文件，送达通知和传递信息；工程银行的责任是监控技术进程和项目的业绩，并负责项目工程师和独立的专家间的联络，工程银行可能是代理行或安排行的分支机构；中介机构主要包括银团法律顾问（律师）。结构复杂的项目，银团要求聘请保险顾问、技术顾问、会计顾问、工程顾问、商业顾问、税务顾问、环境顾问等，费用由借款人支付；管理行在项目的文件和围绕项目的公开场合中，可能指定项目的管理人或主要管理人，反映了对项目相当程度的参与，但管理行通常不对借款人或贷款人承担任何特殊的责任。

银团贷款的一个基本原则是每个贷款银行应该按其贷款比例分配从借款人方面得到的任何偿债资金，借款人不能歧视其中任何一家银行。所有借款人的偿债资金都支付给代理行，然后由代理行再按比例分配给每一家贷款银行。其基本要点是利益共享、风险共担、统一管理、份额表决。

银团贷款由于涉及的银行数目较多，有时这些银行又分别在不同的国家，因此，无论是在谈判上、准备法律文件的具体程序上，还是在贷款的管理上均要比商业银行贷款复杂。银团借款的组建流程包括前期准备、银团组建、银团管理三个阶段，其中前期准备和银团组建是关键。

在项目融资中使用银团贷款时应注意：①国际银团的贷款资金一般来源于欧洲货币市场，以浮动利率为主。②由于贷款资金来源于欧洲货币市场，贷款银团比一般商业银行更关心借款人能否准时偿还债务。③为了保障其收益，贷款人一般要求收到的利息必须是"净利息"，即扣除利息预提税后的利息。④辛迪加银团贷款一般给予借款人多种货币选择权，即在贷款期间可以改变货币的币种，给予借款人在不同时间提取不同币种的贷款的选择权。但是借款人必须确定以一种货币作为贷款协议的基本货币，用来确定贷款的总金额和利率结构，而且供借款人选择的货币必须是所有贷款银行可以接受的并能自由地与基本货币相兑换的货币。

（5）国际贸易性贷款

1) 出口信贷及多边机构贷款

出口信贷是一国政府为支持和扩大本国大型设备等产品的出口、增强国际竞争力，对出口产品给予利息补贴、提供出口信用保险及信贷担保，鼓励本国的银行或非银行金融机构对本国的出口商或外国的进口商（或其银行）提供利率较低的贷款，以解决本国出口商资金周转的困难，或满足国外进口商对本国出口商支付货款需要的一种国际信贷方式。特别是对工业成套设备，许多国家都提供出口信贷。出口信贷可分为买方信贷和卖方信贷。

① 买方信贷。买方信贷是给予国外进口商的贷款，是出口商所在地银行为促进本国商品出口发放的贷款。买方信贷是给外国进口商以满足支付货款（对本国出口商）需要的贷款，有了此种贷款，进口方就可以用现汇购买商品和设备，因此，出口方可及时收回货款。买方信贷的金额一般不超过合同金额的 85%。贷款通常在卖方交货完毕或工厂建成投产后分期偿还，每半年还本付息一次，期限不超过 10 年。买方信贷除了支付利息外，还需支付管理费、保险费和承诺费。

② 卖方信贷。卖方信贷是出口方银行向本国出口商提供的商业信贷，是出口商所在地银行为便于该国出口商以延期付款形式出口商品而给的贷款。卖方信贷是为本国资金周转困难出口商提供的贷款，出口商以此贷款为垫付资金，允许买方赊购自己的产品，分期支付货款。使用卖方信贷，进口商一般先付合同金额的 15% 作为定金，其余货款可在项目投产后陆续支付。出口商收到货款后向银行归还贷款。出口商除支付利息外，也要承担保险费、管理费和承诺费，一般将这些费用计入出口货价中，把贷款成本转移到进口方。出口信贷由于有出口国政府的政策性补贴，利率比国际金融市场相同期限的利率略低，这对于购置经济建设急需的成套设备和大型专用设备的项目来说，是获得巨额资金的重要渠道。由于有多个国家出口商彼此竞争，所以进口和借款单位可进行选择，以降低设备进口价格和筹资成本。但另一方面，由于出口信贷和出口货物一般绑在一起，有时某国出口信贷条件虽然优惠，但该国设备并不适合；有时设备虽然适用，但价格却高于公开招标的价格，故使用出口信贷也会受到一定的限制。

2）出口信贷方式

① 直接贷款。由进出口银行直接向国外进口商提供贷款，贷款只能用于购买进出口银行所在国的资本品和设备等。

② 间接贷款。也叫银行转贷款，在这种结构下，进出口银行贷款给一家商业银行，由其将款项再发放给进口单位。

③ 利率补贴。在这种结构下，先由一家商业银行在以低于市场利率的基础上向借款人发放贷款，然后由进出口银行对市场利率与贷款人发放该笔贷款的利率差给予补贴。

3）出口信贷的优缺点

① 优点：a. 协议有效期内利率固定，有利于成本核算；b. 出口卖方信贷的利率一般比较优惠；c. 可购买机械设备和技术，符合工程融资的要求；d. 出口国竞争激烈，项目单位可选择对自己有利的方案。

② 缺点：a. 只能从提供的国家进口设备，质量不一定一流；b. 设备价款可能高于国际招标购买价。

（6）外国政府贷款

政府贷款是政府间利用国库资金提供的长期低息优惠贷款，具有援助性质。年利率从无息到 2%~3%；偿还期限平均 20~30 年，有的长达 50 年，其中包含 10 年左右只付息不还本的宽限期。政府贷款一般用于基础设施建设，且有一定的附加条件。

政府贷款通常由政府有关部门出面洽谈，也有的是政府首脑出国访问时，经双方共同商定，签订贷款协议。例如法国对外提供贷款时，由其主管部门（法国财政部国库司）代表法国政府对外谈判，签订贷款总协议，拟定贷款的额度、期限等一般条件，然后听取法国国民议会有关机构的意见。

各国政府贷款的程序不尽相同，一般有以下几个步骤：①贷款接受国选定贷款项目，进行贷款前准备工作；②借款国向贷款国提供贷款申请；③贷款国对项目进行分析审查；④借款国如接受对方提供的条件，双方对贷款的基本条款和条件进行谈判；⑤双方签订贷款协议；⑥政府指定银行实施贷款协议；⑦支付贷款；⑧贷款机构对项目执行和经营阶段的活动进行监督管理；⑨返还贷款。

 拓展阅读　外国政府贷款种类

10.2.3　债券融资

作为直接融资的重要方式，债券融资在利用资本市场进行融资中具有重要作用。债券可分为政府债券（国库券）、地方债券、金融债券、公司（企业）债券等。投资项目的资金筹措，主要为公司（企业）债券，即企业以自身的信用条件为基础，通过发行债券，筹集资金用于项目投资建设的融资方式。债券融资因从资本市场直接融资，资金成本（利率）一般应低于向银行贷款。我国政府、银行、企业除在国内金融市场发行债券融资外，还可以在国际金融市场上通过发行海外债券募集外汇资金。

(1) 债券融资的概述

1) 债券融资的特点

① 时间上的有期限性。发债人在发行债券时，就必须向投资者作出具有法律效力的承诺，债券便因此具有期限性。

② 收益的相对固定性。投资债券的收益表现为债券的利息，而利息是发债时便已确定的，因而不受发债人的经营业绩及市场利率变动的影响，其收益是固定的。

③ 较强的流动性。债券是一种社会化、标准化的投资工具，在证券市场健全的情况下，债券持有人可以随时在证券交易市场将债券出售变现。

④ 较高的安全性。债券投资也有一定的风险，但相对于其他资本证券而言，债券的风险相对较小，因而具有较高的安全性。

⑤ 权益的单一性。债券的持有人只有获取债息、索偿本金，以及转让债券的权利；投资者既无权过问发债企业的决策及管理事务，也无权在应得利息之外参与企业的利润分配，发债人与投资者之间是一种很简单的债权债务关系。

2) 债券融资的基本要素

① 债券面值。债券面值包括币种和票面金额两个基本内容。币种取决于发行者的需要和债券的种类。债券的发行者可根据资金市场情况和自己的需要选择适合的币种。债券的票面金额是债券到期时偿还债务的金额，不同债券的票面金额大小可能相差较大，但考虑到买卖和投资的方便，多趋向于发行小面额债券。

② 债券发行价格。债券发行价格是指债券发行时确定的价格。债券的发行价格可能不同于债券的票面金额。当债券的发行价格高于票面金额时，称为溢价发行；当债券发行价格低于票面金额时，称为折价发行；当债券发行价格等于票面金额时，称为平价发行。债券的发行价格通常取决于二级市场的交易价格以及市场的利率水平。

③ 债券偿还期限。债券偿还期限是指债券从发行日起至清偿本息之日止的时间。债券的偿还期限分为三类：偿还期限在1年或1年以内的，称为短期债券；偿还期限在1年以上、10年以下的，称为中期债券；偿还期限在10年以上的，称为长期债券。

④ 债券票面利率。债券票面利率指债券发行者预计一年内向投资者支付的利息占票面价值的比率。票面利率不同于实际利率。实际利率通常是指按照复利计算的一年期的利率。

(2) 债券的分类

1) 按发行主体分为政府公债券、金融债券、公司债券、项目债券

① 政府公债券。也称为国债、政府债券或国库券，指由国家、中央政府代理机构发行的债券，目的是弥补国家预算赤字、建设大型工程项目、归还旧债本息等。政府公债券可分为国家债券和政府机构债券两种。国家债券专指由各国中央政府、财政部发行的债券，政府机构债券是由各国政府有关机构发行的债券，一般由各种政府担保，是具有准国家性质的信用较高的债券。

② 金融债券。指银行或其他非银行性金融机构发行的债券。

③ 公司债券。又称企业债券，是股份公司为筹措资金而发行的债券。公司债券的持有者是公司债权人，而不是公司的所有者，这是与股票持有者最大的不同点。

④ 项目债券。是指为某一特定的工程项目而在金融市场（主要是国际金融市场）上发行的债券。与项目贷款相比，项目债券的特点是期限相对较长、利率稳定、融资渠道宽、谈判过程简单。发展中国家采用项目债券筹集资金较为普遍。

2) 按期限长短分为短期债券、中期债券、长期债券、永久债券

短期债券的偿还期限一般在一年以下，比如政府发行短期债券多是为了平衡预算开支，企业发行短期债券则主要是为了筹集临时性周转资金。中期债券的偿还期限为1~10年，发行中期债券的目的是获得较长期的稳定的资金。长期债券的偿还期限为10年以上，发行长期债券的目的是筹集可供长期使用的资金。

3) 按利息支付方式分为附息债券、贴现债券

附息债券是券面上附有各种息票的债券，到期时凭剪下的息票领取本期利息；贴现债券又称贴水债券，发行时按规定的折扣率（贴水率）以低于券面价值的价格发行，到期时按券面价值偿还本金的债券，发行价与券面价值的差价即为利息。

4) 按发行方式分为公募债券、私募债券

公募债券是证券主管机构批准在市场上公开发行的债券，它面向社会不特定的多数投资者公开发行，这种方式的债券发行的允准比较严格，并采取公示制度；私募债券是向少数投资者发行的债券，投资者多为银行或金融机构，其审查条件相对宽松，也不采取公示制度。

5) 按有无担保分为信用债券、抵押债券、担保债券

信用债券又称无担保债券，凭发行者的信用发行，是无任何担保、只凭企业的信誉发行的债券，通常只有信誉强的大企业才能发行这种债券；抵押债券是凭发行者的不动产或有价证券作抵押品的债券；担保债券是由第三者担保偿还本息的债券。

6) 按是否记名分为记名债券、不记名债券

记名债券是指在债券券面上记载持有人姓名的债券。由于记名，支取本息时必须凭券面载明的持有人的印鉴，转让时必须背书并办理过户手续；另外，可以挂失并防止冒领。但这类债券也因此流通性较差。

不记名债券是指券面上不记载持有人姓名的债券。这类债券只凭债券本身支取本息而不管持有人的身份，转让时不须背书、过户，只需把债券交付给受让方即可，因而流通较方便。但这类债券不能挂失，一旦遗失或被窃，容易被冒领，因而存在风险。

7) 按票面利率是否变动分为固定利率债券、浮动利率债券、变动利率债券

固定利率债券是偿还期内利率固定不变的债券；浮动利率债券是利率随市场利率定期变

动的债券；变动利率债券是随债券期限的增加，利率累进的债券。

8）按发行人给予投资者选择权分为附有选择权的企业债券、不附有选择权的企业债券

附有选择权的企业债券有可转让公司债券，可退还的债券，有认股权证、认债权证、货币转换权、产品购买权的债券。可转换公司债券的持有者，能够在一定时间内按照规定的价格将债券转换成企业发行的股票；有认股权证的债券持有者，可凭认股权证购买所约定的公司的股票；可退还的债券，在规定的期限内可以退还。反之，债券持有人没有上述选择权的债券，即是不附有选择权的企业债券。

9）按发行地的不同分为国内债券、国际债券

国内债券是发行人国家与发行地一致的债券；国际债券是发行人国家与发行地不一致的债券。其中欧洲债券是在国际金融市场柜台交易的债券。

(3) 债券融资的优缺点

债券融资具有融资成本较低、保障股东控制权、发挥财务杠杆作用、便于调整资本结构的优点。

债券融资具有可能产生财务杠杆负效应、可能使企业总资金成本增大、融资数量有限、限制条件较多的缺点。

(4) 发行债券融资的相关规定

 拓展阅读　债券发行的条件

1）企业债券发行方案的制订

① 债券发行数量的确定

确定债券发行合理规模应考虑的因素有：企业经营规模目标、企业的财务状况、各种融资方式的资金成本和方便程度。企业发行债券的规模不能超过负债界点，负债界点反映了企业偿还债务、支付本息的盈利状况，企业债券融资的规模如果超过了负债界点，则不仅偿还债务有问题，且会因支付的利息过大而发生亏损。

② 债券发行价格的确定

债券发行价格由两部分构成：一是债券到期还本面额按实际利率折成的现值；二是债券名义利率规定的各期利息按实际利率折成的现值。债券的发行费用包括承购费、推销费、管理费、还款代理费，以及印刷费和杂费等。发行企业在选择发行方式时，除按上述计算出发行价格外，必须综合分析市场利率的变动趋势、社会经济状况、发行企业未来的盈利能力和偿还能力等因素。

③ 债券发行种类的确定

债券发行企业在确定发行债券的类型时，应首先考虑不同债券对投资者的吸引力。发行公司应对自身的知名度、收益水平、偿债能力与其他发行公司进行横向比较，分析其优势，扬长避短，才能做出债券发行合适种类的决策。如果企业通过比较，认为本公司在投资者心目中有相当高的吸引力，即公司已经具有良好的信誉和知名度，可选择发行普通的、无附加条件的债券；如果发行企业认为普通债券对投资者的吸引力不足，则应选择有附加条件的债券，如可转换债券、抵押债券、担保信托债券、设立偿债基金债券，以促进债券的推销。附加条件越多，对发行企业的束缚也就越多。

④ 债券期限的确定

确定债券还本期限，应综合考虑以下因素：投资项目的性质、债券交易的方便程度、证券市场利率变化趋势的预期。为了规避利率变动风险，发行企业可提前偿还债券，在发行企业债券时就规定，举债公司有提前偿还权，可以通知债权人提前偿还，或者在债券到期日前选择适当的有利时机，在证券市场上陆续购回发行在外的公司债券。当市场利率下降时，提前偿还旧债券，再发行利率较低的公司债券，以减轻利息负担。

为了保障投资者的利益，确保到期日举债公司有足够的偿还能力，某些公司的债券信托合同中有专门的条款，规定债券发行公司须在债券到期以前，即在公司债券存续期间，按期由企业从资产设备折旧或利润中提存一定数额的专门款项，交由银行或信托公司等公司债券的信托人保存和运用，为公司债券偿还而提存的专款，一般称为"偿债基金"。

⑤ 债券发行利率的确定

确定发行债券的利率，既要符合国家有关规定，又要考虑发行企业的支付能力，并对投资者有吸引力，以利于债券的推销。根据我国目前的实际情况，确定债券利率应主要考虑以下因素：现行银行同期储蓄存款的利率水平、国家有关债券利率的规定、发行企业的承受能力、发行公司的信用级别、债券发行的其他条件。

⑥ 利息支付方式的确定

企业发行债券的利息支付方式有三种：一是息票方式，即持有者凭债券定期取得或到期一次取得累计利息，这是利息支付的主要方式；二是折扣方式，即持券者在购买债券时，按照规定的折扣率，以低于票面额的价格买进，到期按面额收回本金的债券，相当于先取得利息，其投资收益来自购买价格与期满收回本金之间的差额；三是实物利息，这是一种以购买某种特殊的紧俏物品的优先权作为利息支付的方式。

⑦ 债券发行方式的确定

债券发行可以采取公募和私募两种方式。公募就是公开发行，发行的债券可在市场上流通（买卖），发行人要选定某家投资银行或其他金融机构为经销机构，委托其发行债券和处理有关法律事务，并在发行之后经办还本付息和有关的管理工作，如发行额较大，受托银行常组织银团先予认购，再推销给其他投资者。私募是发行人向特定的投资人直接定向销售债券以募集资金的方式，一般以少数与发行人或经办单位业务交往较密切的投资者为发行对象，不向其他投资者公开，也不进入公开市场流通。由于认购人了解发行人的信用和经营状况，发行人可以不提供有关报表和资料。私募时间短、手续简单，费用较低，适用于发行额较小的债券。

2) 海外债券融资

① 海外债券的种类

海外债券是指我国政府、银行、企业或单位在国际市场上以外国货币为面值发行的债券，分为外国债券和欧洲债券两大类。

外国债券的特点：发行人属于一个国家，债券币种及发行市场则在另一个国家，如我国在日本发行的日元债券，著名的外国债券市场有纽约市场（扬基债券）、日本市场（武士债券）、伦敦市场（猛犬债券）、瑞士市场（世界上最大的外国债券市场）、法兰克福市场等。采取这一融资方式的多为发展中国家。

海外债券一般采用下列主要形式：一般利率债券、浮动利率债券、锁定利率债券、授权债券、复合欧洲债券。

② 企业利用海外债券融资的条件

海外债券市场一般有严格的管理制度，但也有一些国家的债券市场相当自由，管理较严的国家一般对发行者均有如下要求：a. 必须经过正式申请、登记，由专门的评审机构对发行者进行审查；b. 发行者必须公布其财政收支状况和资产负债情况；c. 在发行期间，每年应向投资人报告资产负债盈亏情况；d. 债券发行获得批准后，必须根据市场容量，统一安排发行的先后次序；e. 债券的发行与销售一般只许证券公司或投资银行经营，代理登记及还本、付息、转让等业务；f. 一般须由发行者所在国政府或中央银行担保，担保必须是无条件的和不可撤销的。

境外发行债券已成为发展中国家融资的一种主要形式。发行海外债券与其他融资方式相比，优点在于投资者一般对筹款的使用没有严格要求，也不会出现干预发债国财政和金融政策的现象，而且一旦通过了评级并发行了债券，还可提高发行者在国际市场上的信誉，从而拓宽其他融资渠道，但海外债券的发行费用较高，且在评级过程中需要发行者提供很多的有关材料，发债手续也比银团贷款复杂。因此，我国企业选择发行海外债券进行融资，应权衡利弊，慎重决策。

3）可转换债券

① 可转换债券融资的基本要素

可转换债券在转换成股票之前，持有人可得到合同中规定的利息，也可以将可转换债券在市场上出售，具有一般债券的特点。如果股价上涨，持有者可将之换成股票，从股市中获益；而在股价下跌时，债券持有者可保留债券获取利息，避免股市不景气造成的损失。因此，同股票和普通债券相比，可转换债券为投资者提供了更大的选择余地。

可转换债券的发行方案由债券的发行人、发行规模、发行时间、债券面值、发行价格、债券利息率、债券期限和转换期限、转换价格、未换成股票的债券的偿还方式九大因素决定。这九项因素中，债券利息率、债券期限和转换价格是最为关键的三个因素。可转换债券的利息率一般低于普通债券的利率，期限为3～10年，转换期限大多为债券期限的后半段，但也有一些可转换债券的转换期限与债券期限完全相同。转换价格是指可转换债券在转换期限内可以据此转换成基准股票的每股价格。转换价格在发行时就必须确定，而且在债券期限内不能改变，除非发生某些特殊情况，如送配股、合并或收购等可能引起股票价格改变的重大事件。转换价格多数高于发行时的股票市场价格，但也可以低于发行时的股票市价。

② 可转换债券的发行方式

公司一般在当时的市场条件不适宜发行普通股票或者一般公司债券的利率很高两种情况下发行可转换债券。发行可转换债券实际上是一种延迟的普通股融资方式，因为在一般情况下，投资者都会在债券到期前把债券换成股票。同时发行可转换债券的利率一般比普通利率低，因此公司发行可转换债券可节省利息支出。

国际市场上可转换债券的转换期权有两种类型：欧式期权和美式期权。欧式期权只允许投资者在债券到期时行使转换权，由于对投资者限制过多，实际中较少采用。美式期权则允许投资者在债券发行一定时间后至到期前任何时候都可以转换，这为投资者自由转换提供了很大的活动空间，因此在实践中被广泛采用。

 拓展阅读　可转换债券的设计风格

10.2.4 其他债务性融资

(1) 商业票据融资

商业票据融资是指通过商业票据进行资金融通。商业票据是一种商业信用工具,指由债务人向债权人开出的、承诺在一定时期内支付一定款项的支付保证书,即由无担保、可转让的短期期票组成。商业票据的主要投资者是工业企业、保险公司、各种基金(如退休基金、养老基金等)及个人,票据的销售价格是基于国际资本市场情况和主要的评级公司如标准普尔公司和穆迪公司所授予的信用等级而定的,一般以贴现方式发行。通过发行新的商业票据偿还旧的商业票据,就可以达到融通长期资金的目的。

商业票据融资具有获取的资金成本低,筹资的灵活性强,有利于提高公司的信誉、投资者投资的流动性和安全性的优点。

发行商业票据,通常并无法律规定的准则和程序,仅依据发行需要和商业惯例进行操作。一般要考虑以下要素:发行成本、发行数量、发行方式、发行时机、发行承销机构、发行条件、到期偿付能力测算、评级。

商业票据的发行方式有直接发行和间接发行两种。直接发行是由发行者直接将商业票据销售给最终投资者,采用此方式的主要是某些大公司附设的金融公司,他们承担着为母公司发行商业票据、提供金融服务的职能,由于发行规模较大,发行次数频繁,它们大多建立自己的销售网点,直接面向市场发售票据,从而大大节约发行费用。在金融公司发行的商业票据中,有70%左右是直接出售的。间接发行则是通过票据经销商承销发行,这种方式简单易行,但是费用较高,发行人按一定的比例向承销人支付手续费,经销商承销发行的形式通常有代销发行和包销发行两种。

商业票据的发行成本主要由所支付的利息、承销费、签证费、保证费和评级费构成。

(2) 融资租赁

资本货物的租赁公司,在一定期限内将财产租给承租人使用,由承租人分期付给租赁公司一定的租赁费,这种融物与融资相结合的融资方式,就是融资租赁。这是一种以金融、贸易与租赁相结合,以租赁物品的所有权与使用权相分离为特征的信贷方式。这种融资方式既不是直接放贷,也不同于传统的财产租赁,而是集融资和融物于一身,兼有金融与贸易双重职能的融资方式。

 拓展阅读　融资租赁的主要特征

融资租赁具有直接租赁、转租赁、售后回租、杠杆租赁四种类型。

融资租赁筹资具有筹资速度快、增加投资者运用资金的灵活性、限制条款少、设备淘汰风险小、财务风险小、税收负担轻、对公司的负债状况不会产生影响的优点。

融资租赁筹资的缺点:租赁筹资成本较高。租金包括了设备价格、租赁公司为购买设备的借款利息及投资收益,比银行借款或发行债券所负担的利息高得多。

(3) 商业信用融资

商业信用是指商品交易中的延期付款或延期交货所形成的借贷关系,是企业之间的直接信用关系,是一种形式多样、适用范围很广的短期资金筹措方式。

1) 商业信用融资的方式

① 应付账款融资。在规范的商业信用行为中，债权人（供货商）为了控制应付账款期限和额度，往往向债务人（购货商）提出信用政策。应付账款融资最大的特点在于易于取得，无须办理筹资手续和支付筹资费用，而且它在一些情况下是不承担资金成本的。其缺点在于期限较短，放弃现金折扣的机会成本很高。应付账款融资，对于融资企业而言，意味着放弃了现金交易的折扣，同时还需要负担一定的成本，因为往往付款越早，折扣越多。

② 预收货款融资。预收货款是指销货企业按照合同或协议约定，在交付货物之前向购货企业预先收取部分或全部货物价款的信用形式。它相当于销货企业向购货企业先借一笔款项，然后再用货物抵偿。这是买方向卖方提供的商业信用，是卖方的一种短期资金来源，信用形式应用非常有限，仅限于市场紧缺商品、买方急需或必需商品、生产周期较长且投入较大的建筑业、重型制造等。

2) 商业信用筹资的有利因素

① 商业信用容易获得；

② 企业有较大的机动权；

③ 企业一般不用提供担保。

3) 商业信用筹资的不利因素

① 商业信用筹资成本高；

② 商业信用筹资使企业风险控制的难度增加；

③ 商业信用筹资期限短，还款压力大；

④ 商业信用筹资受外部影响较大。

本章小结及重要术语

思考题

1. 简述权益性融资的含义、特点及作用。
2. 简述项目公司设立时股票融资发行的程序。
3. 简述普通股股票融资下股东的权利。
4. 什么是认股权证？有何特点？
5. 简述吸收直接投资的优缺点。
6. 简述留存收益融资的优缺点。
7. 什么是项目债务融资？有何特点？
8. 什么是银团贷款？在项目融资中使用银团贷款有哪些优点？
9. 简述债券融资的特点及基本要素。
10. 简述可转换债券要素组成和转换方式。
11. 什么是商业票据融资？简述其优点。
12. 什么是商业信用融资？简述其有利因素和不利因素。

第 11 章
工程项目延伸融资模式

 知识导图

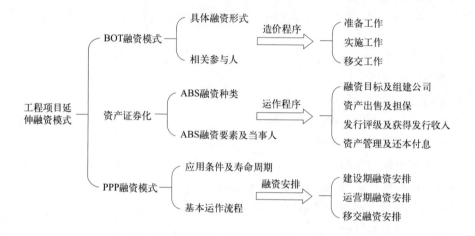

 重难点

BOT 项目的参与人、BOT 项目融资的运作程序和融资中的风险；ABS 融资的基本要素及当事人、ABS 融资的运作程序；PPP 项目各阶段的融资安排。

 学习目标

知识目标：掌握 BOT 项目融资的运作程序，掌握 ABS 融资的运作程序，掌握 PPP 融资项目的基本运作流程，掌握 PPP 项目各阶段的融资安排；熟悉 BOT 融资模式的概念及特点，熟悉 ABS 融资的基本要素及当事人，熟悉 PPP 项目的融资应用条件和融资项目的寿命周期；了解 BOT 项目具体形式和项目的参与人，了解 ABS 项目融资主要特点及种类，了解 PPP 融资模式的概念和目标。

素质目标：树立正确价值观、财富观；培养创新意识和创新精神；培养诚信精神、法治观念和爱国情操。

11.1 工程项目的 BOT 融资

11.1.1 BOT 融资模式概述

(1) BOT 融资模式的概念及特点

BOT 是 build（建设）-operate（经营）-transfer（移交）英语单词的缩略语。BOT 投融资方式是指国家或地方政府部门通过特许权协议，授予签约方的外商投资企业（包括中外合资、中外合作、外商独资）承担公共性基础设施（基础产业）项目的投融资、建造、经营和维护；在协议规定的特许期限内，项目公司拥有投资建造设施的经营使用和收益权，允许向设施使用者收取适当费用，由此回收项目投融资、经营和维护成本并获得合理的回报，特许期满，项目公司将设施无偿地移交给签约方政府部门的融资方式。

BOT 融资模式的特点有：

① BOT 项目融资不是主要依赖项目发起人的资信或涉及的有形资产，贷款人只考虑项目本身是否可行以及项目的现金流量和收益是否可以偿还贷款，其放贷收益取决于项目本身的效益。

② BOT 项目的融资负债比一般较高，结构较为复杂，多为中长期融资，资金需求量和风险较大，融资成本相应较高，所融资金专款专用。

③ 为项目而成立的作为独立法人实体的项目公司是项目贷款的直接债务人。

④ 项目发起人对项目贷款（即项目公司的贷款）提供某种担保，但一般不涉及项目的所有风险。

⑤ BOT 项目融资的合同文件较多能合理分担风险；项目保险较多能规避不可抗力和政治风险。

(2) BOT 项目的具体形式

① BOT（build-operate-transfer，建设-经营-移交）

该形式的基本思路是：由一国财团或投资人作为项目发起人，从一个国家的政府或所属机构获得某些基础设施的建设特许权，然后，由其独立或联合其他方组建的项目公司，负责项目的融资、设计、建造和运营，整个特许期内项目公司通过项目的运营来获得利润，并利用此利润来偿还债务。特许期满，整个项目由项目公司无偿或以极少的名义价格转交给东道主政府。有时，BOT 模式被称为"暂时私有化"过程。

② BOOT（build-own-operate-transfer，建设-拥有-经营-转让）

BOOT 是指由私人部门融资建设基础设施项目，项目建成后，在规定的期限内拥有项目所有权并进行经营，期满后将项目移交给政府的一种融资方式。BOOT 方式与 BOT 方式的区别主要有两个方面：一是所有权的区别，BOOT 项目建成后，在规定的期限内有经营权和所有权，而 BOT 项目在此期间只有经营权；二是时间上的差别，采取 BOT 方式，从项目建成到移交给政府的时间一般比 BOOT 方式短一些。

③ BOO（build-own-operate，建设-拥有-经营）

BOO 是指私营部门根据政府赋予的特许权，建设并经营某项基础设施，但是，并不将此项基础设施项目移交给公共部门。

此外，由于具体项目的条件不同和实际操作的差异，在实践中 BOT 还有一些其他的变通形式,如 BLT(build-lease-transfer,建设-租赁-移交)是指政府出让项目建设权,在项目运营期内政府成为项目的租赁人,私营部门成为项目的承租人,租赁期满,所有资产再移交给政府公共部门的一种融资方式。BTO(build-transfer-operate,建设-移交-经营),由于某些项目的公共性很强,如发电厂、铁路等,不宜让私营机构在运营期间享有所有权,因此采用 BTO 的形式,要求项目公司在项目完工后移交所有权,其后再由项目公司进行经营维护。DBFO(design-build-finance-operate,设计-建设-投资-经营)方式是从项目设计开始就特许给某一私人部门进行,直到项目经营期收回投资,取得投资收益,但项目公司只有经营权没有所有权。

上述方式虽然存在着一些差别,但其基本特点是一致的,即项目公司必须得到有关部门授予的特许经营权,由于它们的结构与 BOT 并无实质上的差别,在基本原则和思路上相一致,因此习惯上将它们统称为 BOT 融资建造方式。

11.1.2 BOT 项目的参与人

BOT 项目的参与人主要包括政府、项目承办人、投资者、贷款人、保险和担保人、总承包商、运营开发商等。此外,项目的用户也因投资、贷款或保证而成为 BOT 项目的参与者。各参与人之间的权利义务依各种合同、协议而确定。例如,政府与项目承办人之间订立特许权协议,各债权人与项目公司之间签订贷款协议等。

BOT 项目的全过程涉及项目发起与确立、项目资金的筹措、项目设计、建造、运营管理等诸多方面和环节。BOT 结构总的原则是使众多参与方的分工责任与风险分配明确合理,把风险分配给与该风险最接近的一方。

BOT 模式主要由以下三方组成:

(1) 项目发起人(项目的最终所有者)

项目发起人是项目所在国政府、政府机构或政府指定的公司。从项目所在国政府的角度考虑,采用 BOT 融资模式的主要吸引力在于以下方面:

① 可以减少项目建设的初始投资。大型基础设施项目,如发电站、高速公路、铁路等公共设施的建设,资金占用量大、投资回收期长,而资金紧缺和投资不足是有的政府面临的一个普遍性问题。利用 BOT 模式,政府部门可以将有限的资金投入到更多领域。

② 可以吸引外资,引进先进技术,改善和提高项目管理水平。在 BOT 融资期间,项目发起人在法律上既不拥有项目,也不经营项目,而是通过给予项目特许经营权和一定数额的从属性贷款或贷款担保作为项目建设开发和融资安排的支持。在融资期结束后,项目发起人通常无偿获得项目的所有权和经营权。由于特许权协议在 BOT 模式中处于核心地位,所以有时 BOT 模式也被称为特许权融资。

(2) 项目经营者(项目直接投资者和经营者)

项目经营者是 BOT 融资模式的主体。项目经营者从项目所在国政府获得建设和经营项目的特许权,负责组织项目的建设和生产经营,提供项目开发所必需的资金和技术,安排融资,承担项目风险,并从项目经营中获得利润。项目经营者的角色一般由专门组织起来的项目公司承担。项目公司的组成以在这一领域具有技术能力的经营公司和工程承包公司作为主体,有时也吸收项目产品的购买者和金融性投资者参与。因为在特许权协议结束时,项目要最终交还给项目发起人,所以从项目所在国的角度,选择项目经营者的标准和要求如下:

① 项目经营者要有一定的资金、管理和技术能力,保证在特许权协议期间能够提供符

合要求的服务；

② 经营的项目要符合环境保护标准和安全标准；

③ 项目产品的收费要合理；

④ 项目经营要保证做好设备的维修和保养工作，保证在特许权协议终止时，项目发起人接收的是运行正常的项目，而不是过度运用的超期服役项目。

(3) 项目的贷款银行

BOT 模式中的贷款银行组成较为复杂。除了商业银行组成的贷款银团之外，政府的出口信贷机构和世界银行或地区性开发银行的政策性贷款在 BOT 模式中通常也扮演很重要的角色。BOT 项目贷款的条件取决于项目本身的经济强度、项目经营者的经营管理能力和资金状况，但是，在很大程度上主要依赖于发起人和所在国政府为项目提供的支持和特许权协议的具体内容。

BOT 项目的资金需求较大，因此，融资工作是 BOT 项目成功运行的前提。而且 BOT 项目的融资与一般的项目融资存在着显著的不同，投资单位要加强调查研究，根据项目特点，积极稳妥地制订融资方案。通常建设资金由项目公司进行融资，提供融资的银行一般要求项目建设期间由股东担保，经营期间用政府授予项目公司的经营权质押担保。资本金筹措落实后可开展其余资金的筹集工作。要根据项目的大小，选择相适应的金融机构合作，比如应当与已经建立了长期的良好合作伙伴关系的银行合作，避免临时找合作伙伴，增加融资难度和成本；或者是根据项目额度大小，选择具备实力的银行。一般情况下，BOT 项目融资有独家贷款（包销）、联合贷款、银团贷款三种模式。

① 独家贷款，即由一家金融机构提供贷款。独家贷款的优点是融资方案审批比较容易，相对节省时间。缺点是风险比较集中，一旦合作银行资金遇到困难，项目运作会受到影响。

② 联合贷款，即项目公司分别向几家银行单独贷款。优点是风险相对分散，缺点是项目公司分别要与几家银行商谈，由几家银行分别单独上报其上级审批，报批时间长；且政府授予项目的特许经营权只有一个，在担保和质押上需要协调解决，增加了难度。

③ 银团贷款，即由几家银行组成银团，其中一家为牵头银行，占比例略大，其他银行分别占一定比例。优点是项目公司只与牵头银行谈判，一旦达成协议，牵头银行的融资方案审批通过，其他银行则会比较顺利通过，利率相对较低，风险相对分散，不至于因某一家银行资金困难影响项目融资。缺点是银团内部各银行之间需要协调，会增加相应的费用。

11.1.3 BOT 项目融资的运作程序

BOT 项目融资运作程序的全过程可以分为三个阶段，即项目准备阶段、实施阶段和移交阶段。

(1) 准备阶段

对于发起 BOT 项目的东道国政府及其代理机构而言，从确定方案阶段到实施阶段之前的各阶段，是 BOT 项目的前期工作，需要落实各种建设条件、选定投资人、落实项目资金来源、基本确定建设方案。此阶段被称为项目的准备阶段。准备阶段主要是选定 BOT 项目，通过资格预审与招标，选定项目承办人。这一过程可以采用协商方式，也可采用招标方式。大型的或者复杂的 BOT 项目，往往采用招标方式来选择投资人。

在项目的准备阶段中，主要包括以下环节：确定项目方案，项目立项，项目的招标、投标、评标、揭标，合同谈判，融资与审批。

1) 确定项目方案

该阶段主要目标是研究并提出项目建设的必要性、确定项目需要达到的目标。

确定项目是否采用 BOT 融资方式，必须先确定采用 BOT 融资方式的可能性和收益。这项工作通常是通过政府规划来完成的。首先要确定政府部门在这一时期的基础设施建设项目的必要性。有时也会由项目单位确定项目，再向政府提出项目设想。然后政府将重点研究采用 BOT 融资方式满足该项目需要的可能性。这种可能性主要考虑的因素是项目是否具备合理的投资收益，即政府是否准备允许投资人获得合理的投资回报。只有允许投资人获得合理的回报，项目采取 BOT 方式才能取得成功。不可能盈利的项目，只有由政府或者公共机构进行投资建设，除非政府能够采取财政补贴等方式保证项目投资人获得合理的回报。

2) 项目立项

项目立项是指计划管理部门对项目意见书或预可行性研究报告以文件形式进行同意建设的批复。目前，随着我国经济体制改革的深化等客观实际的需要，立项管理的程序和审批权限正在改革之中。

BOT 项目在发布招标文件之前，按照国家的基本建设程序完成项目立项具有必要性。已经立项的项目可以降低招标后的项目审批风险，提高投标人参与项目的积极性。在项目没有立项的情况下进行招标工作，如果投资人确定后政府不批准项目，将会给中标人造成很大的损失。因此，项目立项通过的审批文件一般被作为招标的依据。

目前，通常外资 BOT 项目需要得到国家发展和改革委员会的批复，内资 BOT 项目也可以由地方政府批复。在前期工作准备不足的情况下，计划管理部门也可以不批复项目意见书或预可行性研究报告，而是批复同意进行项目融资招标，这种批复也可作为招标的依据。

3) 项目的招标、投标、评标、揭标

BOT 融资在我国的运作，是采用公开竞争性的招投标方式进行的，一旦项目意见书得到批准，即进入招投标程序。

① 资格预审

要对投资者的法人资格、资信情况、项目的产业能力（包括技术、组织、管理、投资、融资等能力）、以往的经验和业绩进行公开评审。

② 招标

BOT 融资的招标文件包括主件和附件，主要有以下内容：投标者须知（含评标标准与程序），投标书内容的最终要求、项目的最低标准、规格与经济技术参数的规范，特许权协议草本，政府部门提供的条件。附件至少对以下参数作出说明：外汇汇率、通货膨胀及贴现率、建设期和项目筹备期、项目经营和收费标准、收费标准调整所使用的方式和参照的指数等。

③ 投标

投标者一般均为联合体，投标者至少应按投标须知提供以下文件：投标函、项目可行性研究报告、项目融资方案、项目建设工期与进度安排、投标保证金、招标文件要求的其他文件。

④ 评标与揭标

由国家发展和改革委员会组织中央、地方政府有关部门、项目发起人，以及熟悉项目的技术、经济、法律专家参加，进行公开评标，选出最具资格的投标者，对特许权协议进行确认谈判后进行揭标。国家发展和改革委员会的主要职责是保证评标的公平、公正和公开。整个过程应依法由公证机构进行监督。

4) 合同谈判

决标后，招标委员会应邀请中标者与政府进行合同谈判。BOT 项目的合同谈判时间较长，而且非常复杂，因为项目牵扯到一系列合同以及相关的条件，谈判的结果是要中标人能为项目筹集资金，并保证政府把项目交给最合适的投标人。在特许权协议签字之前，政府和中标人都必须花费大量的时间和精力进行谈判和修改合同。如果政府与排名第一的中标候选人不能达成协议，政府可能会转而与排名第二的中标候选人进行谈判，以此类推。

由于投标人之间竞争激烈，政府在谈判中具有主动的地位。政府与私营机构间的合同必须做到以下几点：

① 使中标人按商定的条款，提供合同上规定的服务并承担义务。

② 给中标人以项目的独占权以及使工程得以实施的各项许可。

③ 如果需要的话，由政府或政府机构承担根据商定的条款购买项目产品或服务的义务，如承担或取或付义务。

④ 特许权协议必须得到同时签署的许多其他协议的支持，并以此为条件，以使中标人能够完成其任务。通常情况下，中标人在谈判结束以后必须签署的相关协议有：与项目贷款方的信贷协议、与建筑承包商的建设合同、与供应商的设备和材料供应合同、与保险公司的保险合同。

中标人是否能够顺利地签订上述相关合同，取决于其与政府商定的合同条款。因此，从中标人的角度，政府应提供项目所需的一揽子基本的保障体系。

在这一过程中，政府将与项目公司就最后的特许权协议或项目协定进行谈判，并就最后的贷款协定、建筑合同、供应合同及实施项目所必需的其他附属合同进行谈判。

5) 融资与审批

谈判结束且草签特许权协议后，中标人应报批可行性研究报告，并组建项目公司。项目公司将正式与贷款人、建筑承包商、运营维护承包商和保险公司等签订相关合同，最后与政府正式签署特许权协议。经过谈判达成并签署协议后，项目将开始进行财务交割，财务交割日即贷款人和股本投资者预交或开始预交用于详细设计、建设、采购设备及其顺利完成项目所必需的其他资金。

至此，BOT 项目的前期工作全部结束，项目进入实施阶段。

(2) 实施阶段

项目公司在签订所有合同后，进入项目的实施阶段，即按照合同规定，聘请设计单位开始工程设计，聘请总承包商开始工程施工，工程竣工之后开始正式运营，在特许期限届满时将项目设施移交给政府或其指定机构。通过以上的流程，可以看出 BOT 项目的实施阶段主要包括了两个重要的过程，即项目建设阶段和项目运营阶段。

建设阶段正式开始的标志主要是财务交割。有些情况下，一些现场组装或开发，甚至某些初步建设可能先于财务交割。但项目的主要建筑工程和主要设备的交货一般都是在财务交割后，才有资金支付这些费用。工程竣工后，项目通过规定的竣工试验，项目公司最后接受而且政府也原则上接受竣工的项目，建设阶段即告结束。

进入项目运营阶段，项目公司直接或者通过与运营者缔结合同，按照项目协定的标准和各项贷款协议及与投资者协定的条件来运营项目。在整个项目运营期间，项目公司都应按照协定要求对项目设施进行保养。为了确保运营和保养按照协定要求进行，贷款人、投资者、政府都拥有对项目进行检查的权利。

需要强调的是，在实施阶段的任何时间，政府都不能放弃监督和检查的权利。因为项目最终要由政府或其指定的机构接管并在相当长的时间内继续运营，所以，必须确保项目从设计、建设到运营和维护都完全按照政府和中标人在合同中规定的要求进行。

(3) 移交阶段

特许经营权期满后，项目最终向政府进行移交。通常，项目的设计应能使 BOT 发起人在特许经营期间还清项目债务并有一定利润。这样项目最后移交给政府时是无偿的移交，或者项目发起人象征性地得到一些政府补偿。政府在移交前应注意项目是否处于良好状态，以便政府能够继续运营该项目。

11.2 工程项目资产证券化

11.2.1 ABS 项目融资模式概述

(1) ABS 融资的定义

ABS（asset-backed-securitization）是指以目标项目所拥有的资产为基础，以该项目资产的未来收益为保证，通过在国际资本市场上发行高档债券来筹集资金的一种项目证券融资方式。

ABS 方式的本质在于，通过其特有的提高信用等级方式，使原本信用等级较低的项目照样可以进入国际高档证券市场，利用该市场信用等级高、债券安全性和流动性高、债券利率低的特点，大幅度降低发行债券筹集资金的成本。按照规范化的证券市场的运作方式，在证券市场发行债券，必须对发行主体进行信用评级，以揭示证券的投资风险及信用水平。债券的筹资成本与信用等级密切相关。信用等级越高，表明债券的安全性越高，债券的利率越低，从而使通过发行债券筹集资金的成本越低。如根据标准普尔公司的信用等级划分方法，信用等级 AAA、AA、A、BBB 为投资级，即债券的信用等级只有达到 BBB 以上级别时，才具有投资价值，才能在证券市场上发行债券募集资金。在投资级债券中，AAA 级和 AA 级属于高档投资债券，信用风险小，融资成本低。因此，利用证券市场筹集资金，一般都希望进入高档投资级证券市场。但是，对于不能获得权威性资信评估机构较高级别信用等级的企业或其他机构，无法进入高档投资级证券市场。ABS 运作的独到之处就在于，通过信用增级计划，使没有获得信用等级或信用等级较低的机构，照样可以进入高档投资级证券市场，通过资产的证券化来筹集资金。因此，即使加入了一些前期分析、业务构造和信用增级成本，它仍然为融资业务提供了新的、成本更低的资本来源。而且当公司或项目靠其他形式的信用进行融资的机会很有限时，证券化就成为该公司的一个至关重要的融资来源。这是因为资产支持证券的评级仅取决于作为证券支持的资产的信用质量，而与这些证券的公司的财务状况或金融信用无关。

(2) ABS 融资的主要特点

① ABS 融资方式的最大优势是通过在国际高档证券市场上发行债券筹集资金，债券利率一般较低，从而降低了筹资成本。而且，国际高档证券市场容量大，资金来源渠道多样化，因此，ABS 方式特别适合大规模地筹集资金。

② 通过证券市场发行债券筹集资金，是 ABS 不同于其他项目融资方式的一个显著特点，无论是产品支付项目融资、还是 BOT 项目融资模式，都不是通过证券化形式融资的，而证券化融资代表着项目融资的未来发展方向。

③ ABS方式隔断了项目原始权益人自身的风险，使其清偿债券本息的资金仅与项目资产的未来现金收入有关，加之，在国际高档证券市场上发行的债券是由众多的投资者购买的，从而分散了投资风险。

④ ABS通过SPV发行高档债券募集资金，这种负债不反映在原始权益人自身的资产负债表上，从而避免了对原始权益人资产质量的限制。同时，SPV利用成熟的项目融资改组技巧，将项目资产的未来现金流量包装成高质量的证券投资对象，充分显示了金融创新的优势。

⑤ 作为证券化项目融资方式的ABS，由于采取了利用SPV增加信用等级的措施，从而能够进入国际高档证券市场，发行那些易于销售、转让以及贴现能力强的高档债券。同BOT等融资方式相比，ABS融资方式涉及的环节较少，在很大程度上减少了酬金、手续费等中间费用。

⑥ 由于ABS方式是在国际高档证券市场筹资，其接触的多为国际一流的证券机构，按国际上规范操作规程行事，这将有助于增加东道国在国际项目融资方面的专门人才，规范国内证券市场。

  拓展阅读　　ABS融资在金融市场中的作用

(3) ABS融资的种类

① 抵押过手证券：是指贷款发放人（项目发起人）将抵押贷款组合起来并以不可分的利益出售给投资者，使投资者对抵押贷款及其每月还款现金流拥有直接所有权。从基础抵押贷款中产生的现金流被"过手"给证券的投资者。现金流指每月的抵押支付，包括利息、计划偿还的本金和提前偿还的本金。从抵押贷款中产生的现金流和过手给证券投资者的现金流在金额和时间上都是不同的，过手利率低于基础抵押贷款利率，其差额等于服务费和担保费。每月从借款人处收到月度抵押支付，但支付给证券持有者时有延期，延期时间的长短随过手证券类型而变动。但过手证券的投资者要承担随之产生的提前还款风险或再投资风险，即借款人因利率变动等原因提前还款带来的现金流量的不确定性、收益率减少等风险。

因此，本质上抵押过手证券代表着原始组合资产的直接所有权，这些组合资产保存于信托机构，所有权证书则出售给投资者，发起人要为这些资产提供服务，并收取本金和利息，从中扣除服务费后，将剩余款项过手给投资者。图11-1通过抵押过手证券结构揭示了证券发行的程序。

发起人将资产出售给信托机构，然后，受托管理人代表信托机构签发证书给投资者，每个证书即代表整个贷款组合的不可分割的利益，随着贷款的出售，为了维护投资者的利益，在信用增级的前提下，发起人把资产的各项权利如资产所有权、利息以及收有到期付款的权利，都转让给信托机构。

② 资产支持债券：最简单、最古老的资产支持证券形式可能就是资产支持债券，以抵押贷款支持债券为例，资产支持债券是发行人的负债义务，这项义务以贷款组合为抵押，有时以政府国家抵押协会的过手证券组合为抵押，作为抵押的贷款组合仍在发行人的账簿上以资产表示，资产支持债券以负债表示。由抵押物产生的现金流并不用于支付资产支持债券的本金和利息。利息通常半年支付一次，本金到期才支付。

资产支持债券的一个重要特征就是它们一般都是超额抵押。抵押物以1/4计价，并且当

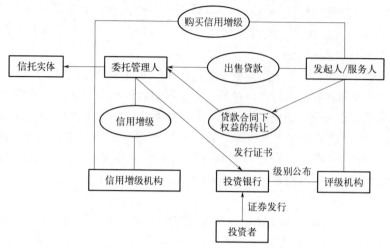

图 11-1 抵押过手证券的发行示意图

抵押物的价值低于债券契约中规定的水平时，为了保证安全，就要求在抵押物中增加更多的贷款或证券。这样操作的原因有：一是因为贷款组合的现金流归于发起人，而不是资产支持债券的持有者，所以，任一贷款组合的未结余额可能比资产支持债券的本金下降得更快。二是超额抵押为债券持有人提供了额外保护，保护债券持有人免受组合中个别贷款违约的影响。三是超额抵押物保护债券持有人免受在估价期间抵押物市价下降的影响。而且，因为本金和利息款项首先归于发行人且可以用这些款项进行再投资，所以发行人一般愿意进行超额抵押。投资者不承担因被证券化资产提前偿付而产生的再投资风险。图 11-2 说明了一般资产支持债券的结构。

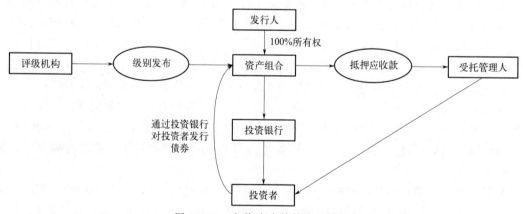

图 11-2 一般资产支持债券的结构

图 11-2 中发行人对一部分资产进行组合，并把这些资产作为担保抵押给受托管理人，这些资产就为它发行的债券作抵押，债券的发行是通过投资银行完成的，并且投资银行和投资者一起私募债券。通常发行时担保物的价值要超过票据的价值，为了替代超额抵押或者作为一种补充，发行人可能会以保险债券的形式或者信用证的形式从第三方购买信用增级。

③ 转付债券：这种债券既有过手证券的特征，也有资产支持债券的特征。它由一组资产组合作担保，并且作为负债仍保留在发行人的资产负债表中，这一点与资产支持债券相似。但是资产的现金流是用来支付债券服务的支出的，投资者承担因被证券化的资产提前偿

还而产生的再投资风险。这与过手证券相似。

④ 担保抵押债务（CMO）：这种债券根据投资者对风险、收益和期限等的不同偏好而对抵押贷款组合的现金流的要求不同，将证券划分为不同的级别，使风险以不同形式分配给不同类别的投资者，以满足投资者的多品位要求。最典型的担保抵押债务结构包括四个"正规"级债券和一个"剩余"级债券。前三个正规级债券（A、B、C 三级）自债券发行结束之日起就开始付息，并依次偿还本金。第四个正规级债券（称为 Z 级）在前三级本金未偿清之前只按复利计算利息，并不进行实际支付（所以，Z 级债券又被称为"应计"债券）。当前三级本息全部支付完毕后，Z 级债券才开始支付利息和本金。四个"正规"级的本息偿清后，所有剩余的现金流量全部属于"剩余"级债券的持有人。由于此特点，CMO 有效地创立了具有不同最后期限和不同平均寿命的多级别债券，因此可吸收各类投资者。例如支付最快的债券（如 A 级债券）可以和美国国库券、欧洲商业票据等金融产品竞争，吸引短期投资者。支付不算快也不算慢的债券（如 B、C 级债券）可以和公司债券竞争，吸引中期投资者。而支付最慢的债券（如 Z 级债券）可以和长期的美国国库券及欧洲债券竞争，吸引长期投资者。从而使 CMO 成为应用最广的一种抵押支持证券。1983 年 6 月，美国联邦国家抵押协会发行了首批 CMO。每批发行分为三类到期，每类都收到半年的利息付款，并且每类都顺序收回。第一类债券持有者收到了本金的第一期付款和第一类债券付清以前的所有预付款。接着，第二类债券持有者依次收到本金和预付款，最后第三类债券持有者才收到本金付款。每级债券都是半年付息一次，各级按顺序偿还本金。此后，这种多等级的转付证券得到了迅速发展。1988 年美国发行的 CMO 总额已超过 1983 年的 16 倍。现有发行的 CMO 包括 3～6 个以上不同期限的债券。

典型的 CMO 结构如图 11-3 所示，现金流量示意图如图 11-4 所示。

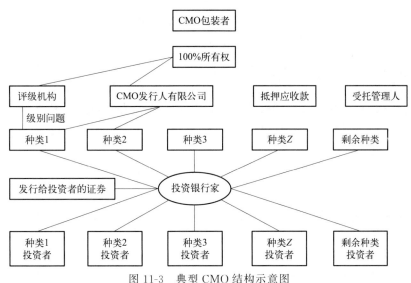

图 11-3 典型 CMO 结构示意图

⑤ 剥离式抵押担保证券：这种证券产生于 20 世纪 80 年代后半期，是在抵押担保债务基础上进一步创新的金融工具，当把证券化资产组合中所收取的本金和利息从等比例分配给证券所有人改成非比例分配时，就产生了剥离的抵押支持证券。例如：平均合同利率为 10% 的一组居民抵押贷款组合被剥离成息票利率为 14% 的溢价证券和息票利率为 6% 的折价

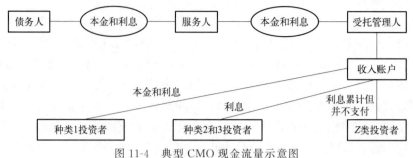

图 11-4　典型 CMO 现金流量示意图

证券。最典型的剥离形式是发行只付利息证券和只付本金证券。即抵押贷款收回的利息支付给利息证券的持有者，而收回的本金支付给本金证券的持有者。这种证券的吸引力在于它对投资者和发行者都有益。剥离证券的发行人能够通过分割过手证券得到比只发行一种过手证券更多的收入；投资者能够获得溢价抵押证券，并且只需付出很低的预付费率，即使在利率下降期间也是如此，同时那些想要用高预付款得到折价抵押证券的投资者即使在利率上升时期也可以做到。

11.2.2　ABS 融资的基本要素及当事人

(1) ABS 融资的基本要素

成功的资产支持证券化融资需要坚实的"基础设施"，即证券化融资的基本构成要素。主要表现为以下方面：

① 标准化的合约。该合约要使所有的参与方确信：为满足契约规定的义务，该合约的存在形式应能够提供界定明确而且在法律上可行的行为。

② 资产价值的正确评估。如在信贷资产证券化业务中，银行家的尽职调查应能够向感兴趣的各方提供关于风险性质的描述和恰当的价值评估。

③ 一份具有历史统计资料的数据库。对于拟证券化的资产在过去不同情形下的表现，必须提供一份具有历史统计资料的数据库，以使各参与方确定这些资产支持证券的风险程度。

④ 适用法律的标准化。证券化融资需要以标准的法律为前提。在美国第一银行曾发行过 AAA 级抵押支持转递证券，最后以失败告终，其原因之一就是它未能满足美国所有各州所要求的法定投资标准。

⑤ 确定服务人地位的标准。这一点对于证券化融资是非常关键的。一般的标准是服务人的破产或服务权的转让不应该导致投资者的损失。

⑥ 可靠的信用增级措施。证券化融资的重要特点是可以通过信用增级措施发行高档债券，以降低项目融资的成本。因此，如果没有可靠的、资信较高的信用增级措施，资产支持证券化融资将是很难操作的。

⑦ 用以跟踪现金流和交易数据的计算机模型也是促进证券化交易量增长的重要基础。

(2) ABS 融资的主要当事人

1) 发起人或原始权益人。发起人或原始权益人即拥有一定权益资产的人，以抵押贷款为例，发起人发放贷款并创造出将成为担保品的资产。发起这些资产的实体包括：①商业银行，是综合性的金融机构，其主要功能是吸收存款，管理贷款；②抵押银行，主要功能是发放抵押贷款并在二级市场销售给政府机构，尽管提供的贷款很少，但发挥的作用很大。

2) 服务人。服务人通常由发起人自身或指定的银行来承担。服务人的主要作用体现在两个方面：一是负责归集权益资产到期的现金流，并催讨过期应收款；二是代替发行人向投资者或投资者的代表受托人支付证券的本息。所以，服务的内容包括收集原借款人的还款，以及其他一些为确保借款人履行义务和保护投资者的权利所必需的步骤。因此，资产支持证券的大多数交易与服务人（通常就是发起人）的信用风险存在着直接的关系，因为服务人持有那些要向投资者分配的资金。信用风险的高低是由服务人把从资产组合中得到的支付转交给投资者时的支付频率决定的。

3) 发行人。作为发行人来说，它可以是中介公司，也可以是发起人的附属公司或参股公司或者是投资银行。有时，受托管理人也承担这一责任，即在证券化资产没有卖给上述的公司或投资银行时，它常常被直接卖给受托管理人。该受托管理人是一个信托实体，一般是一家有特殊用途的实体（special purpose vehicle，SPV），其创立的唯一目的就是购买拟证券化的资产和发行资产支持证券。该信托实体控制着作为担保品的资产并负责管理现金流的收集和支付。信托实体经常就是发起人的一家子公司，或承销本次证券发行的投资银行的一家子公司。在某些情况下，由于各单个发起人的资产都不足以创造一个合格的资产组合，因此这时就要由几个发起人的资产共同组成一个资产组合。

当发行人从原始权益人手中购买权益资产，形成在未来收取一定现金流的权利后，再对其进行组合包装，然后以发行证券方式将之在二级市场上出售给投资者。在资产证券化最早出现的美国，充当住房抵押贷款支持证券发行人的主要机构有两类：一类是政府性质的机构，如：联邦国民抵押协会等，购买无政府保险的住房抵押贷款并使之证券化；政府国民抵押协会，使有担保的住房抵押贷款证券化；联邦住房抵押公司，购买未经政府保险但经私人保险的常规抵押贷款并以之为担保在资本市场上发售债券。另一类是非政府性质的机构，如住房融资公司等，它们购买不符合政府或政府资助机构有关条件的住房抵押贷款并使之证券化。

4) 证券商。ABS 由证券商承销。证券商或者向公众出售其包销的证券，或者私募债券。作为包销人，证券商从发行人处购买证券，再出售给公众。如果是私募债券，证券商并不购买证券，而只是作为发行人的代理人，为其提供更多的购买者。发行人和证券商必须共同合作，确保发行结构符合法律、规章、财务、税务等方面的要求。

5) 信用强化机构。在资产证券化过程中，有一个环节显得尤为关键，这就是信用增级环节。从某种意义上说，资产支持证券投资者的投资利益能否得到有效的保证而得以提高等级的证券将不再按照原发行人的等级或原贷款抵押资产等级来进行交易，而是按照提供担保的机构的信用等级来进行交易。

信用增级一般采取两种方式：发行人提供的信用增级即内部信用增级和第三者提供的信用增级即外部增级。

① 内部信用增级

由发行人提供的内部信用增级有两种基本的方法，即直接追索权和超额担保。两种形式均完成同样的目的，即减少投资者承担的与资产组合有关的信用风险，具体又可分为三种操作方法，即高级/次级证券结构、超额抵押和储备基金等形式来提高信用等级。SPV（特殊目的实体）可以单独使用其中某一种方式，也可以同时使用这三种方式或者其中的某两种方式。

a. 优先/次级证券结构指所有的损失首先由次级债券承担，充当高级债券的缓冲器，其最大承担额相当于该类债券的总额。即用高收益的次级证券在本金和利息支付顺序上的滞后处理,来保证低收益的优先证券获得本金和利息的优先支付,从而提高优先证券的信用级别。

b. 超额抵押指组合中的资产价值超过所发行证券的金额,如果抵押价值下降到该水平之下,信用强化者必须以新的抵押品弥补该缺口。如在信贷资产证券化中,就要求被证券化的项目贷款的实际价值高于证券的实际发行额。具体就是要求所发行的债券总额不得超过作为基础资产的项目贷款组合的一定比例。

c. 储备基金账户指通过事先设立用以弥补投资者损失的现金账户以防范风险。在信贷资产证券化中,就是 SPV 将收到的项目贷款的本息与债券支付成本之间的差额以及 SPV 在现金收付之间因时间差异而产生的再投资收入存入基金账户,在项目贷款出现违约时,动用基金账户以保证对证券投资者的支付。

② 外部信用增级

由第三者提供的外部信用增级可分为部分信用增级和完全信用增级两种形式。部分信用增级的目的是减少投资者承担的组合资产的信用风险,完全信用增级的目的则不仅仅要减少这种风险,而且还要完全消除这些风险。与发行人提供的信用增级不同的是,第三者信用增级一般不带有相关风险的特征,这是因为第三者的信用质量总的来讲与被提高的信用资产质量没有关系。

外部信用增级方式通常通过提供银行信用证、由一家保险公司提供保险以及第三者设立的储备账户基金来形成。这些信用增级依赖于担保人而不是资产本身的信用等级。

6) 信用评级机构。信用评级机构就像给公司债券评定等级一样给 ABS 评级。ABS 的投资人依赖信用评级机构为其评估资产支持证券的信用风险和再融资风险。主要的评级机构有穆迪、标准普尔等公司,这些评级机构从整体来看,其历史记录和表现一直很好,特别是在资产支持证券领域口碑极佳,信用评级机构须持续监督资产支持证券的信用评级。证券的发行人要为评级机构提供的服务支付费用。因为如果没有评级机构的参与,这些结构复杂的资产支持证券可能就卖不出去。当存在评级机构时,投资者就可以把投资决策的重点转移到对市场风险和证券持续期的考虑上。所以,信用评级机构是证券化融资的重要参与者之一。

发行人需要评级机构的评级是因为他们希望证券的流通性更强,其支付的利息成本更低。当投资者通过评级系统的评级而相信了证券的信用质量时,他们对投资的收益要求通常就会降低。许多受到管制的投资者未被允许购买那些级别低于投资级的证券,更不能购买那些未经评级的证券。所以,证券评级机构的存在拓宽了投资者的范围,创造了对证券的额外需求,对发行人来说节省的成本也非常可观。

7) 受托管理人。在证券化的操作中,受托管理人是不可或缺的,它充当着服务人与投资者的中介,也充当着信用强化机构和投资者的中介。受托管理人的职责包括以下三个方面:

① 作为发行人的代理人向投资者发行证券,并由此形成自己收益的主要来源。

② 将借款者归还的本息或权益资产的应收款转给投资者,并且在款项没有立即转给投资者时有责任对款项进行再投资。

③ 对服务人提供的报告进行确认并转给投资者,当服务人不能履行其职责时,受托人应该并且能够起到取代服务人角色的作用。

11.2.3 ABS 融资的运行程序

(1) 确定资产证券化融资的目标

原则上,投资项目所附的资产只要在未来一定时期内能带来稳定可靠的现金收入,都可以进行 ABS 融资。能够带来现金流入量的收入形式有：信用卡应收款，地产的未来租金收入，飞机、汽车等设备的未来运营收入，项目产品的出口贸易收入，收费公路及其他公用设施收费收入，税收及其他财政收入等。

一般情况下，代表未来现金收入的资产，本身具有很高的投资价值，但由于各种客观条件的限制，它们无法获得权威性资信评估机构授予的较高级别的资信等级。因此，无法通过证券化的途径在资本市场上筹集项目建设资金。

通常，将拥有这种未来现金流量所有权的企业或公司称为原始权益人。原始权益人将这些未来现金流的资产进行估算和信用考核，并根据资产证券化的目标确定要把多少资产用于证券化，最后把这些资产汇集组合形成一个资产池。

（2）组建特别目的实体（SPV）

SPV 一般是由在国际上获得了权威资信评估机构给予较高资信评定等级（AAA 或 AA 级）的投资银行、信托投资公司、信用担保公司等与证券投资相关的金融机构组成。有时，SPV 由原始权益人设立，但它是以资产证券化为唯一目的的、独立的信托实体。其经营有严格的法律限制，例如，不能发生证券化业务以外的任何资产和负债，在对投资者付完本息之前不能分配任何红利，不得破产等。其收入全部来自资产支持证券的发行。为降低资产证券化的成本，SPV 一般设在免税国家或地区，设立时往往只投入最低限度的资本。

（3）实现项目资产的"真实出售"

SPV 成立之后，与原始权益人签订买卖合同，原始权益人将资产池中的资产过户给 SPV。这一交易必须以真实出售方式进行，买卖合同中应明确规定：一旦原始权益人发生破产清算，资产池不列入清算范围，从而达到"破产隔离"的目的。破产隔离使资产池的质量与原始权益人自身的信用水平分割开来，投资者对资产支持证券的投资就不会再受到原始权益人的信用风险影响，这也正是项目融资的本质特点。

达到项目资产或收益的"真实出售"主要有以下三种操作方式：

① 债务更新：先行终止发起人与资产债务人之间的债务合约，再由 SPV 与债务人之间按原合约还款条款订立一份新合约来替换原来的债务合约，从而把发起人与资产债务人之间的债权债务关系转换为 SPV 与资产债务人之间的债权债务关系。一般用于资产组合涉及少数债务人的场合。

② 转让：通过一定的法律手续把待转让资产项下的债权转让给 SPV，作为转让对象的资产要由有关法律认可具备可转让性质。资产权利的转让要以书面形式通知资产债务人，如无资产转让书面通知，资产债务人享有终止债务支付的法定权利。

③ 从属参与：SPV 与资产债务人之间无合同关系，发起人与资产债务人之间的原债务合约继续有效，资产也不必从发起人手中转让给 SPV，而是由 SPV 发行资产支持证券，取得投资者的款项，然后转贷给发起人，转贷金额等同于资产组合金额，贷款附有追索权，其偿还资金来源于资产组合的现金流量。

无论采取何种形式，资产的出售均要由有关法庭判定其是否为"真实出售"，以防范资产证券化下涉及的发起人的违约破产风险。影响法庭裁定"真实出售"的主要因素是：a. 当事人意图符合证券化目的；b. 发起人的资产负债表已进行资产出售的账务处理；c. 出售的资产一般不得附加追索权；d. 资产出售的价格不能盯着贷款利率；e. 出售的资产已经过"资产分离"处理，即已通过信用增级方式将出售的资产与发起人的信用风险分离。不符合上述条件的将不能被视为真实出售，而是被当作担保贷款或信托。

与资产出售对应的是资产的购买，SPV 购买资产的形式有两种：一种是整批买进一个特定的资产组合；另一种是买进资产组合中的一项不可分割的权利。前者与票据的直接转让相似，SPV 买下特定资产项目卖方的全部权益，资产转归买方所有，这种形式主要用于期限较长的资产证券化。在后一种形式下，SPV 的权益不限于组合中的特定资产，因此这项权益不会由于某一特定资产的清偿而终止，随着组合中资产的清偿，新资产的不断补进，SPV 的权利亦随之周转，这种形式适合于资金期限较短，周转速度较快的资产组合，主要用于工商贷款与交易应收款的证券化。

(4) 完善交易结构，进行内部评级

SPV 与原始权益人或其指定的资产服务公司签订服务合同，与原始权益人一起确定一家受托管理银行并签订托管合同，与银行达成必要时提供流动性的周转协议，与证券承销商达成证券承销协议等等，来完善资产证券化的交易结构。然后请信用评级机构对这个交易结构以及设计好的资产支持证券进行内部评级。信用评级机构通过审查各种合同和文件的合法性及有效性，对交易结构和资产支持证券进行考核评价，给出内部评级结果。一般而言，这时的评级结果并不理想，较难吸引投资者。

(5) 划分优先证券和次级证券，办理金融担保

为了吸引更多的投资者，改善发行条件，特别目的实体 SPV 必须提高资产支持的信用等级。即必须进行信用增级。信用增级如前所述可通过外部增级和内部增级来实现。但无论哪种，为了操作的方便，必须做到以下几点：

① 要做到"破产隔离"，剔除掉原始权益人的信用风险对投资收益的影响，提高资产支持证券的信用等级。

② 划分优先证券和次级证券，把资产支持证券划分为两类，使对优先证券本息的支付先于次级证券，付清优先证券本息之前仅对次级证券付息，付清优先证券本息之后再对次级证券还本，这样就降低了优先证券的信用风险，提高了它的信用等级。

③ 进行金融担保，即特别目的实体向信用级别很高的专业金融担保公司办理金融担保，由担保公司向投资者保证特别目的实体将按期履行还本付息的义务，如特别目的实体违约，由金融担保公司代为支付到期证券的本息。

(6) 进行发行评级，安排证券销售

信用增级后，SPV 应再次委托信用评级机构对即将发行的经过担保的 ABS 债券进行正式的发行评级，评级机构根据经济金融形势，发起人、证券发行人等有关信息，SPV 和原始权益人资产债务的发行情况、信用增级情况等因素将评级结果公布给投资者。然后由证券承销商负责向投资者销售资产支持证券。由于这时资产支持证券已具备了较好的信用等级，因此能以较好的发行条件售出。

(7) SPV 获得证券发行收入，向原始权益人支付购买价格

SPV 从证券包销商那里取得证券的销售收入后，即按资产买卖合同签订的购买价格向原始权益人支付购买资产池的价款，而原始权益人则达到了筹集目的，可以用这笔收入进行项目投资和建设。

(8) 实施资产管理

原始权益人或由 SPV 与原始权益人指定的服务公司对资产池进行管理，负责收取、记录由资产池产生的全部收入，将把这些收款全部存入托管行的收款专户。托管行按约定建立积累金，准备用于 SPV 对投资者还本付息。

（9）按期还本付息，对聘用机构付费

到了规定的期限，托管银行将积累金拨入付款账户，对投资者付息还本。待资产支持证券到期后，还要向聘用的各类机构支付专业服务费。由资产池产生的收入在还本付息、支付各项服务费之后，若有剩余，全部退还给原始权益人。整个资产证券化过程至此结束。

以上过程以抵押贷款资产证券化为例，可以用图11-5表示。

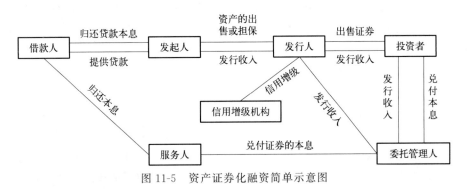

图11-5 资产证券化融资简单示意图

11.3 PPP融资模式

11.3.1 PPP融资模式的理解

（1）PPP融资模式的概念

PPP融资（或者说PPP项目的融资）是为保障PPP项目的顺利开展而通过各种合法方式在项目设计、建设、运营、维护、移交等各环节安排融资方案及实现融资的总称。PPP模式融资特点：

① 项目导向性。PPP模式强调项目主体的概念，不依赖项目投资人或发起人的资信状况或其有形资产，而是根据项目的预期收益、现金流量和项目资产价值安排融资，项目因素直接影响项目融资的结构和进程。

② 有限追索性。PPP项目在融资过程中也常仅以项目资产和项目在运行中产生的现金流量作为项目融资的担保或债务偿还的来源（引进外资举债不计入国家外债），同时在项目产生风险时仅对项目资产和现金流量有追索权，而对项目发起人的其他财产没有追索权或仅有有限追索权。PPP模式融资项目的有限追索权实现了合理分配风险，加强了对项目收益的控制并保留了较高的投资回报。

③ 表外融资性。通过设立具有独立法人性质的SPV公司，隔离SPV公司和项目发起人之间的联系。SPV公司成为项目贷款的直接债务人，使得项目发起人不会因为该项目的大量负债在资产负债表中体现，而对其债务信用评级产生影响，从而减轻其还本付息的责任及债务负担，且不影响其继续筹集所需资金。

④ 项目的长期稳定性。我国目前采用PPP模式的公共服务领域包括能源、交通运输、水利、环境保护等事关国计民生的领域，项目的持续稳定是地方政府关注的首要问题，这决定了地方政府在维系项目运营方面的间接责任。

⑤ 项目风险难以预测和控制。PPP项目实施时间普遍较长，一般10~30年，其间会涉

及原材料价格上涨、市场需求降低、国内外政治经济环境变化等风险，都会对项目的实际盈利情况产生影响，也就会间接影响项目债务融资的还本付息能力，从而导致金融机构尤其是商业银行对项目的传统贷款等比较谨慎。

⑥项目经济强度较高。在最初安排投资时，项目可行性研究中的假设条件是否符合未来实际情况，项目是否能够产生足够的现金流量，用以支付生产经营费用、偿还债务并为投资者提供理想的收益，以及在项目运营的最后或者最坏的情况下项目本身的价值能否作为投资保障，一般从两个方面来测度：项目未来的可用于偿还贷款的净现金流量和项目本身的资产价值。

（2）PPP模式融资的目标

1）政府部门角度

①低层次目标：满足基础设施建设和服务的资金需求。政府推动PPP项目，主要目标在于增加公共产品数量，提升服务质量，满足社会大众的需要。对政府部门而言，PPP模式融资的短期目标在于满足基础设施建设和服务的资金需求。因此，必须在现有基础上通过引入社会资本，从而大幅度缓解新建、维护和改造城市基础设施对地方政府造成的资金压力。

②高层次目标：财政资金和社会资本的有效利用。从长远角度来看，PPP模式融资功能的发挥，有助于政府部门实现财政资金和社会闲置资本的有效利用。一方面，它可以减少政府财政的负担，使政府有限的财政资金投入更需要公共资金的领域；另一方面，又可以提高整个社会的资金利用效率，使得全社会的资源配置更加优化。

PPP模式在为政府部门提供融资的同时，也为政府部门带来社会资本的新生产技术和管理技术，从而提高公共产品和服务提供的效率和水平，实现了资源的优化配置。

2）社会资本角度

①低层次目标：获取利润，扩展企业业务范围。社会资本的短期决策是建立在利润最大化的基础上的，随着规模的扩大，企业会追求更稳定的可持续发展。而基础设施项目投资规模大、现金流量充足、收益回报稳定的特点正好满足这种需求。

②高层次目标：增加市场份额，实现市场资金在行业内的合理分配。一方面，企业参加PPP项目的融资可以增加该企业产品与服务的知名度，提高企业在市场的竞争力，另一方面，企业通过自身资金或吸引外部资金参与到PPP项目中，使市场资金在行业内能够得到更合理的分配，实现产业链上下游的紧密对接。

（3）PPP项目的融资应用条件

①选择PPP模式运作该项目是否能够有效提高项目的融资效率。

②项目物权的最终归属是否清晰且可行。

③政府和社会资本的权利与义务是否明确、完整且合理。

 拓展阅读　PPP模式融资意义

（4）PPP融资项目的寿命周期

在项目实施机构与中选社会资本签署项目合同后，社会资本可以设立SPV公司，由SPV公司具体负责项目的融资、建设、运营等活动。SPV公司根据项目所处的准备期、建设期、运营期、项目移交等不同阶段的资金需求，可以向银行、信托、基金、券商等金融机构申请融资。根据财政部《关于印发政府和社会资本合作模式操作指南（试行）的通知》的要求，PPP 项目工作流程包括项目识别、项目准备、项目采购、项目执行、项目移交五个部分。其中，项目执行和项目移交两部分内容涵盖了 PPP 项目寿命周期中所涉及的准备、建设、运营、移交主要环节，如图 11-6 所示。

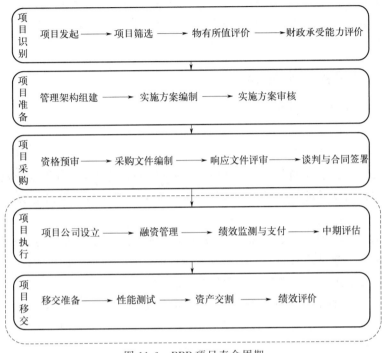

图 11-6　PPP 项目寿命周期

(5) PPP 融资项目的基本运作流程

第一，政府和社会资本按比例投入一定资本金筹建 SPV 公司。通常情况下，政府部门出资比例较小，以契合 PPP 项目的特点——撬动社会资金。与此同时，SPV 公司的股本金占 PPP 项目所需全部投资额的比例相对较小，一般在 10%～30%。

第二，通过银行等金融机构获得债权融资。PPP 项目的另一特点是高负债运行，一般债权资金占 SPV 公司总资产的 70% 及以上。融资方式大多通过银行贷款（含银团贷款）和发行债。

第三，政府部门与 SPV 公司签订合约，由政府部门购买 SPV 公司提供的公共服务或对基础设施进行建设、运营、维护和管理。

第四，承建商与 SPV 公司签订建造合同，供应商与 SPV 公司签订设备采购或供货合同。承建商可以通过垫资等方式、供应商可以通过经营租赁等方式给 PPP 项目提供中短期融资甚至长期融资。

第五，SPV 公司向承建商、供应商支付相关费用。有时，SPV 的发起方会同时作为项目承建商或供应商，因此对社会资本而言，可以从以下两方面获得收入：一是初始股权投资回报，即资金回报；二是建造合同收入或供货合同收入，即服务回报。

第六，运营商与 SPV 公司签订运营维护合同。

第七，SPV 公司向运营商支付相关费用。同样，运营商一方面可以获得资金回报，另一方面可以通过后期运营维护取得服务回报。

第八，SPV 公司向债权资本和股权资本分配收益。在有的 PPP 项目中，后期由于运营等方面的问题可能会出现债务重组而改变原有资本结构的情况（即再融资），在这种情况下，项目收益的分配应做相应调整。

第九，在项目运营结束后，政府对项目进行性能测试、资产评估等，由 SPV 公司将项目移交给政府，移交方式分为有偿和无偿两类，具体的移交方式和移交程序按照之前和政府签订的协议执行。

11.3.2 PPP 项目各阶段的融资安排

(1) PPP 项目前期融资安排

1）项目投资分析

① 项目分析。主要包括以下方面：

a. 项目建设可行性。了解拟参与 PPP 项目的具体建设方案，分析项目是否符合社会资本方的近期和中长期发展规划，项目实施后分析其为企业带来的效益和竞争力，分析项目建设的必要性。

b. 项目建设内容。分析项目的总体建设规模、所处的地址、所需的原材料、燃料、动力供应、运输条件，项目采取的工艺技术及设备，项目对承建单位的技术能力、承建资格要求等，对项目建设的进度计划和建设工期的要求。

c. 项目的投资效益情况。评估项目的固定资产投资、配套流动资产、项目总投资额，项目建设资金来源及融资结构，项目实现的成本、收入、税收、利润，项目的全部投资和资本金现金流量分析，盈亏平衡分析和敏感性分析等。

② 收费机制分析。在对 PPP 项目进行前期评估时，应该意识到 PPP 项目的市场状况决定了项目的经济生存能力，决定了项目的风险分配和收益回报，也决定了社会资本方是否能够收回投资和取得预期回报。社会资本承担的角色不同，所分担的风险也有所不同。

③ 股权安排分析。当政府部门与社会资本合资成立 SPV 公司时，双方应就项目所在地的市场监管环境、社会资本各方筹集资金能力、投资各方股权比例的市场接受程度以及行业特点等众多因素，做出合理的股权结构设计和权利义务安排。

2）项目现金流测算

PPP 项目能够吸引投资的基本条件在于项目可以形成稳定的现金流。应结合 PPP 项目可能的产品或服务的当期市场价值，考虑合理的折现率，对所要进行的项目进行现金流量测算，若得出的净现金流为负值，则应对是否要进行该项目多加考虑。

3）财务顾问

在 PPP 项目的实施过程中，SPV 公司可以选择聘请商业银行、投资银行等机构担任财务顾问，通过参与项目的投标方案、融资方案的设计，最大限度保护 SPV 公司的利益。

4）融资方式的选择

如 PPP 项目的融资方式所介绍的股权融资、银行贷款、债券融资、保险融资、资产证券化等方式。其中，产业投资基金比较适合项目前期资金的筹集。但上述融资方式各有特色，也需根据项目的自身特色和实际情况来选择，见表 11-1。

表 11-1 适合 PPP 项目前期资本金融资的金融产品对比

金融产品	投资标的	优势	收益	不足
产业投资基金（银行理财资金）	以增资或购买股权、股权收益权等方式，投资于社会资本母公司、社会资本参与 PPP 的子公司或者 SPV 公司等	利用银行理财资金，可投资的范围广	一般以固定收益为主	融资成本较高；融资期限一般在 3 年以下；对融资主体要求较高
产业投资基金（保险资金、企业年金等）	投资于社会资本母公司、社会资本参与 PPP 的子公司或者 SPV 公司等	国家政策支持、可投资范围广、融资期限较长	一般以固定收益为主	保险资管产品在监管部门报备时间长；借用信托通道模式会提高融资成本；风险偏谨慎
产业风险投资基金	投资于社会资本参与 PPP 的子公司或者 SPV 公司等	该资金一般来源于高净值人群，期限灵活，投资范围广	固定＋浮动或浮动	投资者会在项目回报与风险性上做出选择，这对项目盈利模式、运作方式等诸多方面提出了较高要求

(2) PPP 项目建设期融资安排

1) 项目建设期融资安排

① 融资方案。SPV 公司应根据前期对项目的投资决策分析，结合项目主要中标和成交条件（包括合作期限、服务要求、项目概算、回报机制等），设计项目融资方案。具体操作流程如下：

a. 确定项目投资中社会资本方和项目实施机构计划投入的自有资金的金额，测算计划融资规模；

b. 确定可以采取的融资方式，并从中选取最优的一种或几种方式组合筹集项目建设资金；

c. 确定 SPV 公司能接受的最大融资成本，尽可能降低融资成本；

d. 确定合理的融资期限和银行的融资偿还方式，保证 SPV 公司的偿债能力；

e. 确定建设期资金的使用计划。

② 主要的融资方式

a. 项目贷款；b. 银团贷款；c. 信托贷款；d. 融资租赁；e. 股权基金；f. 股东借款；g. 外国政府贷款。

③ 其他适合 PPP 建设期融资的金融产品。PPP 项目建设期具有持续时间长、投资额大等特点，且不同类型的 PPP 项目的特性也大相径庭。表 11-2 列出了除传统融资外，其他适合 PPP 项目建设期融资的金融产品，当进行 PPP 项目建设期融资时，SPV 公司需结合具体的项目情况及金融产品特点适当选择。

表 11-2 其他适合 PPP 项目建设期金融产品的比较

金融产品	优势	不足
保险债权投资计划	资金匹配度高、国家政策支持、可投资范围广、资金期限较长、企业用款比较灵活	保险资金风险偏谨慎，要求融资人主体高评级或者有相关金融机构提供增信
保险资产支持计划	资金匹配度高、国家政策支持、可投资范围广	保险资管第一次开展该业务需要报监管部门，风险偏谨慎

续表

金融产品	优势	不足
项目收益票据（PRN）	具有规模不受净资产限制，发行人没有成立年限要求，存续期限较长等优点，可以满足 SPV 公司在项目成立阶段和建设初期的融资需求	项目收益债以项目为基础，基于项目的资信。项目收益债实行严格的账户管理，确保募集资金专款专用和项目现金流闭合运行
结构性融资	利用银行理财资金，融资方式较为灵活	融资成本较高，融资期限一般在 3 年以下
项目开发贷款	银行传统业务，管理制度明确，融资成本不高	在融资前需在主管部门完成立项以及取得各项规证

2）融资磋商

① 选择融资银行。在项目融资方案确定后，SPV 公司应通过与银行及其他金融机构磋商，确定合作的融资机构。对于投资金额较小的项目，可直接选择有业务往来的银行或与其他金融机构商谈，从中选择一家，达成合作意向后，最终确定融资机构。

② 提供融资资料。SPV 公司向融资机构申请融资，应提供相关的资料，根据融资产品的不同，提供资料内容有所差别，基本上需要提供包含但不限于以下资料：a. 融资申请书；b. 基础资料；c. 合同文本；d. 项目建设期间融资资料；e. 融资机构要求提供的其他资料。

3）合同组织

项目建设期间，签署的融资合同可能包括 SPV 公司与融资方签订的项目贷款合同、担保合同、政府与融资方及 SPV 公司签订的直接介入协议等多个合同，其中项目贷款合同为主要的融资合同。

4）融资方对现金流的控制

项目的融资方在融资发放后，需要对 SPV 公司的资金使用情况进行监控。

① 银行贷款：SPV 公司在银行申请项目贷款时，按照中国银行保险监督管理委员会的要求，原则上要实行受托支付，对融资资金的使用进行监管。

② 其他融资。SPV 公司使用其他融资方式时，融资机构可以在银行开立托管账户，在资金发放时，托管银行按照融资机构出具的支付指令要求把资金划至 SPV 公司账户。融资机构往往要求 SPV 公司在银行同样开立托管账户，SPV 公司使用资金时，托管银行在审核资金用途、商务合同等文件后，支付给 SPV 公司的交易对象。

（3）PPP 项目运营期融资（再融资）安排

1）PPP 项目再融资情况

① 维持项目正常运营或者重新改建需要再融资。部分项目进入运营阶段后，随着运营期限的增加，采用的工艺、技术设备会逐步落后，设备逐渐老化，运营效率逐渐下降，需要通过改进运营项目的相关技术，以达到满足项目运营绩效要求或获得更高的收益的目标，因此为了维持项目正常运营或者进行重新改建需要再融资。

② 降低融资成本或延长融资期限需要再融资。随着项目工程建设的结束以及稳定现金流的产生，违约风险大幅下降，银行等金融机构将会更积极地将资金提供给 PPP 项目，随着更多金融机构信心的增加，PPP 项目可以获得更长期限且更低成本的资金。

③ 有投资人退出需要再融资。项目进入稳定运营期，产生稳定的现金流，原始投资者出让股权则更加容易，股权转让的高价可能降低新进入一方的内部收益率，但是较低的风险对于稳健的投资者来说仍然具有吸引力。当项目完工并成功运行时，出售部分或全部股权为

股东提供了一个改善项目收益率的机会,并可以获得最初的投资收益目标。此种情况下,PPP 项目可通过股权转让方式实现再融资。

2) 再融资主要方式

① 债权融资。债权融资是指 SPV 公司通过借贷的方式,向公司外部(也可以向股东借款进行债权融资)融资。债权融资具有期限,且要求按照合同约定支付本金及利息。PPP 项目债权形式的再融资主要包括银行贷款、发行债务融资工具、信托贷款、保险债权投资计划等形式。

② 股权融资。股权融资指 SPV 公司利用向投资者增发股份的方式获得资金,股权融资的资金没有固定到期日,SPV 公司无须利用公司自有资金进行偿还,在投资者入股时,通常也没有给予每年分红比例的承诺,对 SPV 公司来说并没有增加现金流出的压力,也没有财务成本的压力,这是 PPP 项目再融资的一个好的选择。

③ 资产融资。资产融资主要有资产证券化、资产支持票据等金融产品;通过资产融资可将 PPP 项目资产放到金融市场流通。通常该项资产需要具有价值或稳定现金流,之后通过公开发行的方式在金融市场出售,使资产获得流动性。对于 PPP 项目而言,资产融资主要包括两种类型的基础资产:一类是既有债权类,例如已进入运营期的 PPP 项目的回收款和企业的应收账款;另一类是收益权类资产,包括市政公用事业收费权和公共交通收费权等。

(4) PPP 移交期(社会资本退出)融资安排

项目移交通常是指在项目合作期限结束或者项目合同提前终止后,项目实施机构或政府指定的其他机构代表政府收回项目合同约定的项目资产。对于项目合作期限结束的移交,要求项目资产必须在无债务、未被用于抵押、设备状况完好的情况下移交给政府指定机构。通常 PPP 项目合同中应明确约定移交形式、补偿方式、移交内容和移交标准。其中,补偿方式包括无偿移交和有偿移交。

采用有偿移交方式的,项目应在合同中明确约定补偿方案;没有约定或约定不明的,项目实施机构应按照"恢复相同经济地位"原则拟定补偿方案,报政府审核同意后实施。有偿移交过程中,项目实施机构或政府指定的其他机构在收购项目资产或 SPV 公司股权时可能涉及融资行为。融资主体可能是原 SPV 公司股东(政府部门代表),也可能是其他国有企业,但通常是地方政府控股企业。

由于原 SPV 公司的控股方即社会资本,通过项目移交出让资产或股权后,收购方都会成为项目资产或 SPV 公司的实际控制人,因此项目移交行为实质上也是一种并购行为,适用各种并购融资方式。融资主体可通过并购贷款、并购基金、并购债券、信托、证券资管等融资产品获得并购资金,详见表 11-3。

表 11-3 PPP 项目移交常用金融产品对比

金融产品	优势	不足
并购贷款	并购贷款的融资期限较长,最长可达 7 年; 融资规模最多可达并购交易金额的 60%; 并购贷款融资成本较低; 操作流程简便,所需时间短,融资效率高; 并购贷款可以为企业提供税收挡板,提升企业价值	有欠灵活
并购基金	并购基金实施并购不受上市公司信息披露要求约束,有利于上市公司市值管理; 利用商业银行优先资金放大杠杆,有利于提高并购整体收益率; 并购基金作为并购主体,而非上市公司,有利并购价格谈判	融资成本较高、融资期限一般在 3 年以下

项目移交期的融资主体通常是以政府为背景、实力雄厚的国有企业，移交后会成为项目资产和 SPV 公司的实际控制人。且项目经过社会资本方在经营期内的培育，一般来说运营状况均较好。强大的融资主体和优质的项目资产都会给金融机构更多的信心，提高金融机构对融资方资金支持的积极性。

（5）PPP 项目不同付费方式的金融产品选择

在 PPP 模式下对项目进行融资，不仅针对不同的项目阶段需要选择不同的金融产品，不同的项目付费方式，也会影响其融资方式或金融产品的选择，详见表 11-4。

表 11-4　PPP 项目不同付费方式的金融产品解决方案

付费方式	收入分析	付费方式的金融解决方案
政府付费模式	该 PPP 合作模式下以政府付费作为 SPV 公司唯一收入方式，政府在符合相应采购管理办法的前提下采购 SPV 公司服务，政府按照《预算法》的相关要求将资金安排纳入政府预算	由于政府采购，并纳入政府预算，对 SPV 公司的回款有了强有力的保证，可以使用应收账款质押转让、保险资产支持计划等金融解决方案实现未来现金流的有效利用；同时根据不同 SPV 公司的实际情况可以考虑流动资金贷款、银行承兑汇票、融资租赁等传统融资模式
使用者付费模式	该 PPP 合作模式下以最终使用者的消费作为 SPV 公司收入方式	可以使用应收账款质押/转让、ABS、ABN 等金融解决方案实现未来现金流的有效利用；同时根据不同 SPV 公司的实际情况可以考虑流动资金贷款、银行承兑汇票、融资租赁等传统融资模式
可行性缺口补助模式	该 PPP 合作模式不以用户付费、政府补贴作为 SPV 公司的收入方式，政府按照《预算法》的相关要求将补贴安排纳入政府预算	可以使用应收账款质押/转让、ABS、ABN 等金融解决方案实现未来现金流的有效利用，同时根据不同 SPV 公司的实际情况可以考虑流动资金贷款、银行承兑汇票、融资租赁等传统融资模式

① 政府付费模式下融资方式的选择

由于政府是政府付费模式的付费主体，因此政府采购并将其纳入政府预算，对 SPV 公司的回款是强有力的保证，可以使用应收账款质押/转让、保险资产支持计划等金融解决方案实现未来现金流的有效利用；同时根据不同 SPV 公司的实际情况可以考虑流动资金贷款、银行承兑汇票、融资租赁等传统融资模式。

② 使用者付费模式下融资方式的选择

使用者付费模式下由项目产品或服务的最终消费者来承担费用，其预期现金流稳定性相较政府付费而言更弱，因此可以使用应收账款质押/转让、ABS、ABN（资产支持票据）等金融解决方案实现未来现金流的有效利用；同样也可以考虑政府付费模式下的相关传统融资模式。

③ 可行性缺口补助模式下融资方式的选择

该模式下，由政府和使用者共同承担费用，与使用者付费模式对融资要求相似，同样可以使用应收账款质押/转让、ABS、ABN、流动资金贷款、银行承兑汇票、融资租赁等金融方式。

（6）PPP、BOT、ABS 投融资方式的适用性比较

工程项目的筹资方式有其各自的优点和缺点，不同筹资方式的应用条件有别、适应环境各异，而且政府在其中所起的作用、承担的风险和代价也不同。对 PPP 融资模式、BOT 融资模式和 ABS 融资模式的特点、适用性进行比较，如表 11-5 所示。

表 11-5　PPP、BOT 和 ABS 融资模式对比

项目	PPP	BOT	ABS
短期内筹资的难易程度	较易	难	难
项目的所有权	部分拥有	拥有	不完全拥有
项目的经营权	部分拥有	失去(转交之前)	拥有
融资成本	一般	最高	最低
融资需要的时间	较短	最长	较长
政府风险	一般	最大	最小
政策风险	一般	大	小
对宏观经济的影响	有利	利弊兼具	有利
适用范围	有长期稳定现金流的项目	有长期稳定现金流的项目	有长期稳定现金流的项目、在国际市场上大规模筹集资金

 本章小结及重要术语

 思考题

在线题库参考答案

1. 简述 BOT 融资模式的概念及特点。
2. 简述 BOT 项目融资的运作阶段。
3. 简述 BOT 项目融资方式面临的风险。
4. 什么是 ABS 融资？
5. 简述 ABS 融资的基本要素及当事人。
6. 简述 ABS 融资的运行阶段。
7. 什么是 PPP 融资模式？简述其特点。
8. 简述 PPP 融资项目的基本运作流程。
9. 简述 PPP 项目不同付费方式的金融产品选择。

第 12 章
工程项目融资杠杆及融资结构

 知识导图

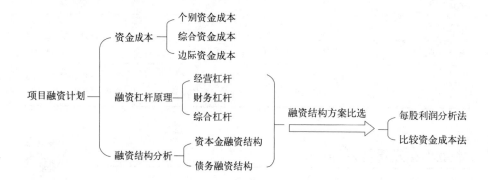

 重难点

项目融资计划、还本付息方案；资金成本，包括对资金成本的理解、资金成本的计算；经营杠杆、财务杠杆、综合杠杆；权益与债务融资比例、资本金融资结构、债务融资结构、融资结构方案比选方法。

 学习目标

知识目标：掌握资金成本的计算，掌握经营杠杆系数、财务杠杆系数和综合杠杆系数的计算，掌握融资结构方案比选方法；熟悉项目融资计划和还本付息方案，熟悉资金成本和风险的平衡，熟悉项目出资形式及资本金出资比例；了解资金成本的概念和作用，了解经营杠杆效应和财务杠杆效应及综合杠杆效应，了解项目参与各方的利益平衡，了解债务融资结构。

素质目标：培养风险意识和风险管理能力；培养职业道德观念和社会责任感；树立正确的价值观和道德观。

12.1 项目融资计划方案的编制

12.1.1 项目融资计划

资金筹措和投资方案的选择是既有联系又有区别的两个方面。一方面，建设资金是项目建设的基本前提条件，只有在具有相当明确的筹措资金前景的情况下，才有条件进行项目策划和可行性研究。如果筹集不到资金，投资方案再合理，也不能付诸实施。而另一方面，建设项目的资金需求量必须在进行深入的产品需求研究、工艺技术及财务经济研究之后才能进行较为符合实际情况的估算。因此，要分析投资方案在技术和商业上的生命力以及筹资方案是否适当，并将它们联系起来同时作出评价。

项目融资计划方案应由两个部分构成：一是项目资本金及债务融资资金来源与构成；二是以分年投资计划为基础，编制资金筹措计划。

(1) 项目资本金及债务融资资金来源与构成

项目融资的来源主要有国家政策性银行贷款、商业银行贷款、世界银行贷款、发行股票、发行债券、流动资金贷款等方式。在融资计划方案中，应对资金的融资渠道、金额、融资条件和融资可信程度进行详细说明，并编制投资项目资金来源计划表。

(2) 分年投资计划与资金筹措计划

估算出项目总投资后，应根据项目计划进度的安排，编制分年投资计划表。在此基础上，编制资金筹措计划，使资金筹措在时间和数量上与资金需求平衡。项目总投资使用计划与资金筹措表的参考格式如表 12-1 所示。

表 12-1 项目总投资使用计划与资金筹措表

序号	项目	合计			1			2		
		人民币	外币	小计	人民币	外币	小计	人民币	外币	小计
1	总投资									
1.2	建设投资									
1.3	建设期利息									
2	资金筹措									
2.1	项目资本金									
2.1.1	用于建设投资									
	××方									
	……									
2.1.2	用于流动资金									
	××方									
	……									
2.1.3	用于建设期利息									
	××方									
	……									
2.2	债务资金									
2.2.1	用于建设投资									
	××借款									

续表

序号	项目	合计			1			2		
		人民币	外币	小计	人民币	外币	小计	人民币	外币	小计
	××债券									
	……									
2.2.2	用于建设期利息									
	××借款									
	××债券									
	……									
2.2.3	用于流动资金									
	××借款									
	××债券									
	……									
2.3	其他资金									
	××									
	……									

来源：《建设项目经济评价方法与参数（第三版）》

 拓展阅读　项目总投资使用计划与资金筹措表编制注意事项

12.1.2　还本付息方案

对于工程项目，除分析其融资及投资计划之外，还要编制债务融资的还本付息方案，计算贷款偿还期。

对一般国内项目，贷款偿还期是指固定资产投资贷款偿还期。流动资金虽然也包括自有资金和借款两部分，但是，流动资金借款在生产经营期内并不归还银行。因此，贷款偿还期就是指在国家财政规定及项目具体财务条件下，项目投产后可用作还款的利润、折旧、摊销及其他收益额偿还固定资产投资贷款本金和利息所需要的时间，其表达式为：

$$I_\mathrm{d} = \sum_{t=1}^{P_\mathrm{d}} (R_\mathrm{p} + D' + R_\mathrm{o} - R_\mathrm{r})_t \tag{12-1}$$

式中　I_d——固定资产投资本金和利息之和；

P_d——贷款偿还期（从建设开始年算起）；

R_p——年利润总额；

D'——年可用作偿还借款的折旧；

R_o——年可用作偿还借款的其他收益（含摊销费等）；

R_r——还款期间的年企业留利。

因此，$(R_\mathrm{p} + D' + R_\mathrm{o} - R_\mathrm{r})_t$ 为第 t 年可用于还款的收益额。

涉及外资的项目，国外贷款部分的还本付息应按已经明确的或预计可能的贷款偿还条件计算。

12.2 资金成本

12.2.1 对资金成本的理解

(1) 资金成本的概念

每个工程项目的融资都是有成本的,与传统公司融资相比其成本较高,各种融资方式筹集的资金不可能无偿使用,都需要付出代价,即要向资金提供者如股东、银行、债券持有人等支付股息、利息等作为报酬,产生资金成本。资金成本,较准确的定义为:为筹集和使用资金而付出的代价,包括资金筹集费(简称筹资费)和资金占用费。筹资费是指在资金筹集过程中支付的各项费用,如发行股票、债券的印刷费,发行手续费,律师费,资信评估费,公证费,担保费,银团贷款管理费等。

资金占用费是指占用资金的费用,如借款利息、债券利息、股息、红利等。资金占用费与所筹资金金额的大小以及占用时间长短有关,是筹资企业经常发生、需定期支付的,它构成了融资成本的主要内容。

相比之下,资金筹集费通常在筹集资金时一次性发生,属于一次性费用,它与筹资次数有关。因此,在计算成本时可作为筹资金额的一项扣除。融资成本的一般计算公式为:

$$K = \frac{D}{M-F}$$

式中 K——融资成本;
   D——资金占用费;
   M——所筹资金金额;
   F——资金筹集费。

(2) 资金成本的作用

资金成本是比较融资方式、选择融资方案的依据。资金成本有个别资金成本、综合资金成本、边际资金成本等形式,在不同情况下有各自的作用。

① 个别资金成本是比较各种融资方式优劣的一个尺度

工程项目筹集长期资金一般有多种方式可供选择,如长期借款、发行债券、发行股票等。由于融资渠道和融资方式不同,其个别成本也不同。个别资金成本的高低可作为比较各种融资方式优劣的一个依据。

② 综合资金成本是项目资金结构决策以及评价融资方案的基本依据

通常项目所需的全部长期资金是采用多种融资方式筹集组合构成的,这种融资组合通常有多个融资方案可供选择。所以,综合资金成本的高低就是比较各个融资方案,做出最佳资金结构决策的基本依据。

③ 边际资金成本是比较选择追加融资方案的重要依据

项目公司为了扩大工程规模,增加所需资产或投资,通常会需要追加筹集资金。在这种情况下,边际资金成本就成为比较选择各个追加融资方案的重要依据。

有资料表明,相对于公司融资(既有项目法人融资)而言,项目融资(新设项目法人融资)在取得债务资金时,要支付更多的前期筹资费用和利息成本。这就需要项目管理者更重视资金成本的测算。

12.2.2 资金成本的计算

(1) 个别资金成本

个别资金成本是指使用各种长期资金的成本,分为普通股和优先股、项目借款和债券融资、融资租赁等。

1) 普通股资金成本

普通股股东收益一般不固定,它随投资项目的经营状况而改变。普通股股东拥有的财富等于他将来从投资项目预期得到的收益按股东的必要收益率进行贴现而得到的总现值,即股东愿意投资的最低限度必须获得的收益率。低于这个收益率,投资者则把资金投向别处,此收益率就是普通股的资金成本。股东的预期收益由两部分组成:一部分是股利,其收益率称为股利收益率;二是资本利得,即由预期以后股票涨价给股东带来的收益,其收益率称为资本利得收益率。鉴于普通股成本计算考虑的因素,普通股资金成本的测算方法一般有三种:

① 股利折现模型。

$$P_e(1-F_c) = \sum_{t=1}^{\infty} \frac{D_t}{(1+K_c)^t} \tag{12-2}$$

式中 P_e——普通股融资额;
D_t——普通股第 t 年的股息;
K_c——普通股资金成本率;
F_c——普通股融资费用率。

根据股利折现模型测算普通股资金成本,因实行的股利政策而有所不同。如果公司采用固定股利政策,即每年分配现金股利 D_c 元,则其资金成本率计算公式为:

$$K_c = \frac{D_c}{P_e(1-F_c)} \tag{12-3}$$

如果公司采用固定增长股利,股利固定增长比率为 G,则其资金成本率为

$$K_c = \frac{D_1}{P_e(1-F_c)} + G \tag{12-4}$$

式中 D_1——第 1 年的股利。

【例 12-1】 某项目公司发行普通股总价格 5000 万元,融资费用率为 4%,第一年股利率为 12%,以后每年增长 5%。普通股资金成本率为

$$\frac{5000 \times 12\%}{5000 \times (1-4\%)} + 5\% = 17.5\%$$

② 资本资产定价模型。资本资产定价模型阐述为普通股投资的必要报酬率 K_s,等于无风险报酬率加上风险报酬率。

$$K_s = R_f + \beta(R_m - R_f) \tag{12-5}$$

式中 R_f——无风险报酬率;
R_m——市场平均报酬率;
β——股票的贝塔系数。

③ 债券投资报酬率加股票投资风险报酬率模型。从投资者的角度,股票投资的风险高于债券。因此,股票投资的必要报酬率可以在债券利率的基础上再加上股票投资高于债券投

资的风险报酬率。

2) 优先股资金成本

优先股的最大特点是每年的股利固定不变,当项目运营过程中出现资金紧张时可暂不支付。但是,因其股息是在税后支付,无法抵消所得税,因此筹资成本大于债券。这对项目企业来说是必须支付的固定成本。由于优先股的股息是固定的,优先股的资金成本率计算公式为:

$$K_p = \frac{D_p}{P_p(1-F_p)} \tag{12-6}$$

式中 P_p——优先股融资额;
D_p——优先股息;
K_p——优先股资金成本率;
F_p——优先股融资费用率。

【例 12-2】 某工程公司发行优先股总面额为 1000 万元,总发行价为 1250 万元,融资费用率为 6%,规定年股利率为 14%。则优先股资金成本率计算如下:

$$\frac{1000 \times 14\%}{1250 \times (1-6\%)} = 11.91\%$$

3) 项目借款资金成本

项目借款成本包括借款利息和筹资费用两部分。借款利息计入税前成本费用,可以起到抵税的作用。一次还本、分期付息借款的资金成本可表示为:

$$K_L = \frac{I_t(1-T)}{L(1-F_L)} \tag{12-7}$$

式中 K_L——项目借款融资资金成本;
I_t——项目借款 t 年利息;
T——所得税率;
L——项目借款筹资额(借款本金);
F_L——项目借款筹资费用率。

上式也可以改为以下形式:

$$K_L = \frac{R_L(1-T)}{(1-F_L)}$$

式中 R_L——项目借款的利率。

当项目借款的筹资费(主要是借款的手续费)很少时,也可以忽略不计。

考虑货币的时间价值,可先采用计算现金流量的方法确定长期借款税后成本,公式为

$$L(1-F_L) = \frac{\sum I_t(1-T)}{(1+K_L)^t} + \frac{P}{(1+K_L)^n} \tag{12-8}$$

式中 P——第 n 年末应偿还的本金;
K_L——项目借款融资成本(税后)。

【例 12-3】 某项目公司取得长期借款 1500 万元,年利率 10%,期限 5 年,每年付息一次,到期一次还本。筹措这笔借款的费用率为 0.2%,所得税率为 25%。长期借款资金成本率计算如下:

$$\frac{1500 \times 10\% \times (1-25\%)}{1500 \times (1-0.2\%)} = 7.52\%$$

4) 债券融资资金成本

发行债券的成本主要指债券利息和筹资费用。债券利息的处理与项目借款利息的处理相同，应以税后的债务成本为计算依据。债券的筹资费用主要包括发行债券的手续费、注册费用、印刷费以及上市推销费用等，费用较高，不可在计算资本成本时省略。

① 债券面值发行时融资成本的计算。按照一次还本、分期付息的方式，面值发行债券时融资成本的计算公式为：

$$K_b = \frac{I_b(1-T)}{B_0(1-F_b)} \tag{12-9}$$

式中 K_b——债券融资成本；
I_b——债券年利息；
T——所得税率；
B_0——债券面值；
F_b——债券筹资费用率。

或

$$K_b = \frac{R_b(1-T)}{(1-F_b)}$$

式中 R_b——债券利率。

② 债券折价或溢价发行时融资成本的计算。当债券溢价或折价发行时，融资成本的计算公式为

$$K_b = \frac{\left[I - \frac{(B_1 - B_0)}{n}\right](1-T)}{B_1(1-F_b)} \tag{12-10}$$

式中 I——债券年利息；
B_0——债券面值总金额；
B_1——债券的实际发行总金额；
n——债券偿还期。

③ 考虑时间价值的债券融资成本的计算。若考虑时间价值，债券融资成本计算公式为

$$B_1(1-F_b) = \frac{\sum I_b(1-T)}{(1+K_b)^n} + \frac{B_0}{(1+K_b)^n} \tag{12-11}$$

【例 12-4】 某项目公司发行总面额为 4000 万元的债券 8000 张，总价格 4500 万元，票面利率 12%，期限为 5 年，发行费用占发行价值的 5%，公司所得税率为 25%。则该债券资金成本率计算如下：

债券票面年利息 $I = 4000 \times 12\% = 480$（万元）

债券资金成本率 $K_b = \dfrac{480 - \dfrac{4500-4000}{5} \times (1-25\%)}{4500 \times (1-5\%)} = 9.47\%$

5) 融资租赁资金成本

融资租赁是项目企业在资金短缺情况下取得生产所需设备的手段之一，它具有融资和融物相结合的特点，其实质是一种信贷行为。在融资租赁中，承租方以向出租方支付租金为代价，取得了资产大部分使用年限的使用权，并实现了资产所有权上附带的报酬和风险由出租

方向承租方的转移。因此，融资租赁和其他筹资方式一样，对于承租方而言具有资金成本。融资租赁的成本包括设备购置成本和租息两部分。设备购置成本是租金的主要组成部分，由设备的买价、运杂费和途中保险费构成。租息又分为租赁公司的融资成本、租赁手续费等，融资成本是指租赁公司为购置租赁设备而筹措资金的费用，即设备的营业费用和一定的盈利，融资租赁的资金成本的计算公式为：

$$A = \sum_{t=1}^{n} \frac{F_t - D_t T}{(1+K_r)^t} \tag{12-12}$$

式中 A——租赁设备的公允价值（一般可以采用设备的现行市价，它和设备的入账价值是两个概念）；

K_r——融资租赁承租方资金成本；

n——租赁期；

F_t——第 t 个租赁期支付的租金（一般情况下各期租金额是相同的）；

D_t——第 t 个租赁期设备计提折旧额；

T——所得税税率。

(2) 综合资金成本

上述几种筹资模式各有利弊。借债是成本最低的一种资金来源，但是，不能无限度地使用债务，借债过多会使偿债缺乏保障而加大风险，使资金成本升高。以较低的债务成本筹资，必须以牺牲将来借债的机会为代价。股票筹资的好处很多，不用还本付息，财务风险低，但其缺点是筹资成本高，出售普通股的同时，也把选举权出售给了新股东，可能会发生公司控制权的转移，而且对老股东来说，发售新股票会稀释每股的收益。所以，筹资者必须设计出一个最优的目标资本结构，即确定债权和股权的合理比例。对此就应考虑项目融资的加权平均资金成本，它是以各种资金占全部资金的比重为权数，对个别资金成本进行加权平均确定的。加权平均资金成本可根据公司的债务成本、权益成本计算出来。其计算公式为：

$$K_w = \sum_{j=1}^{n} K_j W_j \tag{12-13}$$

式中 K_w——加权平均资金成本；

K_j——第 j 种个别资金成本；

W_j——第 j 种个别资金占全部资金的比重（权数）；

n——个别资金的种数。

【例 12-5】 某项目公司共有长期资金（账面价值）10000 万元，其中长期借款 1500 万元、债券 2000 万元、优先股 1000 万元、普通股 3000 万元、融资租赁 2500 万元，其资金成本率分别为 5%，6%，10%，14%，8%。该公司的加权平均资金成本可分为两步分别计算如下：

第一步，计算各种不同性质的资金占全部资金的比重：

长期借款 $W_1 = \dfrac{1500}{10000} = 0.15$

债券 $W_2 = \dfrac{2000}{10000} = 0.2$

优先股 $W_3 = \dfrac{1000}{10000} = 0.1$

普通股 $W_4 = \dfrac{3000}{10000} = 0.3$

融资租赁 $W_5 = \dfrac{2500}{10000} = 0.25$

第二步，计算加权平均资金成本：

$K_w = 5\% \times 0.15 + 6\% \times 0.2 + 10\% \times 0.1 + 14\% \times 0.3 + 8\% \times 0.25 = 9.15\%$

上述计算中的个别资本占全部资本的比重，是按账面价值确定的，其资料容易取得。但是当资本的账面价值与市场价值差距较大时，比如股票、债券的市场价格发生较大变动，计算结果会与实际有较大差距，从而影响投资决策。为了克服此缺陷，个别资本占全部资本比重的确定还可以按市场价值或目标价值确定，分别称为市场价值权数、目标价值权数。

市场价值权数是指债券、股票以市场价格确定的权数。这样计算的加权平均资金成本能反映企业目前的实际状况。同时，为弥补证券市场价格变动频繁的缺陷，也可选用平均价格。

目标价值权数是指债券、股票以未来预计的目标市场价值确定的权数。这种权数能体现期望的资本结构，而不像账面价值权数那样只反映过去和现在的资本结构，所以，按目标价值权数计算的加权平均资本成本更适用于企业筹集新资金。

(3) 边际资金成本

工程项目在建设过程中追加筹资时，不能仅仅考虑目前所使用的资金的成本，还必须要考虑新筹资金的成本，即边际资金成本。边际资金成本是工程项目追加筹资的成本，是项目建设过程中确定追加权益资金和债务资金比例的重要标准。边际资金成本是一个动态的概念，对边际资金成本的计算也应作用一个动态的过程来考虑，具体可以分为两种情况。

第一种情况：项目新增资金的成本与项目现有资金的成本相同，且在任何筹资范围内都能保持不变，则当新增资金的结构与项目现有资金结构相同时，综合边际资金成本将与项目现有综合资金成本相同；当新增资金的结构与项目现有资金结构不同时，综合边际资金成本将不同于项目现有的综合资金成本，这时的综合边际资金成本则要根据各项新增资金的成本及其结构计算。显然，各项新增资金的成本与企业现有各项资金的成本相同，且在任何筹资范围内都保持不变的情况是不常见的。

第二种情况：各项新增资金的成本将随着筹资规模的扩大而上升，这时边际资金成本的确定比较复杂，需要按一定的方法步骤来计算。首先，要分析资金市场的资金供需状况等相关因素，以确定各种筹资方式的资金成本分界点。所谓资金成本分界点，是指使资金成本发生变动的筹资额，例如当项目借款不超过 1000 万元时，其贷款利率为 12%，如果借款超过 1000 万元，由于风险的增加，超过部分的资金成本或利率就要上升为 15%，则 1000 万元就为该种筹资方式的成本分界点。其次是要确定新筹资金的资金结构，即用各种筹资方式筹得资金之间的比例结构关系。再次是要确定筹资总额的资金成本分界点及与之对应的筹资范围。所谓筹资总额的资金成本分界点是指使用某项资金成本发生变动的筹资总额，这是根据已定的资金结构及各种筹资方式的资金成本分界点确定的。例如，若项目确定的新筹资金结构中，银行借款占 20%，银行借款的资金成本分界点为 1000 万元，则项目的筹资总额在 1000 万元/20% = 5000 万元之内时，银行借款的资金成本不会上升；若筹资总额超过 5000 万元，按 20% 的银行借款资金比例结构，银行借款就会超过 1000 万元，银行借款的资金成本就会上升。因此，这 5000 万元就是针对银行借款的资金成本而言的筹资总额资金成本分界点。

【例 12-6】 某项目公司目前拥有长期资本 10000 万元,其中,长期债务 2000 万元,优先股 500 万元,普通股权益 7500 万元。为了适应扩大投资的需要,公司准备筹措新资。测算建立追加融资的边际成本率规则可按下列步骤进行:

第一步,确定目标资金结构。公司目前的资本结构处于目标资本结构范围,在今后增资时应予以保持,即

长期债务:2000/10000=0.20

优先股:500/10000=0.05

普通股:7500/10000=0.75

第二步,测算各种资金的成本率。随着公司筹资规模的扩大,各种资金的成本率也会发生变动,测算结果见表 12-2。

表 12-2 公司追加融资测算资料表

资本种类	目标资本结构	追加融资数额范围/元	个别资金成本率/%
长期债务	0.20	10000 以下	6
		10000～40000	7
		40000 以上	8
优先股	0.05	2500 以下	10
		2500 以上	12
普通股	0.75	22500 以下	14
		22500～75000	15
		75000 以上	16

第三步,测算融资总额资金成本分界点。根据公司目标资金结构和各种资金的成本率变动的分界点,测算公司融资总额资金成本分界点。其测算公式为:

$$BP_j = \frac{TF_j}{W_j}$$

式中 BP_j——融资总额资金成本分界点;

TF_j——第 j 种资本的成本率分界点;

W_j——目标资金结构中第 j 种资金的比例。

公司追加融资总额范围的测算结果如表 12-3 所示。

表 12-3 公司追加融资总额分界点测算

资本种类	个别资金成本率/%	追加融资数额范围/元	融资总额资金成本分界点/元	融资总额范围/元
长期债券	6	10000 以下	10000/0.20=50000	50000 以下
	7	10000～40000	40000/0.20=200000	50000～200000
	8	40000 以上		200000 以上
优先股	10	2500 以下	2500/0.05=50000	50000 以下
	12	2500 以上		50000 以上
普通股	14	22500 以下	22500/0.75=30000	30000 以下
	15	22500～75000	75000/0.75=100000	30000～100000
	16	75000 以上		100000 以上

第四步，测算边际资金成本率。根据测算的融资分界点，可以得出下列五个新的融资总额范围：（1）30000元以下；（2）30000～50000元；（3）50000～100000元；（4）100000～200000元；（5）200000元以上。

对这五个融资总额范围分别测算其加权平均资金成本率，即可得到边际资金成本率，测算结果见表12-4。

表12-4 边际资金成本率规划

序号	融资总额范围/元	资金种类	目标资金结构	个别资金成本率/%	边际资金成本率/%
1	30000以下	长期债务 优先股 普通股	0.20 0.05 0.73	6 10 14	1.02 0.50 10.50
2	30000～50000	长期债务 优先股 普通股	0.20 0.05 0.75	6 10 15	1.02 0.50 11.25
3	50000～100000	长期债务 优先股 普通股	0.20 0.05 0.75	7 12 15	1.40 0.60 11.25
4	100000～200000	长期债务 优先股 普通股	0.20 0.05 0.73	6 10 16	1.40 0.60 12.00
5	200000以上	长期债务 优先股 普通股	0.20 0.05 0.75	8 12 16	1.60 0.60 12.00

第一个融资总额范围的边际资金成本率＝12.02%
第二个融资总额范围的边际资金成本率＝12.77%
第三个融资总额范围的边际资金成本率＝13.25%
第四个融资总额范围的边际资金成本率＝14.00%
第五个融资总额范围的边际资金成本率＝14.20%

第五步，根据上述各个融资方案的融资总量、边际资金成本率及其预计的边际投资报酬率的比较，判断及选择有利的投资及融资机会。

12.3 工程项目融资的杠杆原理

杠杆原理是物理学中的概念，财务管理中用杠杆原理来描述一个量的变动会引起另一个量的更大变动。财务管理中的杠杆有经营杠杆、财务杠杆、综合杠杆。

12.3.1 经营杠杆

(1) 经营杠杆效应

企业在生产经营中会有这么一种现象：在单价和成本水平不变的条件下，销售量的增长会引起息税前利润以更大的幅度增长。这就是经营杠杆效应。经营杠杆效应产生的原因是，当销售量增加时，变动成本将同比增加，销售收入也同比增加，但固定成本总额不变，单位固定成本以反比例降低，这就使得单位产品成本降低，每单位产品利润增加，于是利润比销售量增加得更快。

【例 12-7】 考察某集团连续 3 年的销售量、利润资料，如表 12-5 所示。

表 12-5　某集团连续 3 年的销售量、利润资料　　　　　单位：元

项目	第一年	第二年	第三年
单价	150	150	150
单位变动成本	100	100	100
单位边际贡献	50	50	50
销售量	10000	20000	30000
边际贡献	500000	1000000	1500000
固定成本	200000	200000	200000
息税前利润（EBIT）	300000	800000	1300000

由表 12-5 可见，从第一年到第二年，销售量增加了原来的 100%，息税前利润增加了原来的 166.67%；从第二年到第三年，销售量增加了原来的 50%，息税前利润增加了原来的 62.5%。

利用经营杠杆效应，企业在可能的情况下适当增加产销会取得更多的盈利，这就是经营杠杆利益。但也必须注意到，当企业遇上不利情况而销售量下降时，息税前利润会以更大的幅度下降，即经营杠杆效应也会带来经营风险。

(2) 经营杠杆系数及其计算

经营杠杆系数（DOL），也称经营杠杆率，是指息税前利润的变动率相对于销售量变动率的倍数。其定义公式为

$$经营杠杆系数（DOL）=\frac{息税前利润变动率}{销售量变动率}=\frac{\frac{\Delta EBIT}{EBIT_0}}{\frac{\Delta x}{x_0}} \quad (12-14)$$

按表 12-5 中的资料可以算得第二年经营杠杆系数为 1.6667，第三年经营杠杆系数为 1.25。

12.3.2　财务杠杆

(1) 财务杠杆效应

企业在核算普通股每股利润时，在资金构成不变的情况下，息税前利润的增长会引起普通股每股利润以更大的幅度增长，这就是财务杠杆效应。财务杠杆效应产生的原因是，当息税前利润增长时，债务利息不变，优先股股利不变，就使得普通股每股利润比息税前利润增长得更快。

【例 12-8】 假设某集团年债务利息 100000 元，所得税率 25%，普通股 100000 股，连续 3 年普通股每股利润资料，如表 12-6 所示。

表 12-6 某集团普通股 3 年每股利润资料   单位：元

项目	第一年	第二年	第三年
息税前利润（EBIT）	300000	800000	1300000
债务利息	100000	100000	100000
税前利润	200000	700000	1200000
所得税	50000	175000	300000
税后利润	150000	525000	900000
普通股每股利润（EPS）	1.5	5.25	9.00

由表 12-6 可见，从第一年到第二年，EBIT 增加了 166.67%，EPS 增加了 250%；从第二年到第三年，EBIT 增加了 62.5%，EPS 增加了 71.43%。

利用财务杠杆效应，企业适度负债经营，在盈利条件下可能给普通股股东带来更多的收益，这就是财务杠杆利益。但也必须注意到，当企业遇上不利情况而盈利下降时，普通股股东的得益会以更大幅度减少，即财务杠杆效应也会带来财务风险。

(2) 财务杠杆系数及其计算

财务杠杆系数（DFL），也称财务杠杆率，是指普通股每股利润的变动率相对于息税前利润变动率的倍数。其定义公式为

$$\text{财务杠杆系数(DFL)} = \frac{\text{普通股每股利润变动率}}{\text{息税前利润变动率}} = \frac{\Delta \text{EPS}/\text{EPS}_0}{\Delta \text{EBIT}/\text{EBIT}_0} \tag{12-15}$$

按表 12-6 中的资料，可以算得第二年财务杠杆系数为 1.5，第三年财务杠杆系数为 1.1429。

对于无优先股的股份制企业或非股份制企业，财务杠杆系数的计算公式为：

$$\text{DFL} = \frac{\text{EBIT}_0}{\text{EBIT}_0 - I} = \frac{\text{基期息税前利润}}{\text{基期税前利润}} \tag{12-16}$$

式中，I 为利息支出。

12.3.3 综合杠杆

(1) 综合杠杆效应

固定的生产经营成本，会产生经营杠杆效应，即销售量的增长会引起息税前利润以更大的幅度增长。同时，固定的财务成本（债务利息和优先股股利），会产生财务杠杆效应，即息税前利润的增长会引起普通股每股利润以更大的幅度增长。一个企业会同时存在固定的生产经营成本和固定的财务成本，则两种杠杆效应会共同发生，产生连锁作用，形成销售量的变动使普通股每股利润以更大幅度变动。综合杠杆效应就是经营杠杆和财务杠杆的综合效应。

(2) 综合杠杆系数及其计算

综合杠杆系数（DTL），也称复合杠杆系数，又称总杠杆系数，是指普通股每股利润的变动率相对于销售量变动率的倍数。其定义公式为

$$\text{综合杠杆系数(DTL)} = \frac{\text{普通股每股利润变动率}}{\text{销售量变动率}} = \frac{\Delta \text{EPS}/\text{EPS}_0}{\Delta x/x_0} \tag{12-17}$$

综合杠杆系数可以由经营杠杆系数与财务杠杆系数相乘得到，也可以由基期数据直接计算得到。考察某集团表 12-5、表 12-6 中的资料，计算各年 DTL 为

第二年 $\text{DTL} = 1.6667 \times 1.5 = 2.5$ 或者 $\text{DTL} = \dfrac{500000}{300000 - 100000} = 2.5$

第三年 DTL＝1.25×1.1429＝1.4286 或者 DTL＝$\dfrac{100000}{800000-100000}$＝1.4286

12.4 融资结构分析

在项目资金筹集过程中有很多资金来源可供选择，包括权益资本和债务资本两大类，具体又会包括很多种不同的来源。采取项目融资筹集资金的项目也是一样，在其投资结构基本确定以后，都要涉及资金的来源和筹资的方式问题。因此，在项目融资结构设计中有一个关键问题需要解决，这就是项目投资的资本结构和债务资金的来源问题。由于各种资金来源在成本和风险等方面存在差异，因此，这一问题通常是与项目的投资结构和融资模式设计紧密联系在一起的。

项目融资的资金构成有三个部分：股本资金、准股本资金（亦称为从属性债务或初级债务资金）、债务资金（亦称为高级债务资金）。虽然这三部分资金在一个项目中的构成以及相互之间的比例关系在很大程度上受制于项目的投资结构、融资模式和项目的信用保证结构，但是，也不能忽略资金结构安排和资金来源选择在项目融资中可能起到的特殊作用。通过灵活巧妙地安排项目的资金构成比例，选择适当的资金形式，可以达到既减少投资者自身资金的直接投入，又能够提高项目综合经济效益的双重目的。

12.4.1 权益与债务融资比例

项目资本金与项目债务资金的比例是项目资金结构中最重要的比例关系，在确定时要受到如下因素的制约。

(1) 项目参与各方的利益平衡

项目投资者希望投入较少的资本金，获得较多的债务资金，尽可能降低债权人对股东追索的风险。而提供债务资金的债权人则希望项目能够有较高的资本金比例，从而降低债权人的风险。若资本金比例过低，债权人可能拒绝提供贷款。

(2) 资金成本和风险的平衡

由于项目的债务资本和权益资本在资金成本和风险程度上存在差异，因此，项目资本结构的确定事实上是项目资金成本和可承受风险的权衡问题。安排项目资金的基本原则是：在不会因为借债过多而损害项目经济强度的前提下尽可能地降低项目的资金成本。对于具体项目，在考虑公司所得税的基础上，债务资金成本相对于股本资金要低得多，这是因为税法规定公司贷款的利息支出可以计入公司成本冲抵所得税，所以实际贷款利息成本为：

$$IC=ID(1-T)$$

式中　IC——实际债务资金成本；

　　　ID——贷款利率；

　　　T——公司所得税率。

因此，理论上如果一个项目使用的资金全部是债务资金，它的资金成本应该是最低的，然而项目的财务状况和抗风险能力则会由于承受如此高的债务而变得相对脆弱起来；相反，如果一个项目使用的资金全部是股本资金，则项目将会有一个非常稳固的财务基础，而且项目的抗风险能力也会由于减少了金融成本而得以加强，但是，这样一来却大大提高了资金使用的"机会成本"，使综合资金成本增加。

对于绝大多数的项目，实际的资金构成和比例是在以上两个极端之间加以选择的。项目融资没有标准的"债务/股本资金比率"可供参考，确定一个项目资金比例的主要依据是该项目的经济强度，而且这个比例也会随着工业部门、投资者情况、融资模式等因素的不同而发生变化，并在一定程度上也反映出安排资金当时当地的借贷双方在谈判中的地位、金融市场上的资金供求关系和竞争状况，以及贷款银行承受风险的能力。

与公司融资方式相比，项目融资的一个重要特点就是可以提高项目的债务承受能力。在项目融资中，通过对项目的全面风险分析，可确定项目最低现金流量水平和债务承受能力；通过对整体融资结构的综合设计，可以减少和排除许多风险因素和不确定因素，对潜在的风险会有较为清楚的认识。因此，与传统的公司融资相比较，采用项目融资方式可以获得较高的债务资金比例。但是，项目融资的这一特点并不意味着项目融资可以不需要或很少需要股本资金投入，而完全依靠贷款来解决项目的全部资金需求。事实上，项目融资所做的只是使资金的投入形式多样化，最大限度地利用项目的信用保证结构来支持项目的经济强度。

12.4.2 资本金融资结构

项目资本金融资结构是指项目资本金的出资形式和各方的出资比例。对于采用新设法人融资方式的，应根据投资各方在资金、技术和市场开发方面的优势，通过协商确定各方出资比例、出资形式和出资时间。对于采用既有法人融资方式的，资本金结构与比例要考虑既有法人的财务状况和筹资能力。

(1) 出资形式

在项目融资中，资本金融资包含了股本资金与准股本资金。相对于贷款银行提供的债务资金而言，股本资金与准股本资金在项目融资中没有区别，承担的风险相同，只是在形式上有所不同。但对于项目投资者，准股本资金相对于股本资金在安排上具有较高的灵活性。

1) 股本资金

项目中的股本投入是风险资金，构成了项目融资的基础，贷款银行将项目投资者的股本资金看作其融资的安全保障，因为在资金偿还序列中股本资金排在最后一位。然而，作为项目投资者，股本资金不仅有其承担风险的一面，更重要的是由于项目具有良好的发展前景，从而能够为其带来相应的投资收益。增加股本资金的投入，实际上并不能改变或提高项目的经济效益，但是，可以增加项目的经济强度，提高项目的风险承受能力。在项目融资中，应用最普遍的股本资金形式是认购项目公司的普通股和优先股。

拓展阅读 股本资金的作用

2) 准股本资金

准股本资金是相对于股本资金而言的，是介于股本资金和债务资金之间的一种资金形式，主要包括无担保贷款、可转换债券和零息债券等形式。它主要特征有两点：首先，其本金的偿还具有一定的灵活性，不能规定在某一特定期间强制性地要求项目公司偿还；其次，其偿还顺序要低于其他债务资金，但是要高于股本资金。与股本资金相比具有以下优势：

① 投资者在安排资金上具有较大的灵活性。作为一个投资者，任何资金的使用都有成本，特别是如果在项目中投入的资金是投资者通过其他渠道安排的债务资金，投资者就会希

望利用项目的收入承担部分或全部的融资风险。由此投资者投入准股本资金会使其在安排资金上更为灵活。

② 在项目融资安排中，对于项目公司的红利分配通常有着十分严格的限制，但是，可以通过谈判减少对准股本资金在这方面的限制。尤其是对债务利息支付的限制。然而为了保护贷款银行的利益，通常要求投资者在从属性债务协议中加上有关债务和股本资金转换的条款，用以减轻在项目经济状况不好时的债务负担。

③ 准股本资金为投资者设计项目的法律结构提供了较大的灵活性。首先，作为债务，利息的支付是可以抵税的。其次，债务资金的偿还可以不用考虑项目的税务结构，而股本资金的偿还则会受到项目投资结构和税务结构的各种限制，其法律程序要复杂得多。

根据股本资金与准股本资金各自的优势，合理地安排股本和准股本资金结构可以更加有效地利用资金，合理地降低融资成本并进一步改善融资风险。

(2) 项目资本金出资比例

项目资本金的不同出资比例决定了各投资方对项目建设和运营的决策权、责任和项目收益分配的比例。

在进行融资方案分析时，应注意出资人出资比例的合法性。按照我国现行规定，有些项目不允许国外资本控股，有些项目则要求必须是国有资本控股。

12.4.3 债务融资结构

在一般情况下，项目融资中债务融资占有较大的比例，因此，项目债务资金的筹集是解决项目融资资金结构问题的核心。对于项目投资者所面对的债务资金市场可以分为本国资金市场和外国资金市场两大部分。而债务资金具有多种多样的形式和种类，例如企业借款、银行贷款、国际借款，等等。作为借款人，应该如何选择适合于具体项目融资需要的债务资金呢？

首先，根据融资要求确定债务资金的基本结构框架。债务资金形式多种多样，并且每种形式均具有一些与其他形式不同的特征。借款人只有在众多的资金形式中找出具有共性的主要特征，才能根据项目的结构特点和项目融资的特殊要求，在共同的基础上对各种形式的债务资金加以分析和判断，确定和选择出债务资金的基本框架。

其次，根据市场条件确定债务资金的基本形式。在确定了债务融资的基本框架后，还需要根据融资安排当时当地的市场条件来进一步确定可供选择的资金形式，针对这些资金形式的特点从中选择出一种或几种可以保证项目融资获得最大利益的债务资金形式。选择债务融资的结构应该考虑以下方面：

(1) 债务期限

债务的到期时间是区别长期债务和短期债务的一个重要界限。在资产负债表中，短于1年的债务被称为流动负债，超过1年的债务则被称为长期负债。项目融资结构中的债务资金基本上是长期性的资金，即便是项目的流动资金，多数情况下也是长期资金框架内的短期安排。有的资金形式，如商业银行贷款、辛迪加银团贷款、融资租赁等可以根据项目的需要灵活地安排债务的期限，但是，如果使用一些短期资金形式，如期票、商业票据等作为项目融资的主要债务资金来源，如何解决债务的合理展期就会成为资金结构设计的重要问题。另外，在项目负债结构中，短期借款利率一般会低于长期借款，适当安排一些短期融资可以降低总的融资成本，但是如果过多地采用短期融资，会使项目公司的财务流动性不足，项目的财务稳定性下降，产生过高的财务风险。长期负债融资的期限应当与项目的经营期限相协调。

（2）债务偿还

长期债务需要根据一个事先确定下来的比较稳定的还款计划表来还本付息。对于从建设期开始的项目融资，债务安排中一般还有一定的宽限期。在此期间，贷款的利息可以资本化。由于项目融资的有限追索权，还款需要通过建立一个由贷款银团经理人控制的偿债基金方式来完成。每年项目公司按照规定支付一定数量的资金到偿债基金中，然后由经理人定期按比例分配给贷款银团成员。如果资金形式是来自资金市场上公开发行的债券，则偿债基金的作用就会变得更为重要。项目借款人通常希望保留提前还款的权利，即在最后还款期限之前偿还全部的债务。这种安排可以为借款人提供较大的融资灵活性，根据金融市场的变化或者项目风险的变化，对债务进行重组，获得成本节约。但是，某些类型的债务资金安排对提前还款有所限制，例如一些债券形式要求至少一定年限内借款人不能提前还款，又如采用固定利率的银团贷款，因为银行安排固定利率的成本原因，如果提前还款，借款人可能会被要求承担一定的罚款或分担银行的成本。通常，在多种债务中，对于借款人来讲，在时间上由于较高的利率意味着较重的利息负担，所以，应当先偿还利率较高的债务，后偿还利率较低的债务。但是为了使所有债权人都有一个比较满意的偿还顺序，在融资方案中应对此做出妥善安排。

（3）境内外借款

对于借款公司来讲，使用境外借款或国内银行外汇贷款，如果贷款条件一样，并无区别。境内外借款主要取决于项目使用外汇的额度，同时可能主要由借款取得可能性及方便程度决定。但对于国家来讲，项目使用境外贷款，相对于使用国内银行的外汇贷款而言，国家的总体外汇收入增加，对于当期的国家外汇平衡有利。但对于境外贷款偿还期内的国家外汇平衡会产生不利影响。从项目的资金平衡利益考虑，如果项目的产品销售不取得外汇，应当尽量不要使用外汇贷款，投资中如果需要外汇，可以采取投资方注入外汇，或者以人民币购汇。如果项目使用的外汇额度很大，以至于项目大量购汇将会对当期国家的外汇平衡产生难以承受的影响，则需要考虑使用外汇贷款。如果国家需要利用项目从境外借款融入外汇，改善国家当期外汇平衡，也可以考虑由项目公司在国际上借贷融资，包括向世界银行等国际金融机构借款。

（4）利率结构

项目融资中的债务资金利率主要为浮动利率、固定利率以及浮动/固定利率三种机制。评价项目融资中应该采用何种利率结构，需要综合考虑三方面的因素：

首先，项目现金流量的特征起着决定性的作用。对于一些工程项目而言，项目的现金流量相对稳定，可预测性很强。采用固定利率机制有许多优点，有利于项目现金流量的预测，减少项目风险。相反，一些有关产品或资源项目的现金流量很不稳定，采用固定利率就有一定的缺点，在产品价格不好时将会增加项目的风险。

其次，对进入市场中利率的走向分析在决定债务资金利率结构时也起到很重要的作用。在利率达到或接近谷底时，如果能够将部分或全部浮动利率债务转换成为固定利率债务，无疑对借款人是一种有利的安排，这样可以在较低成本条件下将一部分融资成本固定下来。

最后，任何一种利率结构都有可能为借款人带来一定的利益，但是会相应增加一定的成本，最终取决于借款人如何在控制融资风险和减少融资成本之间的权衡。如果借款人将控制融资风险放在第一位，在适当的时机将利率固定下来是有利的，然而，短期内可能要承受较高的利息成本。如果借款人更趋向于减少融资成本,问题就变得相对复杂得多,要更多地依赖金融市场上利率走向的分析。因此,近几年来在上述两种利率机制上派生出几种具有固定利率特征的浮动利率机制,以满足借款人的不同需要。

具有固定利率特征的浮动利率机制是对浮动利率的优化,对于借款人来讲,在某个固定利率之下,贷款利率可以自由浮动,但利率如果超过该固定水平,借款人只按照该固定利率支付利息。这种利率安排同样是需要成本的。

(5) 货币结构

项目融资债务资金的货币结构可以依据项目现金流量的货币结构加以设计,以减少项目的外汇风险。不同币种的外汇汇率总是在不断变化。如果条件许可,项目使用外汇贷款需要仔细选择外汇币种。外汇贷款的借款币种与还款币种有时是可以不同的。通常主要应当考虑的是还款成本,选择币值较为软弱的币种作为还款币种。这样,当这种外汇币值下降时,还款金额相对降低了。当然,币值软弱的外汇贷款利率通常较高。这就需要在汇率变化和利率差异之间做出预测权衡和抉择。

12.4.4 融资结构方案比选方法

不同的融资结构会给项目带来不同的经济后果。虽然负债资金具有双重作用,通过适当的利用负债,可以降低项目资金成本,但是,当项目负债比率太高时,也会带来较大的财务风险。所以,项目公司必须权衡财务风险和资金成本的关系,确定最佳资金结构。项目资金结构决策也就是确定最佳融资结构。所谓最佳融资结构是指在适度的财务风险条件下,使其预期的加权平均资金成本率最低,同时使其收益及项目价值最大的资金结构。确定项目的最佳融资结构,可以采用每股利润分析法和比较资金成本法。

(1) 息税前利润——每股利润分析法

息税前利润——每股利润分析法是利用每股利润无差别点来进行资金结构决策的方案。所谓每股利润无差别点是指两种或两种以上融资方案下普通股每股利润相等时的息税前利润点,亦称息税前利润平衡点或融资无差别点。根据每股利润无差别点,分析判断在什么情况下可利用什么方式融资来安排及调整资金结构,进行资金结构决策。

每股利润无差别点的计算公式如下:

$$\frac{(\text{EBIT}-I_1)(1-T)-D_{P_1}}{N_1}=\frac{(\text{EBIT}-I_2)(1-T)-D_{P_2}}{N_2} \quad (12\text{-}18)$$

式中 EBIT——息税前利润平衡点,即每股利润无差别点;
I_1,I_2——两种增资方式下的长期债务年利息;
D_{P_1},D_{P_2}——两种增资方式下的优先股年股利;
N_1,N_2——两种增资方式下的普通股股数;
T——所得税税率。

分析者可以在依据上式计算出不同融资方案间的无差别点之后,通过比较相同息税前利润情况下的每股利润值大小,分析各种每股利润值与临界点之间的距离及其发生的可能性,来选择最佳的融资方案。当息税前利润大于每股利润无差别点时,增加长期债务的方案要比增发普通股的方案有利;而息税前利润小于每股利润无差别点时,增加长期债务则不利。

所以,这种分析方法的实质是寻找不同融资方案之间的每股收益无差别点,以使项目能够获得对股东最为有利的最佳资金结构。

这种方法既适用于既有项目法人融资决策,也适用于新建项目法人融资决策,对于既有项目法人融资,应结合公司整体的收益状况和资本结构,分析何种融资方案能够使每股利润最大;对于新建项目法人而言,可直接分析不同融资方案对每股利润的影响,从而选择适合的资金结构。

【例12-9】 (既有项目法人融资)某公司原有资本700万元,其中债务资本200万元(利息率为12%,每年负担利息24万元),普通股资本500万元(发行普通股10万股,每股面值50元)。由于项目投资需要,需追加筹资300万元,其筹资方式如下:

一是全部发行普通股:增发6万股,每股面值50元;

二是全部筹借长期债务:债务利率仍为12%,利息36万元。

公司所得税率为25%。现将项目融资的有关资料代入每股利润无差别点计算公式:

$$\frac{(EBIT-24)\times(1-25\%)}{10+6}=\frac{(EBIT-60)\times(1-25\%)}{10}$$

得到 EBIT=120万元

当息税前利润大于120万元时,增加长期债务要比增发普通股有利;而当息税前利润小于120万元时,增加长期债务则不利。

【例12-10】 (新建项目法人融资)某项目公司拟筹资1000万元,筹资方案如下:

一是发行普通股16万股,每股面值50元;债务资金200万元,利息率12%,每年负担利息24万元。

二是发行普通股10万股,每股面值50元;债务资金500万元,利息率12%,每年负担利息60万元。

所得税率为25%。现将项目融资的有关资料代入每股利润无差别点计算公式:

$$\frac{(EBIT-24)\times(1-25\%)}{16}=\frac{(EBIT-60)\times(1-25\%)}{10}$$

得 EBIT=120(万元)

当息税前利润大于120万元时,采用债务资金比例大的方案二融资更有利;而当息税前利润小于120万元时,长期债务比例大则不利。

(2) 比较资金成本法

比较资金成本法是指在适度财务风险的条件下,测算可供选择的不同资金结构或融资组合方案的加权平均资金成本率,并以此为标准相互比较确定最佳资金结构的方法。

项目融资可分为创立初始融资和发展过程中追加融资两种情况。与此相应地,项目资金结构决策可分为初始融资的资金结构决策和追加融资的资金结构决策。

① 初始融资的资金结构决策

项目公司对拟定的项目融资总额,可以采用多种融资方式和融资渠道来筹集,每种融资方式的融资额也可有不同安排,因而形成多个资金结构或融资方案。在各融资方案面临相同的环境和风险情况下,利用比较资金成本法,可以通过加权平均融资成本率的测算和比较来做出选择。

【例12-11】 某项目公司在初创期需资本总额10000万元,有如下三个融资方案可供选择。假设这三个融资方案的财务风险相当,相关资料如表12-7所示。

表 12-7　某项目公司初始融资方案测算表

筹资方式	筹资方案 1		筹资方案 2		筹资方案 3	
	初始筹资款/万元	资金成本率/%	初始筹资/万元	资金成本率/%	初始筹资/万元	资金成本率/%
长期借款	800	6	1000	6.5	1600	7
长期债券	2000	7	3000	8	2400	7.5
优先股	1200	12	2000	12	1000	12
普通股	6000	15	4000	15	5000	15
合计	10000		10000		10000	

根据给出的数据测算各方案各种融资方式的融资额占融资总额的比例以及加权平均资金成本率，如表 12-8 所示。

表 12-8　各方案筹资方式融资额比例

筹资方式	筹资方案 1	筹资方案 2	筹资方案 3
长期借款	800/10000＝0.08	1000/10000＝0.1	1600/10000＝0.16
长期债券	2000/10000＝0.20	3000/10000＝0.3	2400/10000＝0.24
优先股	1200/10000＝0.12	2000/10000＝0.2	1000/10000＝0.1
普通股	6000/10000＝0.60	4000/10000＝0.4	5000/10000＝0.50
加权平均资金成本率	12.36	11.45	11.62

融资方案 1、2 和 3 的加权平均成本率经比较，方案 2 的加权平均资金成本率最低，应选择方案 2 作为最佳融资组合方案。

② 追加融资的资金结构决策

项目有时会因扩大投资规模而需要追加筹措新资，即追加融资。因追加融资以及融资环境的变化，项目原有的最佳资本结构需要进行调整，在不断变化中寻求新的最佳资金结构，实现资金结构的最优化。

项目追加融资有多个融资方案可供选择。按照最佳资金结构的要求，在适度财务风险的前提下，选择追加融资方案可用两种方法：一种方法是直接测算各备选追加融资方案的边际资金成本率，从中比较选择最佳融资组合方案；另一种方法是分别将各备选追加融资方案与原有的最佳资金结构汇总，测算比较各个追加融资方案下汇总资金结构的加权资金成本率，从中比较选择最佳融资方案。

【例 12-12】　某项目公司拟追加融资 10000 万元，现有两个追加融资方案可供选择，有关资料测算如表 12-9 所示。

表 12-9　追加融资方案资料测算表

筹资方式	筹资方案 1 追加筹资额/万元	筹资方案 1 资本成本率/%	筹资方案 2 追加筹资额/万元	筹资方案 2 资金成本率/%
长期借款	5000	7	6000	7.5
优先股	2000	13	2000	13
普通股	3000	16	2000	16
合计	10000		10000	

第一种方法，最佳融资方案的比较边际资金成本率法。

首先，测算追加融资方案1的边际资金成本率。

$$7\% \times \frac{5000}{10000} + 13\% \times \frac{2000}{10000} + 16\% \times \frac{3000}{10000} = 10.9\%$$

然后，测算追加融资方案2的边际资金成本率。

$$7.5\% \times \frac{6000}{10000} + 13\% \times \frac{2000}{10000} + 16\% \times \frac{2000}{10000} = 10.3\%$$

最后比较两个最佳融资方案。在适度财务风险的情况下，方案2优于方案1。

第二种方法，追加融资方案与原有的资金结构比较加权平均资金成本率法。

首先，汇总追加融资方案与原有的资金结构，形成备选追加融资后的资金结构。假设上述项目公司原有的资金总额为50000万元。资金结构是长期借款5000万元、长期债券15000万元、优先股10000万元、普通股20000万元。追加融资后的资料如表12-10。

表12-10 追加融资方案与原有的资金结构资料汇总表

筹资方式	原有资金结构/万元	资金成本率/%	筹资方案1追加筹资额/万元	筹资方案1资金成本率/%	筹资方案2追加筹资额/万元	筹资方案2资金成本率/%
长期借款	5000	6.5	5000	7	6000	7.5
长期债券	15000	8				
优先股	10000	13	2000	13	2000	13
普通股	20000	16	3000	16	2000	16
	50000		10000		10000	

然后，测算汇总资金结构下的加权平均资金成本率。

追加融资方案1与原有资金结构汇总后的加权平均资金成本率：

$$\left(\frac{6.5\% \times 5000}{60000} + \frac{7\% \times 5000}{60000}\right) + \frac{8\% \times 15000}{60000} + \frac{13\% \times (10000+2000)}{60000} + \frac{16\% \times (20000+3000)}{60000} = 11.86\%$$

追加融资方案2与原有资金结构汇总后的综合资金成本率：

$$\left(\frac{6.5\% \times 5000}{60000} + \frac{7.5\% \times 6000}{60000}\right) + \frac{8\% \times 15000}{60000} + \frac{13\% \times (10000+2000)}{60000} + \frac{16\% \times (20000+2000)}{60000} = 11.76\%$$

最后，比较两个追加融资方案与原有资金结构汇总后的加权平均资金成本率。方案2的加权平均资金成本率低于方案1的。

项目公司在决定其资金结构时要综合考虑各种因素造成的影响，选取能使项目融资成本最低，收益率最高的最佳资金结构。决策者应结合项目具体情况，对影响项目资金结构的各种因素进行综合的分析并做出决策。

本章小结及重要术语

思考题

1. 某公司发行普通股正常市价为300万元，筹资费率为4%，第一年预计股利率为10%，以后收益每年增长5%，计算其资金成本率是多少？

2. 某企业发行长期债券 400 万元，筹资费率 2%，债券利息率为 12%，所得税税率为 3%，计算其资金成本率为多少？

3. 某项目公司因发展需要，现要追加资金 11000 万元，有两种方案：

方案一：筹集资金来源有长期借款、发行普通股和短期借款。

（1）长期借款 6000 万元，时间 5 年，年借款利率为 8%，手续费费率为 0.1%。

（2）发行普通股，股数为 1000 万股，每股面值为 4 元，按面值发行，发行费用为 0.2%，采取固定股利，每股股利为 0.5 元。

（3）短期借款 1000 万元，时间 9 个月，年借款利率为 6%，手续费 20 万元。

方案二：筹集资金来源为发行长期债券、自有资金和短期借款。

（1）发行长期债券 10000 万元，债券面值为每张 10 万元，债券期限为 5 年，债券票面利率为 10%，发行费用为 0.1%，发行价格为每张 12 万元。

（2）短期借款 1000 万元，时间 9 个月，年借款利率为 6%，手续费 20 万元。

问题：请选择追加资金的方案。

4. 简述经营杠杆、财务杠杆和综合杠杆的含义。

5. 什么是资本金融资结构？有哪些出资形式？

6. 选择债务融资的结构应该考虑哪些方面？

第 13 章
工程项目融资担保

 知识导图

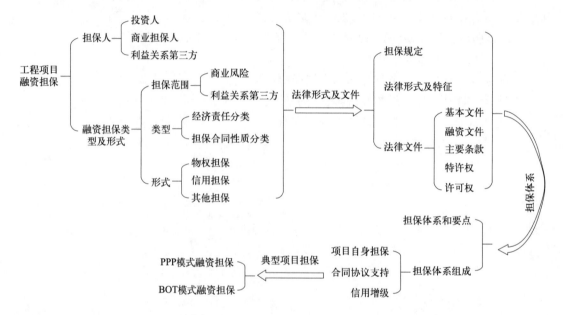

 重难点

工程项目融资担保的范围、工程项目融资担保的类型、工程项目融资担保的形式；融资担保体系构建的基本要点、工程项目融资担保体系、典型项目模式下的融资担保。

 学习目标

知识目标：掌握工程项目融资担保的类型，掌握工程项目融资担保的形式，掌握融资担保体系构建的基本要点和工程项目融资担保体系的构成；熟悉工程项目融资担保中的担保人，熟悉工程项目融资担保的法律文件；了解工程项目融资担保及作用，了解工程项目融资担保的范围；了解工程项目融资担保的规定及法律形式。

素质目标：培养法律意识，遵守法律法规；树立契约精神、坚持诚信经营；树立正确的世界观、人生观、价值观；培养诚信意识，树立正确的职业道德观。

听编者说

13.1 工程项目融资担保概述

13.1.1 工程项目融资担保的概念及作用

(1) 工程项目融资担保的概念

担保是债权人与担保人之间的一种协议，是一种有条件的资产或权益或所有权的转移，根据此协议，债权人有权在债务人不能按融资协议偿还债务时使用该担保资产或权益用来清偿债务人的债务，即赋予债权人享有优先请求权。

融资担保是指对融资主体在资金融通活动中承担的责任所作出的各种履约承诺和保证，其中最主要的是当债务人违反合同时，债权人可以通过执行担保来确保债权的安全性。贸易担保、工程担保与融资担保的联系非常密切，都可以转化为融资担保。

工程项目融资担保是指工程项目的借款方或者第三方以自己的资产或信用向贷款方或租赁机构作出的偿还保证，是为确保贷款协议下借款人义务的履行或债务的清偿作出的保证，是分配和转移工程项目融资风险和确保债权实现的一种法律手段。构建严谨的工程项目融资担保体系，强化工程项目的信用保证，是工程项目融资理论的关键之一。

总体上，担保有两类基本形式，一类是物权担保，指借款人或担保人以自己的有形资产或权益资产为履行债务设定担保，如抵押权、质押权、留置权等；另一类是信用担保，即担保人以自己的资信向债权人保证对债务人履行债务承担责任，如保证书等。

(2) 担保在工程项目融资中的作用

工程项目融资的基本特征是"有限追索或无追索"，因此工程项目融资担保和一般商业贷款担保有着明显的区别。工程项目融资中的贷款人关注的是工程项目能否成功，而不是项目现有资产的价值，因此工程项目融资担保的主要内容是要求参与人确保项目按期、按质完工并正常经营，确保项目获得足够现金流量维持经营并偿还贷款人的本息。而一般商业贷款担保的主要内容则是要求担保人应有足够的资产弥补借款人不能按期还款时可能带来的损失。

融资过程中，追索形式和担保是密切相关的两个概念，既然工程项目融资对投资者而言具有"有限追索或无追索"性质，那么投资者为工程项目融资所提供的担保也就应该"有限担保或无担保"，出于贷款人资金安全需要，必须要求工程项目具有较高的经济强度，同时，投资者或项目公司应尽可能吸收更多参与人为项目融资提供完备担保，更多参与人为融资提供担保成为工程项目融资较一般商业贷款的重要特征。

因此，担保在工程项目融资中起到两个重要作用：一是采用担保形式，工程项目投资者可将本该自己承担的融资风险转移给其他方，避免承担全部或直接的债务责任，以实现贷款人对投资者的有限追索或无追索；二是，贷款人通过担保形式实现了对债务人的制约，同时将提供融资的风险防范落实到具有法律效力的约束性合同或协议上，也明确了风险的承担主体。

13.1.2 工程项目融资担保中的担保人

(1) 工程项目投资者

工程项目融资中最主要和常见的一种形式是工程项目的直接投资者和主办人作为担保

人。通常情况下，工程项目投资者以建立一个专门的项目公司的方式来经营项目和安排融资。但是由于项目公司可能在资金、经营经验、资讯水平等多方面存在不足以支持融资的问题，所以大多数的贷款银行会要求借款人提供来自项目公司以外的担保作为附加的债权保证，以降低贷款风险。

项目融资谈判能否成功，关键是工程项目投资者和贷款人之间实现各方都能接受的风险分担。

运用工程项目投资者提供的直接的、非直接的担保，加上其他方面的担保，可以成为贷款人能够接受的信用保证结构。

(2) 商业担保人

商业担保人以营利为目的提供担保，承担工程项目风险并收取服务费用。商业担保人以分散经营来降低经营风险，通常包括银行、保险公司及其他从事商业担保的金融机构等。

1) 商业担保的基本方式

① 担保项目投资者在项目融资中所必须承担的义务。此种方式的担保人一般为商业银行、投资公司和专业化的金融机构，担保形式多为银行担保和银行信用证。

② 为防止项目意外事件的发生而进行的担保。

2) 担保项目投资者在项目融资中所必须承担的义务

① 担保资金不足或资产不足的项目公司对其贷款承担的义务。如果贷款银行认为房地产项目的房地产价值及贷款期内的现金流量不足以支持一个有限追索的融资结构，借款人可以以远低于房地产市场价格的契约价格从专业化的金融机构手中购入一个卖出期权作为项目融资的附加担保，在贷款期间一旦借款人违约，贷款银行可执行该期权，将房地产以契约价格出售给期权合约的另一方，维护其权利。

② 担保项目公司对其他投资者所承担的义务。由于项目投资者通常是两个以上的公司，各公司以一定比例投资并成立项目子公司，负责项目资金的管理，有的甚至为项目投资安排了有限追索的项目融资。对此，虽然贷款银行可以接受，但其他项目投资者却不能接受，因为有限追索的融资结构限制了对母公司的追索能力，这对于其他项目投资者来说是潜在的风险。

在非公司型合资项目融资结构中，资本不足的公司通常会被要求由国际性的银行提供一般信用证额度为3～9个月的项目生产费用的备用信用证作为项目担保。

③ 提供担保人和担保受益人之间的中介服务。假设一个公司到另外一个国家或地区投资，不为当地的银行和公司熟悉，则该公司的直接担保就很难被接受，为此需要选择一家或多家既为当地的银行、公司接受，又为项目投资者所认可的国际商业性银行提供担保，承担项目投资者在项目中所需承担的责任。

商业担保的另一种基本方式是为防止项目意外事件的发生而进行的担保。这类担保中项目保险是融资文件中不可缺少的内容，担保人通常是各种类型的保险公司，保险公司提供的项目保险内容广泛，除项目资产保险外，还有项目的政治风险保险等。

(3) 与工程项目有关的利益关系第三方

第三方担保人是指在项目的直接投资者之外与项目开发有直接或间接利益关系的、为项目提供担保的机构，包括以下几种：

1) 与项目有直接利益关系的商业机构

商业机构通过为项目融资提供担保而获得自身的商业利益，包括：

① 获得项目所需设备的供应、安装权；
② 获得项目的建设权；
③ 获得其自身长期稳定的原材料、能源供应；
④ 获得其自身产品长期稳定的市场；
⑤ 保证其对项目设施的长期使用权。

能够提供第三方项目担保的商业机构通常有工程公司、项目设备或主要原材料供应商、项目产品（设施）的用户。

2）政府机构

在项目融资中，政府机构作担保人是很普遍的，尤其是一些大型工程项目的建设，如高速公路、大型港口、矿产资源开发、石化项目等，这些大型工程的建设都有利于项目所在国的经济发展、政治稳定、促进当地人口就业，改善经济环境，因此政府机构很愿意为项目融资提供担保。政府机构介入作为项目担保人可减少项目的政治风险和经济政策风险、增强投资者的信心，这种担保作用是其他方式所不可替代的。

3）国际金融机构

如地区开发银行、世界银行这些国际性金融机构虽与项目开发没有直接的利益关系，但为了促进发展中国家的经济建设，对于重要项目，如基础设施项目等，世界银行等国际性金融机构利用其特殊的地位和信用，愿意为融资项目提供贷款担保。

13.2 工程项目融资担保的类型及形式

13.2.1 工程项目融资担保的范围

工程项目担保的范围取决于其所面对的风险，项目通常可能面对的风险主要有市场风险、政治风险、金融风险、项目环境风险、信用风险、生产风险（技术与管理风险、资源风险）等。在工程项目融资中，项目担保不可能解决全部的风险问题，只是有重点地解决融资双方尤其是贷款人最为关心的问题，主要有商业风险、商业政治风险等。

(1) 商业风险

商业风险是工程项目融资的主要风险，也是项目担保的重要内容。一般的项目贷款人都会要求工程项目投资者或与项目有直接利益关系的第三方提供不同程度的担保。

① 竣工担保

一个工程项目是否能在一定的预算与时间内建成并投入使用，达到竣工标准，是组织项目融资的基础。在工程项目的运作中，许多不成功的实例主要是由于存在项目不能建成竣工和形成生产能力、收回投资而产生的风险，尤其是大型基础设施和 BOT 项目。

近年来有新的发展趋势，由于市场竞争和项目投资者的压力，贷款银行往往被要求承担一部分竣工风险。特别是在一些技术较成熟、投资环境较好的项目中，贷款银行转向从工程公司、技术设备供应公司等其他方面寻求完工担保，包括采用由工程公司或技术设备公司提供履约担保、固定价格的交钥匙合同等形式，减少对项目投资者在竣工风险担保方面的要求。在设计和完成项目融资结构的过程中，如何分担项目的竣工风险是贷款银行和项目投资者谈判的焦点之一。通常，贷款银行除了要求项目投资者或者工程公司提供竣工担保外，有时也会要求在产品市场安排上增加相应的项目延期条款，以调整合同收入，支付因工程不能按期竣工而造成的融资成本超支。

② 生产成本控制

一个工程项目能在激烈的行业竞争中占有优势，除了其自然条件和技术条件较好之外，很好地控制生产成本也是重要的因素，一个较强的生产成本控制方面的担保是必不可少的，它还可以减少贷款银行对其他担保形式的要求。

对于生产成本的控制，一种方法是项目公司和提供项目生产所需的主要原材料、能源、电力的供应商签订长期供应协议，规定其供应产品的数量、价格和期限；另一种方法是将生产成本的控制与项目所在地的物价指数相联系。总之，这些方法都可使项目的贷款银行和投资者对项目成本有一个基本了解和估计，从而达到降低风险的目的。

③ 产品市场安排

项目产品的销售状况决定了项目的发展前景，市场风险当然也是工程项目担保所必须面对的重要问题。对于不同的工程项目，贷款银行处理风险因素的侧重点也有所不同。对于初级能源和资源性产品工程项目，如各类矿产品，其价格受世界市场需求变化的影响很大，如果没有一方肯承担一定的产品市场和价格风险，项目的融资安排就很困难；对于加工性产品项目，如机械制造业，产品的市场销售较为复杂，贷款银行对生产成本的控制和现金流量的控制更加重视，因而会要求项目的担保人承担更多的成本风险。

(2) 商业政治风险

商业担保公司参与政治风险保险近年来有增长的趋势，但本质上商业政治风险保险不是项目担保，只是在某种程度上起担保的作用。促使项目投资者寻求商业政治风险保险的原因有：

① 项目投资者不满意政府政治风险担保的条款，而商业保险市场可提供更灵活和更具竞争性的条件。

② 项目的风险价值过高，超过政府机构政治风险担保的限额。

③ 项目不具备政府出口信贷或政治保险机构提供政治风险担保的条件。

商业政治风险保险针对特定的政治危机，其保险范围包括资产风险保险和合约风险保险。项目除了存在商业风险、政治风险外，还可能会遇到地震、水灾、火灾等自然风险，这类风险被称为不可预见风险或称为或有风险，避免这类风险主要采取商业保险的方法。

13.2.2 工程项目融资担保的类型

根据债务保障来源的不同，工程项目融资担保可分为物权担保和信用担保两大类。本书从融资角度，主要介绍工程项目的信用担保。信用担保根据工程项目担保在项目融资中承担的经济责任，分为直接担保、间接担保、或有担保、意向性担保；根据担保合同的性质不同，又可划分为从属性担保和独立担保。这些类型的担保所承担的经济责任是有限的，而不是无限的，以下就信用担保的几种担保类型分别进行详细阐述。

(1) 按照在工程项目融资中承担的经济责任划分

1) 直接担保

直接担保是项目融资中有限责任的直接担保，其担保责任根据担保的有效时间或金额加以限制。

① 在时间上进行限制的直接担保

典型的在时间上加以限制的有限责任直接担保是工程项目建设期和试生产运营期的竣工担保，项目投资者和工程承包公司是主要的担保人。多数情况下项目的竣工担保是在有限时间内的无限经济责任担保，有时竣工担保也可安排为有限金额的担保。项目投资者组织这类担保可通过在有限的时间内的无限责任避免或减少长期的直接项目担保。

② 在金额上进行限制的直接担保

在金额上进行限制的直接担保是在完成融资结构时就已事先规定了最大的担保金额，不论项目经营中出现什么意外情况，担保的最大经济责任只能在此限定金额之内。这种担保在项目融资中通常采取的形式是资金缺额担保和第一损失担保。有限金额的直接担保可以用于防止生产超支或项目现金流量不足，因为贷款银行通常愿在建设成本和生产成本可控的条件下进行有限追索的项目融资，为了防止因资金短缺导致的项目失败，就需要项目投资者来承担生产成本和建设成本超支带来的风险，即提供相应的担保。

2) 间接担保

间接担保是担保人不以直接的财务担保形式向项目提供担保的一种财务支持。它通常采取商业合同或政府特许协议的形式，最常见的是以"无论提货与否均需付款"或"提货与付款"的销售或购买协议为基础建立的一系列合同形式。

提供间接担保的项目投资者或其他项目参与者，投资项目、使用项目所提供的设施或产品不是盲目的，获得一定的产品供应是其投资的逻辑前提。间接担保所建立的一系列合同确保了项目市场的稳定和收入的稳定，同时也保证了贷款银行的基本利益，因为这类合同的定价基础是以项目产品的公平市场价格、品质标准为依据的，其订立原则是在合同期内满足摊销债务的要求，是较为公平的商业交易。基于这一点，在国际通行的会计准则中，间接担保不作为担保人的一种直接债务责任体现在公司的资产负债表中。

3) 意向性担保

此担保仅是担保人有可能对项目提供一定支持意愿的担保，即意向性担保并不是一种真正意义上的担保，因为这种担保不具备法律上的约束力，也不需要体现在担保人公司的财务报告中，因而受到担保人的普遍欢迎而在项目融资中经常得到应用。国际上对于意向性担保所承担法律责任的要求也越来越严格了。

意向性担保最常用的形式是安慰信（或称支持信）。在工程项目融资中，安慰信通常由项目的母公司或项目的所在国政府写给贷款银团，表示该公司或该国对该项目公司及项目融资的支持，并以此代替对该项目融资的财务担保。

4) 或有担保

或有担保是指对由于项目面对的不可抗拒力或不可预测因素造成项目损失的风险所提供的担保。由于主观和客观的原因，或有风险的种类繁多，并具有共性，有的又是某个项目所特有的，这使得或有担保的难度较大且形式易于不规范化。因此，为使工程项目融资能够顺利进行，项目投资者应重视安排和组织有关项目的或有风险担保。

(2) 根据担保合同的性质不同划分

按照其担保合同的性质不同，信用担保又可划分为从属性担保和独立担保。

① 从属性担保

从属性担保是指担保人承担第二位的债务清偿责任，即只有在被担保人（主债务人）不履行其对债权人（担保受益人）所承担义务的情况下，担保人才承担其被担保人的合同义务。

显然，这种担保合同从属于确立债务人与债权人之间债务关系的主合同。

② 独立担保

独立担保是指担保人承担第一位的债务清偿责任，即不管债务人是否真正违约，只要担保受益人提出要求，担保人将立即无条件地支付给受益人规定数量的资金。显然，独立担保合同的效力不受主债务合同的影响。现实中独立担保的具体表现形式为：备用信用证、银行保函以及其他形式的见索即付担保书。

13.2.3　工程项目融资担保的形式

(1) 物权担保

物权担保是指借款人或担保人以自己的有形或权益资产为履行债务偿还义务而向贷款银行提供的担保。其典型形式有抵押权、质押权、留置权三种，这三种形式的物权担保按担保标的物的性质划分，可分为不动产担保和动产担保；按担保方式划分，可分为固定担保和浮动担保。在工程项目融资中，物权担保是以项目特定物产的价值或者某种权利的价值作为担保，如债务人不履行其义务，债权人可以行使其对担保物的权利来满足自己的权益。

1) 不动产担保和动产担保

① 不动产担保

不动产通常是指土地以及依附于土地上的建筑物、构筑物等难以移动的财产。工程项目融资中，项目公司一般以项目资产作为不动产担保，而且这种不动产担保仅限于项目公司的不动产范围，而不涉及或很少涉及项目投资者的不动产。这就是项目融资有限追索性的体现。

项目公司一旦违约，贷款银行有权接管项目，或重新经营，或拍卖项目资产，弥补其贷款损失，可这种弥补对于巨额的贷款来说数额较小，尤其是在项目失败的情形下，不动产担保对于贷款银行来说意义更是不大。

② 动产担保

动产担保是指借款人（项目融资中一般指项目公司）以自己或第三方的动产作为履约的保证。可用于提供担保的动产在各国法律中有不同的规定，但归纳起来，不外乎分为有形动产和无形动产两大类。有形动产包括船舶、飞机、设备、存货等；无形动产包括专利权、票据、应收账款、证券、保险单、银行账户和特许权等。因处理动产担保在技术上比不动产担保方便，故在项目融资中使用较多。

2) 固定担保和浮动担保

① 固定担保

主要指与担保人的某一特定资产相关联的一种担保，当债务人违约或破产以至于不能偿还债务时，就可以用该特定资产来清偿债务。前面所说的动产担保和不动产担保皆属于固定担保。在固定担保下，担保人在没有解除担保责任或者得到担保受益人的同意之前，不能出售或者以其他形式处置该项资产。当借款方违约或者项目失败时，贷款方一般只能以这些担保物受偿。

② 浮动担保

浮动担保主要是指债务人（借款人）以自己的全部资产作为担保物而设立的担保，以保证债务的清偿。浮动担保之所以应用广泛，是因为它能够让债务人充分、自由地处分已作为担保物的财产，同时又能维护债权人的权益。

(2) 信用担保

信用担保是担保人以自己的资信向债权人保证对债务人履行偿债义务、承担责任的承诺。

1) 完工担保

完工担保主要是针对项目完工风险所设立的，担保人在一定时间内（通常为项目建设期和试生产/试运行期）承担项目成本超支、工期延误的责任，甚至是项目失败的责任，即在这段时间内，担保人对贷款银行承担全面追索的经济责任，直至项目达到"商业完工"标准。

显然，从本质上来说，完工担保人承担的是成本超支的财务责任，是一种直接担保。完工担保是一种有限责任的担保形式，主要针对的项目完工风险包括：由于工程或技术上的原因造成的项目延期完工或成本超支；由于外部纠纷或其他外部因素造成的项目延期完工或成本超支；由于上述任何原因造成的项目停建以至最终放弃项目。

项目完工担保主要由项目投资者和工程承包公司或有关保险公司提供。

① 由项目投资者提供的完工担保

作为项目最终受益人的项目投资者关心项目是否按预定计划完成，否则一旦项目失败，其先期投入的股本资金将无法收回。因此，由项目投资者提供完工担保，是贷款银行最容易接受的一种方式。

在项目融资结构中，完工担保可以是一个独立协议，也可以是贷款协议的一个组成部分。完工担保通常包含完工担保的责任、完工担保的义务、保证项目投资者履行担保义务的措施三方面的基本内容。

② 由工程承包公司或保险公司提供的完工担保

由工程承包公司或保险公司提供完工担保，实质上是项目投资者将部分或全部完工风险转移给了工程承包公司，因此从某种程度上减轻了项目投资者在完工担保方面所承担的压力。

实践中，这种完工风险转移的方式有两种：一种是与工程承包公司签订固定价格的承包合同，另一种是要求工程承包公司提供工程担保。常见的工程担保有履约担保、预付款担保、保留金担保和缺陷责任担保。

2) 资金缺额担保

对贷款银行来说，项目完工担保主要目的是化解项目建设和试生产、试运行阶段的风险。那么在项目运行阶段，如果出现项目公司收入不足，无法支付生产成本和偿付到期债务的情况，贷款银行应该如何化解此类风险呢？

在项目融资中，化解此类风险的方法是采用项目资金缺额担保，亦称为现金流量缺额担保。资金缺额担保是一种在担保金额上有所限制的直接担保，担保金额在项目融资中没有统一的标准，一般取为该项目年正常运行费用总额的 25%～75%，主要取决于贷款银行对项目风险的认识和判断。对于项目年正常运行费用应至少考虑以下内容：日常生产经营性开支；必要的大修、更新改造等资本性开支；若有项目贷款，还有到期债务利息和本金的偿还等。实践中，资金缺额担保常采用的形式有以下三种：

① 项目投资者提供担保存款或以贷款银行为受益人的备用信用证。这在新建项目安排融资时较为常见。由于新建项目没有经营历史，也没有相应资金积累，抗意外风险的能力比经营多年的项目要脆弱，因而贷款银行多会要求由项目投资者提供一个固定金额的资金缺额担保，或要求项目投资者在指定的银行中存入一笔预先确定的资金作为担保存款，或要求项目投资者由指定银行以贷款银行为受益人开出一张备用信用证。

② 建立留置基金。即项目的年度收入在扣除全部的生产费用、资本开支以及到期债务本息和税收之后的净现金流量，不能被项目投资者以分红或其他形式从项目公司中提走，而是全部或大部分被放置在一个被称为"留置基金"的账户中，以各项目出现任何不可预见的问题时使用。留置基金账户通常规定一个最低资金限额，也就是说，如果账户中的实际可支配资金总额低于该最低限额，则该账户中资金不得以任何形式为项目投资者所提走，反之，该账户中资金便可释放，用于项目投资者的分红等。最低留置基金金额的额度必须满足3~6个月生产费用准备金和偿还3~9个月到期债务的要求。

对于新建项目，通常将留置基金与担保存款或备用信用证共同使用来作为项目融资的资金缺额担保。

③ 由投资者提供对项目最小净现金流量的担保。该种方法是保证项目有一个最低的净收益，但关键的是项目投资者和贷款银行对项目总收入和总支出如何进行合理预测。一旦双方对项目最小净现金流量指标达成一致，便将之写入资金缺额担保协议中，若实际项目净现金流量在未来某一时期低于这一最低水平，项目投资者就必须负责将其缺额补上，以保证项目的正常运行。

3) 以"无论提货与否均需付款"协议和"提货与付款"协议为基础的项目担保贷款银行在提供贷款资金时，相当关心项目收入的稳定性，因此融资结构的构建必须考虑项目产品有稳定的销售或项目设施有可靠的用户，同时也要考虑项目原材料、燃料等上游产品供给的稳定性。通常，项目公司通过与项目产品（设施）的购买者（用户）或原材料、燃料供应商签订长期销售（供应）协议来实现。所谓长期协议，是指项目产品（设施）购买者（用户）或原材料供应商承担的责任应至少不短于项目融资的贷款期限。

上述长期协议在法律上体现为买卖双方之间的商业合同关系，尽管实质上是由项目产品（设施）的买方（用户）对项目融资提供的一种担保，但这类协议仍被视为商业合约，因而是一种间接担保形式。从项目公司角度来说，根据项目的性质以及双方在项目中的地位，这类合约具体又可分为以下三种形式：

① "无论提货与否均需付款"协议

"无论提货与否均需付款"协议与传统的贸易合同相比，除了协议中规定的持续时间长（有的长达几十年）以外，更本质的区别在于项目产品购买者对购买产品义务的绝对性和无条件性。传统的贸易合同是以买卖双方的对等交换作为基础的，即"一手交钱，一手交货"，如果卖方交不出产品，买方可以不履行其付款的义务，但是在"无论提货与否均需付款"协议中，项目产品购买者承担的是绝对的、无条件的根据合同付款的义务，即使出现由于项目毁灭、爆发战争、项目财产被没收或征用等不可抗力而导致项目公司不能交货的情形，只要在协议中没有作出相应规定，项目产品购买者仍须按合同规定付款。

②"提货与付款"协议

由于"无论提货与否均需付款"协议的绝对性和无条件性，许多项目购买者不愿意接受这样一种财务担保责任，而更倾向于采用"提货与付款"协议。

"提货与付款"协议的有条件的付款责任，使之为项目所提供的担保分量相对要轻一些，因此在某些项目经济强度不是很强的项目融资中，贷款银行可能会要求项目投资者提供附加的资金缺额担保作为"提货与付款"协议担保的一种补充。但若项目经济强度很好并且其项目经理有良好的管理能力和管理记录，仅有"提货与付款"协议这种间接担保，贷款银行也可能接受而提供贷款。

③"供货与付款"协议

在项目原材料、能源供应中所签订的协议称为"供货与付款"协议。按照协议规定，项目所需能源、原材料供应商承担着向项目定期提供产品的责任，如果不能履行责任，就需要向项目公司支付该公司从其他来源购买所需能源或原材料的价格差额。

上述协议的核心条款包括关于产品数量、质量和价格等方面的有关规定。

(3) 其他担保形式

1）准担保交易

在工程项目融资中除了上述各种担保形式外，还有许多类似担保的交易。这些交易一般在法律上被排除在物权担保范围之外，而被视为贸易交易。但由于这些交易的经济效果类似物权担保，而且在很大程度上是为了规避《相关法规》的限制而进行的，故也应归为广义的担保范围内。

① 融资租赁

卖方（名义上是出租人）将设备租给买方（名义上是承租人），卖方仍保留对设备的所有权，买方则拥有设备的占有权，或者卖方将设备租给一家金融公司或租赁公司并立即得到价款，然后该金融公司或租赁公司再将设备租给买方。无论以何种形式出租，卖方都足以在租期内收回成本。这实际上是一种商业信用，买方以定期交租金的方式得到融资，而设备本身则起到担保物的作用。

② 出售和租回

借款方将设备卖给金融公司，然后按与资产使用寿命相应的租期重新租回。在这里价款起了贷款的作用，租金交纳就是分期还款，而设备则是担保物。

③ 出售和回购

借款方将设备卖给金融公司而获得价款，然后按事先约定的条件和时间购回。购回实际上就是还款，而资产在此也起到了担保作用。

④ 所有权保留

所有权保留也称有条件出售，即卖方将资产卖给债务人，条件是债务人只有在偿付资产债务后才能获得资产所有权。资产同样也成为担保物。

2）东道国政府支持

东道国政府在项目融资中所起的作用是非常重要的，许多情况下，东道国政府颁发的开发、运营特许权和执照是项目开发的前提。虽然东道国政府一般不以借款人或项目公司股东的身份直接参与项目融资，但可能通过代理机构进行权益投资，或者是项目产品的最大买主或用户。在我国的一些项目中，特别是基本建设项目如公路、机场、地铁等，尤其如此，我国政府将参与项目的规划、融资、建设和运营各个阶段，BOT项目就是一个典型，在项目运营一定时期后，由政府部门接管该项目。

对于其他项目，政府的支持可能是间接的，但对项目的成功仍至关重要。例如，自然资源开发和收费交通项目均需要得到政府的特许。在多数国家，尤其像我国这样的发展中国家，能源、交通、土地、通信等资源均为国家所有，而这些资源是任何项目要成功所必不可少的。

因此，只有得到东道国政府的支持，才能保证项目顺利进行。

3) 消极担保条款

消极担保条款是指借款方向贷款方承诺，将限制在自己的资产上设立有利于其他债权人的物权担保。消极担保条款是融资协议中的一项重要条款，一般表述为：只要在融资协议下尚有未偿还的贷款，借款人不得在其现在或将来的资产、收入或官方国际储备上为其他外债设定任何财产留置权，除非借款人立即使其融资协议下所有的未偿债务得到平等的、按比例的担保，或这种其他的担保已经得到贷款人的同意。

4) 从属之债

从属之债是指一个债权人同意在另一债权人受偿之前不请求清偿自己的债务。前者称为从债人，其债权称为从债权，可由一切种类的债权构成；后者称为主债权人，即项目融资的贷款方。

从经济效果看，从债权为主债权的清偿提供了一定程度的担保；从属之债也为主债务提供了一定的担保。

13.3 工程项目融资担保的法律形式及文件

13.3.1 工程项目融资担保的规定及法律形式

(1) 工程项目融资担保的规定

根据《中华人民共和国民法典》第三百八十八条，设立担保物权，应当依照本法和其他法律的规定订立担保合同。担保合同包括抵押合同、质押合同和其他具有担保功能的合同。担保合同是主债权债务合同的从合同。主债权债务合同无效的，担保合同无效，但是法律另有规定的除外。担保合同被确认无效后，债务人、担保人、债权人有过错的，应当根据其过错各自承担相应的民事责任。第三百九十四条，为担保债务的履行，债务人或者第三人不转移财产的占有，将该财产抵押给债权人的，债务人不履行到期债务或者发生当事人约定的实现抵押权的情形，债权人有权就该财产优先受偿。第四百二十五条规定，为担保债务的履行，债务人或者第三人将其动产出质给债权人占有的，债务人不履行到期债务或者发生当事人约定的实现质权的情形，债权人有权就该动产优先受偿。第四百四十七条规定，债务人不履行到期债务，债权人可以留置已经合法占有的债务人的动产，并有权就该动产优先受偿。第六百八十六条，保证方式包括一般保证和连带责任保证。当事人在保证合同中对保证方式没有约定或者约定不明确的，按照一般保证承担保证责任。第六百九十九条，同一债务有两个以上保证人的，保证人应当按照保证合同约定的保证份额，承担保证责任；没有约定保证份额的，债权人可以请求任何一个保证人在其保证范围内承担保证责任。

（2）工程项目融资担保的法律形式及特征

1）工程项目融资担保的法律形式

工程项目融资信用结构的核心是融资的债权担保，按其所属的法律范畴可分为物的担保和人的担保两种基本形式。

① 物的担保

物的担保，又称物担保，是指借款人或担保人以自己的有形财产或权益财产为债务的履行设定的担保物权，如抵押权、质押权、留置权等。在工程项目融资中，贷款银行以物的担保形式，把项目的资产作为一个单独完整的整体与借款人的其他财产分割开来，在必要时可以行使对项目资产的管理权。物的担保又可分为以下两种形式：

a. 抵押。抵押是债务人或者第三人以其所有的或者依法经营管理的资产作为履行贷款合同的担保，当其不能或者不履行合同义务时，贷款人有权依照有关法律规定或抵押合同的约定，以该资产折价或者变卖、拍卖，以其价款优先受偿。

b. 担保。这种形式不需要资产和权益占有的转移或者所有权的转移，而是债权人、债务人之间的一项协议，据此，债权人有权使用该项担保条件下资产收入来清偿债务人对其的责任。债权人有权对这项收入有优先的请求权，其地位优先于无担保权益的债权人以及具有次担保权益的债权人，担保又可分为浮动担保和固定担保两种形式。

② 人的担保

项目担保中人的担保是在担保受益人（即债权人）和被担保人（即主债务人）约定的条件下，当被担保人不履行其对债权人所承担的义务时，担保人必须承担起被担保人的合约义务，即担保人以自己的资信向债权人保证履行义务或承担责任。此种条件下的项目担保义务是第二位的法律承诺，这种担保义务是依附于债务人和债权人的合约之上的。项目担保也可以是第一位的法律承诺，即担保承诺在担保受益人的要求之下，立即支付给担保受益人规定数量的资金，不管债务人是否真正违约。这种担保义务相对独立于债权人和债务人之间的合约，工程项目的完工担保多属于此种类型。

一般情况下，项目担保中人的担保是在贷款银行认为项目物的担保不够充分的条件下要求借款人（即项目投资者）提供的。它为项目的正常运行提供了附加保障，同时也降低了贷款银行在项目融资中的风险。

2）担保的法律特征

① 担保合同具有补充性和从属性

a. 补充性。所谓补充性是指在保证合同的法律关系上，保证人是第二债务人，只有当主债务人不履行其债务时，保证人才有责任承担付款责任；只有在对借款人的财产强制执行后仍不足以抵债时，才能要求担保人承担清偿的责任。

b. 从属性。所谓从属性是指担保合同是贷款合同的从合同，承担着和贷款合同标准和范围一样的责任，保证人的保证责任随借款人的主债务的消灭而消灭。

② 担保合同项下保证人所承担的责任是第二性的付款责任

这和赔偿担保书中的担保人所承担的第一性付款责任不一样。

③ 对价是此类担保的基础

现代意义的担保认为，担保是不依附于基础合同而成立的独立合同。

13.3.2　工程项目融资担保的法律文件

(1) 基本文件

① 政府的项目特许经营协议和其他许可证。
② 承建商和分包商的担保及预付款保函。
③ 项目投保合同。
④ 原材料供应协议。
⑤ 能源供应协议。
⑥ 产品购买协议。
⑦ 项目经营协议。

(2) 融资文件

① 贷款协议，包括消极保证、担保的执行。
② 担保文件和抵押文件，包括：

a. 对土地、房屋等不动产抵押的享有权。
b. 对动产、债务以及在建生产线抵押的享有权。
c. 对项目基本文件给予的权利的享有权。
d. 对项目保险的享有权。
e. 对销售合同、照付不议合同、产量或分次支付协议以及营业收入的享有权。
f. 用代管账户来控制现金流量（必要时提留项目的现金流量）。
g. 长期供货合同的转让，包括"或供或付"合同和能源、原材料的供应合同。
h. 项目管理、技术支持和咨询合同的转让。
i. 项目公司股票的质押，包括对股息设押。
j. 各种设押和为抵押产生的有关担保的通知、同意、承认、背书、存档及登记。

③ 支持性文件，包括：

a. 项目发起方的直接支持：偿还担保、完工担保、营运资金担保协议、超支协议和安慰信。
b. 项目发起方的间接支持：无货亦付款合同、产量合同、无条件的运输合同、供应保证协议。
c. 东道国政府的支持：经营许可、项目批准、特许权利、不收归国有的保证和外汇许可等。

 拓展阅读　工程担保书的内容

(3) 特许权

特许权是项目融资中政府对项目的投资者所授予的特定权利。以 BOT 融资模式为例，就是在确定了项目的开发商的条件下，政府与其经过对项目的技术、经济、法律等多方面谈判后所形成的各类法律文件。

1) 授权法律

授权法律是政府就某一工程项目的建设、经营而制定的专门法律，它明确了开发商在专营期内对项目的建设、经营、转让所具有的法定权利和义务，为保证项目资金筹措和工程建设的顺利进行提供了基础。

2) 特许权协议

特许权协议是政府和项目开发商在授权法律的指导下就项目的建设、经营和转让而签订的明确双方权利和义务的法律文件，是在保证政府应有权益的前提下，向财团、法人、业主授予充分权利的协议。

 拓展阅读　特许权协议包括的内容

（4）许可权

在许多情况下，项目所在国或所在地政府会依照一定法规向项目颁发其开发、营运的营业执照和许可证，这是项目的基础。当一定情况发生时，政府会依照法规所赋予的权力，撤销为项目颁发的许可证。

在工程项目融资时，贷款人可能遇到风险，不只是任何与特定贷款人相关的借款人的过失可能造成许可证被撤销，而且合资中的任何其他方的过失也可能导致许可证被撤销。同时，即使项目进展顺利，发生在同一特许地区的不相关的违约情况也可能损害本项目的特许权。

另外，许可证本身可能要求许可人承担实质性责任，并要求许可人限期履行这些责任，否则将视为违约或撤销许可证。

在工程项目融资中，贷款人可寻求项目所在国或所在地区政府许可或支持的范围包括：政府对项目融资的批准；政府对项目发展计划的批准；政府保证不对项目的生产或资源的耗减施加不利于项目现金流量的直接或间接控制等。

13.4　工程项目融资担保体系

13.4.1　融资担保体系构建的基本要点

（1）融资担保体系构建的目的

在项目融资中的担保包括广泛的含义，即法律、合同和其他机制为债权人提供的权利和保护。为了更好地进行项目融资，有必要构建出一个完整而严谨的项目融资担保体系，主要目的是促使项目成功，同时保护贷款人的利益。理由如下：①项目融资担保体系的构建必须以保证项目成功为初衷，以项目的现金流量和收益作为贷款回收的资金来源，只有项目成功，贷款人的利益才能获得根本的保证；②构建的项目融资担保体系必须能达到保护贷款人利益的效果，这是项目得以融资的前提，也是项目融资担保体系的根本落脚点。

(2) 项目融资担保体系构建的原则

① 风险分担、利益共享原则。对于与项目有关的各种风险要素，需要以某种形式在项目投资者（借款人）、与项目开发有直接或间接利益关系的其他参与者和贷款人之间进行分配。一个成功的项目融资结构应该是在项目中没有任何一方单独承担起全部项目的风险责任，任何一方愿意接受风险的程度都取决于预期的回报。

② 着眼于以接管项目为实现抵押权的基本方式。项目融资从一开始产生，其物权担保方式就立足于英美法的抵押，即通过权利的转移而对债权进行担保，项目融资抵押权人有权指定一名接管人来接管抵押财产，而不是按传统大陆法系抵押制度的规定，以变卖抵押物为实现抵押权的重要方式。

(3) 项目融资担保体系构建的步骤

首先，通过政府、投资人和贷款人多方之间的谈判，进行大体担保责任的确定和分配，并对接下来的担保责任落实做出总体安排；其次，由项目投资人组建的项目公司负责，在各建设经营活动当事人之间进行具体担保责任的落实，并通过与上面当事人间不断地互相反馈与沟通磋商逐步形成项目融资担保体系；最终，由项目发起人或项目公司将一揽子担保安排转移给贷款人获得项目融资。

13.4.2 工程项目融资担保体系

项目融资担保体系是指将以上项目融资担保的基本要素通过一定的秩序风险和利益制衡组合而成的整体。

(1) 项目自身的担保

由项目的资产和预期收益作为贷款的抵押，是项目自身提供的担保，构成了项目融资的资信基础。为了更好地实现项目融资，项目公司必须充分利用和发挥项目自身的担保价值。项目资产按资产存在形态可分为：①有形资产，指具有价值形态和实物形态的资产，包括固定资产、流动资产和资源性资产；②无形资产，指不具备实物形态却能在一定时期里提供收益的资产，包括知识产权、工业产权和金融性产权。项目收益包括经营性收益和非经营性收益，项目收入的多少反映了项目营运效益的好坏（经济强度），关系到还本付息的能力。项目公司进行项目融资时，除了可以抵押项目固定资产（包括土地、建筑物和其他固定资产等），浮动抵押项目的动产（包括库存、应收款、无形资产等）外，还要将所涉及的一系列项目合同权益，及相应的担保或保险权益转让给贷款银行。

(2) 项目合同/协议的支持

项目合同/协议包含与项目相关的主要技术、商业以及经济方面的协定，是项目融资的核心部分，主要包括特许权协议、股本支持协议、包销协议、设计-采购-建设协议、原材料/燃料/资源供应合同以及运营和维护协议等。项目发起人在最初安排项目融资时，必须特别注意合同，协议的可融资性及其相互之间的关系，消除项目实体的重大风险，提高现金流的可预见性，充分实现项目协议的担保价值。

(3) 项目的资信增级

当债务人的"财产"没有实现（项目失败）或只有部分实现（收益比预期的少）时，债权人则会直接面临债权不能受偿或不能足额受偿的风险。因此，当以上两个基本层次的项目融资担保安排仍不能满足贷款银行的要求时，就要考虑为项目提供资信增级，主要途径如下：①由签约方或其母公司提供担保和保证，如由项目发起人提供的完工担保、资金缺额担保，各合同签约方或其母公司提供的履约担保；②由商业担保人（银行、保险公司、专业担保机构等）提供担保和保险，包括各种担保存款、备用信用证、本票及商业保险等；③引入多边或双边机构为其提供贷款或担保、保险，对所在国政府施加影响，增强贷款人的信心；④技术性资信增级措施，包括设立资金托管账户、借助金融衍生工具等；⑤由项目发起人或政府提供安慰函/支持信作为意向性担保。详见表13-1所示。

表 13-1 项目融资担保体系表

项目融资担保的风险		第一层次的担保 项目自身担保		第二层次的担保资信增级		第三层次的担保资信增级	
		担保人	提供的担保	担保人	提供的担保	担保人	提供的担保
商业风险	完工风险	项目公司	项目资产：固定资产抵押、浮动抵押、股权质押	承建商	项目建设合同：价格、工期、商业完工标准；不可抗力造成的延期应控制在有效的范围内；违约支付等	项目投资人	安慰函/支持信；完工担保（担保存款/备用信用证/本票）
						承建商	完工担保（投标保函＋履约保函＋预付款保函＋留置金保函＋维修保函）
	生产风险		预期收益：合同权益转让；保险权益转让；托管账户	原材料/能源供应商	长期、稳定的价格供应协议；供货或付款条款	项目投资人	安慰函/支持信；完工担保（担保存款/备用信用证/本票）
				设备供应商	卖方信誉；设备质量运营担保	合同签约方（或母公司）	履约担保
	市场风险			运营商	运营维护协议：带有最高价格和激励费用；贷款人有权行使对经营者的开除权	政府	安慰函/支持信；保证项目一定程度的需求，如最低需求担保、无第二设施担保
				包销商	长期销售协议："无论提货与否均需付款"条款；"提货与付款"条款（＋资金缺额担保）；最低价格条款；保证最小购买量条款		
政治风险				政府	特许权协议	政府	安慰函/支持信；反担保
					财产权保证；税收待遇在一定期限内不变；外汇自由兑换与汇出国外；进出口制度保证；法律稳定性保证；不可抗力延长项目特许期等	出口信贷机构	政治风险担保或保险
						多边/双边机构	部分政治风险担保
						海外投资机构	政治风险保险
不可抗力风险				合同签约方	相关合同不可抗力条款	保险公司	商业保险

拓展阅读　PPP 模式下的项目融资担保

 拓展阅读　BOT 模式下的项目融资担保

 本章小结及重要术语

 思考题

1. 简述建设工程项目融资担保的概念及作用。
2. 建设工程项目融资担保中的担保人有哪些？
3. 简述建设工程项目融资担保的范围。
4. 简述建设工程项目融资担保的类型。
5. 简述建设工程项目融资担保的形式。
6. 简述建设工程项目融资担保的法律形式及特征。
7. 简述项目融资担保体系构建的原则和步骤。
8. 简述项目提供资信增级的主要途径。

第 14 章
工程项目融资风险

知识导图

重难点

工程项目融资的风险分类与防范，工程项目融资风险识别；工程项目融资风险评估。

学习目标

知识目标：掌握工程项目融资的风险分类，掌握工程项目融资风险防范；熟悉工程项目融资风险识别，熟悉工程项目融资风险识别的技术；了解工程项目融资风险评估。

素质目标：培养风险意识和风险管理能力；培养社会责任感；培养集体意识和团队合作精神；树立正确价值观、财富观。

听编者说

14.1 工程项目融资风险识别

14.1.1 工程项目融资的风险分类

(1) 按照工程项目实施的时间顺序划分

根据工程项目实施的时间顺序,其风险可以划分为三个阶段:建设阶段风险、试生产阶段风险和生产经营阶段风险,在每个阶段里风险具有不同的特点。

1) 工程项目建设阶段风险

工程项目正式开工前有一个较长的准备阶段,包括项目的规划、可行性研究、工程设计等。该时期的风险是由投资者承担的,不包括在项目融资风险之中,真正的项目建设阶段风险是从项目正式动工建设开始计算的。由于这一阶段需要大量资金购买工程用地、设备,且贷款利息也开始计算入成本,因此,工程项目风险接近最大程度,如果任何不可控或不可预见因素造成项目成本超支或不能按时完工,项目就面临着巨大的压力和风险。从风险承担的角度看,贷款银行承担的风险最大。从贷款银行的角度,在这阶段必须考虑以下因素的可能性和影响:

① 由于工程、设计或技术方面的缺陷,或不可预见的因素,造成生产能力不足或产量和效率低于计划指标。

② 能源、机器设备、原材料及承包商劳务支出超支等,造成项目建设成本超支,不能按照预定时间完工,甚至项目无法完成。

③ 由于各种因素造成的竣工延期而导致的附加利息支出。

④ 土地、建筑材料、燃料、原材料、运输、劳动和管理人员以及可靠的承包商的可获得性。

⑤ 其他不可抗力因素引发的风险。

在此阶段,通常工程项目融资需要投资者提供强有力的信用支持来保证项目的顺利完成。利用不同形式的工程建设合同,有可能将部分工程项目建设期风险转移给工程承包公司,比如固定价格、固定工期的"交钥匙"合同、"实报实销"合同等合同形式。其中,在"交钥匙"合同形式中,工程项目建设的控制权和建设期风险全部由工程承包公司承担。

2) 工程项目试生产阶段风险

此阶段工程项目融资的风险仍然很高,即使这时项目已建成投产,但如果项目不能按照原定的成本计划生产出合格的产品,就意味着对项目现金流量的分析和预测不正确,工程项目很有可能无足够的现金流量支付生产费用和偿还债务。

贷款银行一般不把工程项目的建设结束作为项目完工的标志。此处引入"商业完工"的概念,即在指定的时间内,按一定技术指标生产出了合格产量、质量和消耗定额之类的产品。在工程项目的融资文件中具体规定项目产品的产量和质量及原材料、能源消耗定额以及其他一些技术经济指标作为完工指标,并且将项目达到这些指标的下限也作为一项指标,只有项目在规定的时间范围内满足这些指标时,才被贷款银行接受为正式完工。

3) 工程项目生产经营阶段风险

工程项目达到"商业完工"标准后即进入项目的生产经营阶段。从此阶段起,项目进入正常运转应该产生出足够的现金流量支付生产经营费用以及偿还债务,并为投资者提供理想的收益。随着项目进入正常运转阶段,银行的风险开始逐渐降低,融资结构基本上依赖于项目自身的现金流量和资产,成为一种无追索的结构。此阶段的工程项目融资风险主要表现在生产、市场、金融以及其他一些不可预见的因素等方面。

(2) 根据风险的可控性进行划分

按风险的可控性,工程项目融资风险可以分为可控风险和不可控风险。

1)可控风险

可控风险指与工程项目的建设和运营管理直接有关的风险。这类风险是项目公司在项目建设或生产运营过程中无法避免的,同时也是项目公司应该知道如何去管理和控制的风险。包括完工风险、生产风险、市场风险和环保风险。

① 完工风险。工程项目融资风险最大的阶段是项目的建设阶段。组织项目融资要使项目能够在规定的时间内和预算内建成投产,达到完工标准。但由于项目在建设期和试生产期存在各种不确定因素,因而贷款银行所承受的风险最大,项目能否按期建成投产并按照其设计指标进行生产经营,是项目融资的核心。如果项目无法完工、延期完工或是完工后无法达到预期的运行标准,便造成了完工风险。

完工风险的形成主要有工程项目的设计未达到要求、承包商的建设能力不足和资金匮乏、承包商所作承诺的法律效力及其履行承诺的能力不足、政府干预等原因。

完工风险给项目融资参与者带来的后果较为严重,如果项目不能按照预定计划建设投产运营,不能产生足够的现金流量来支付生产费用和偿还债务,就会导致贷款利息增加,整个项目的成本增加,极端的情况下项目可能被迫停工、放弃。

项目建设期出现完工风险的概率是比较高的。根据已有统计资料,无论是在发展中国家还是发达国家,均有大量的工程项目不能按照规定的时间或者预算建成投产,导致项目融资成本大幅度上升乃至失败。

项目的"商业完工"标准是贷款银行检验项目是否达到完工条件的依据。"商业完工"标准包括一系列专家确定的技术经济指标。根据贷款银行对具体项目的完工风险的评价,项目融资中实际采用的"商业完工"标准可以有很大的差别。总的原则是,对于完工风险越大的项目,贷款银行会要求项目投资者承担更大的"商业完工"责任。如典型的"商业完工"标准包括:完工和运行标准、技术完工标准、现金流量完工标准等。

还有一些其他形式的完工标准。如有些项目,由于时间关系在项目融资还没完全安排好就需要进行提款。这种情况下贷款银行为了减少项目风险,会要求确定一些特殊的完工标准。

为了限制及转移项目的完工风险,贷款银行通常要求投资者或工程公司等其他项目参与者提供相应的"完工担保"作为保证。

② 生产风险。生产风险是在项目的试生产阶段和生产阶段存在的技术、资源储量、能源和原料供应、生产经营和劳动力状况等风险因素的总称。生产风险一般由项目公司和贷款银行共同承担,因为项目的现金流量是作为偿还银行贷款的主要来源的。生产风险主要表现为:技术风险、能源和原材料风险和经营管理风险。

③ 市场风险。项目投产后的效益主要取决于其产品在市场中的销售情况和其他表现,除非项目公司在项目建成之前就能以一个合适的价位将产品全部销售出去(如 BOT 项目的售水协议、售电协议),否则必须直接面对市场风险。

市场风险主要有价格风险、竞争风险和需求风险,这三种风险相互关联、相互影响。市场风险不仅同产品销售有关,而且还同项目原材料及燃料的供应有关。如果项目投产后原材料及燃料价格的涨幅超过了项目产品价格的增幅,那么项目的效益势必下降。

④ 环保风险。近年来,工业对自然环境及人们生活和工作环境的影响越来越引起社会公众的关注,许多国家的政府制定了严格的环境保护法律来限制工业污染对环境的破坏,并强制肇事者对所造成的污染进行清理,缴纳巨额罚款。对项目公司来说,要满足环保法的各项要求,就意味着成本支出的增加,尤其是对那些利用自然资源或生产过程中污染较为严重的项目来说更是如此。但从长远来看,项目必须对增加的成本自行消化,这意味着要提高生产效益,努力开发符合环保标准的新技术和新产品。

2) 不可控风险

不可控风险指项目的生产运营由于受到超出项目公司或政府可以控制范围的经济环境的影响而受损失的风险。此类风险一般无法准确预测,只能采取一定的措施来降低或转移,包括金融风险、政治风险和不可抗力风险。

① 金融风险。金融风险主要表现在利率变化风险、汇率变化风险、货币风险以及通货膨胀风险等几个方面。

a. 利率变化风险。此风险是指由于利率波动直接或间接地造成项目收益受到损失的风险。如果项目公司采用浮动利率融资,一旦利率上升就会造成生产成本的上升。如果采用固定利率融资,市场利率的下降就会造成机会成本的提高。

当对一个项目进行现金流量敏感性分析时,可以发现,项目的损益平衡点对利率的变化十分敏感,特别是在项目的经营初期债务负担比较重的阶段。此阶段利率很小的增加,就要求项目的收入有较大的增长才能弥补利率变化造成的损失。

b. 汇率变化风险。这种风险是指在不同货币的相互兑换或折算中,因汇率在一定时间内发生始料未及的变动,使有关国家金融主体实际收益与预期收益或实际成本与预期成本发生背离,从而蒙受经济损失的可能性。

汇率的波动会影响项目的生产成本,尤其是对出口企业或在国外进口原材料的企业,是重要的风险因素。困扰企业的是未来汇率的变化趋势。由于汇率不确定,进出口的价格也随之变得不确定,这直接影响利润,企业将难以判断是否需要进行投资。

c. 货币风险。货币风险主要包括两部分:项目所在国货币的自由汇兑和利润的自由汇出,这也属于外汇风险问题。

汇兑限制风险,也称转移风险,是指东道国由于国际收支困难而实行外汇管制,禁止或限制外商、外国投资者将本金、利润和其他合法收入转移到东道国境外的风险;外汇的汇出风险只有在项目进入运营期才会发生,它表现为兑换为外汇的项目收入不能汇出境外以支付股本金回报、债务及其他外汇支出。

项目公司是由投资者共同组成的,工程项目融资涉及各个方面的股东,那么境外股东就希望将项目产生的利润以他们本国的货币形式汇出,而贷款银行也希望用和贷款相同的货币来偿还贷款。

d. 通货膨胀风险。通货膨胀存在于各国的经济生活中,是一个全球性的问题。相比而言,发达国家和地区比发展中国家和地区的通胀率要低。通货膨胀可能使项目所在国的工资和物价大幅度上涨,导致整个项目运营成本增加。因此,对于债权人和投资者而言,不管在任何国家建造工程项目都希望避免通货膨胀的风险。

通货膨胀风险一般由项目公司的贷款人来承担。如果在合同中没有调价条款或调价条款写得太笼统，对于项目公司来说通货膨胀将是很大的风险因素。要避免通货膨胀带来的损失，不仅要考虑项目所在国的物价水平，而且要全面考虑材料、设备的价格上涨情况和当地货币的贬值幅度、国际市场物价浮动趋势。

② 政治风险。投资者与所投项目不在同一个国家，或贷款银行与贷款项目不在同一个国家，都有可能面临由于项目所在国家的政治条件发生变化而导致项目失败、项目信用结构改变、项目债务偿还能力改变等风险，这类风险统称为项目的政治风险。

政治风险表现为两个方面：国家风险和国家政治、经济、法律稳定因素风险。项目的政治风险可以涉及项目的各个方面和各个阶段，从项目的选址、建设、生产运营一直到市场营销的全过程都可能受政治风险的影响。

③ 不可抗力风险。不可抗力风险是指项目的参与方不能预见且无法克服及避免的事件给项目所造成的损坏或毁灭的风险。如自然风险、战争行为、工厂和设备遭受意外损坏等风险。一旦出现不可抗力，整个项目可能延期或项目建成后不能正常运行，甚至项目完全失败。一般情况下，项目建设方无法控制这些不可抗力风险，只能靠投保将此类风险转移给保险公司。许多国家的出口信贷机构提供此类保险来担保部分或全部不可抗力风险。保险费计入项目成本中。在保险市场不能投保的则采用双方共同承担不可抗力风险的原则。

14.1.2 工程项目融资风险识别的技术

(1) 核对表

利用考虑问题时有联想的习惯。在过去经验的启示下，思想常常变得很活跃。风险识别实际上是关于将来风险事件的一种预测。如果把经历过的风险事件及其来源罗列出来，写成一张核对表，帮助项目管理人员开阔思路，容易想到项目会有哪些潜在的风险。核对表可以包含多种内容，比如，以前项目成功或失败的原因、项目其他方面规划的结果（范围、成本、质量、进度、采购与合同、人力资源与沟通等计划成果）、项目产品或服务的说明书、项目班子成员的技能、项目可用的资源等。还可以到保险公司索取资料，认真研究其中的保险条例等等。

(2) 项目工作分解结构

风险识别要减少项目结构的不确定性，就要弄清项目的组成、各个组成部分的性质和它们之间的关系、项目同环境之间的关系等。项目工作分解结构是完成这项任务的有力工具。项目管理的其他方面，如范围、进度和成本管理，也要使用项目工作分解结构。因此，在风险识别中，利用这个已有的现成工具并不会给项目班子增加额外的工作量。

(3) 常识、经验和判断

以前完成的工程项目所积累的资料、数据和教训，以及项目班子成员个人的常识、经验和判断在风险识别时非常有用。尤其对采用新技术、无先例可循的工程项目，更是如此。另外，把项目有关各方找来，同他们就风险识别进行面对面的讨论，也有可能触及一般规划活动中未曾发现或发现不了的风险。

(4) 实验或试验结果

利用实验或试验结果识别风险，实际上就是获取信息。例如，在地震区建设高耸的电视塔，需预先做一个模型，放到振动台上进行抗震试验。实验或试验还包括数字模型、计算机模拟或市场调查等方法。

(5) 敏感性分析

敏感性分析，就是分析并测定各个因素的变化对指标的影响程度，判断指标（相对于某一项目）对外部条件发生不利变化时的承受能力。一般情况下，在项目融资中需要测定敏感性的变量要素主要有：价格、利率、汇率、投资、生产量、工程延期、税收政策、项目寿命期等。这样，项目管理人员就能识别出风险隐藏在哪些项目变量或假设下了。

(6) 事故树分析

事故树分析法是目前国际上已公认的可靠性分析和故障诊断的一种简单、有效的方法。在可靠性工程中，常常利用事故树进行系统的风险分析。此法不仅能识别出导致事故发生的风险因素，还能计算出风险事故发生的概率。事故树由节点和连接点的线组成。节点表示事件，而连线则表示事件之间的关系。事故树分析是从结果出发，通过演绎推理查找原因的一种过程。在风险识别中，事故树分析不但能够查明项目的风险因素，求出风险事故发生的概率，还能提出各种控制风险因素的方案。既可做定性分析，也可做定量分析。事故树分析一般用于技术性强且较为复杂的项目。

(7) 专家打分法

打分法是一种最常用的、最简单的、易于应用的分析方法。它的应用由两步组成：首先，识别出某一种特定工程项目可能遇到的所有风险，列出风险调查表（checklist）；其次，利用专家经验，对可能的风险因素的重要性进行评价，综合成整个项目风险。该方法适用于工程项目融资决策的前期。这个时期往往缺乏项目具体的数据资料，主要依据专家经验和决策者的意向，得出的结论也不要求是资金方面的具体值，而是一个大致的程度值，它只能是进一步分析的基础。

(8) 蒙特卡罗方法

又称随机抽样统计试验方法，这种方法计算风险的实质是在计算机上做抽样试验，然后用具体的风险模型进行计算，最后用统计分析方法得到所求的风险值。它是估计经济风险和工程风险常用的一种方法。应用蒙特卡罗方法可以直接处理每一个风险因素的不确定性，但其要求每一个风险因素是独立的。这种方法的计算工作量很大，可以编制计算机软件来对模拟过程进行处理，可节约计算时间。该方法的难点在于对风险因素相关性的识别与评价。但总体而言，该方法无论在理论上还是在操作上都较前几种方法有所进步，目前已广泛应用于工程项目管理领域。

在工程建设中，活动（或工序）、子项目的施工先后的逻辑关系一般是确定的，但完成每一活动或子项目所需要的时间（或称工序持续时间）是不确定的。因此，在规定工期的条件下，工程进度就存在风险。

14.2 工程项目融资风险管理

14.2.1 工程项目融资风险评估

在项目初步形成以及研究工作接近尾声的时候，应对项目进行评估。评估是工程项目中最重要的阶段，因为它是项目准备工作的终点。评估包括了项目的四大方面，即技术、经济、体制管理和财务。

(1) 技术评估

技术评估涉及项目的实际规模、布局和各种设施位置的确定；将要使用的工艺，包括设备的类型、工序及其对当地条件的适应性；将采用的提供服务的方式；执行计划的可行性；达到预期产量的可能性。

技术评估的一个关键方面在于，审核成本预算以及该预算所依据的工程技术和其他数据，以便确定在可以接受的误差范围内预算是否准确，以及为应对项目执行阶段发生意外事件和预期价格上涨所预留的风险金是否充足。

另外，对于拟采用的工程技术服务、设计服务或其他专业服务的程序也将进行检查。同时，技术评估还涉及对项目设施的运行费和服务性费用以及必要的原材料和其他投入的可靠性进行评估。

(2) 经济评估

通过对几种项目设计方案进行成本效益分析，从中选出对项目的发展目标贡献最大的设计方案。通常，此类分析在项目准备的各个阶段已分步进行，评估阶段是做出最终审查与评定的阶段。

在进行经济评估时，要对项目进行部门情况研究。研究检查各部门的投资计划，公营与私营部门机构的优缺点，以及主要的政府政策。例如，在交通运输部门，每项评估均将运输系统视为一个整体，估算其对国家经济发展的贡献。对公路项目进行评估时，要考察它与其他竞争方式（如铁路）之间的关系。要审查该部门的整个运输政策，并建议进行某些变动，如改变任何使交通运量分配不均的规定做法。

只要现行的技术水平允许，还必须对项目的造价及其给国家带来的利益进行详细分析，分析的结果通常用经济收益率来表示。此类分析往往要求解决疑难问题，如怎样确定项目的实际结果，以及如何根据国家的发展目标评价它们的价值。多年来，人们一直密切关注经济评价方法的改进。

当由于各种因素，如贸易限制、税收或补贴等扭曲了价格而使市场价格无法真实反映费用本身的经济价值时，通常使用"影子价格"。在某些主要因素变化的条件下，常常需要对项目的收益进行敏感性分析。有时，对那些较为重大的不确定项目，还应进行风险分析。项目费用和效益中的某些因素，如污染控制、健康与教育水平的提高等是无法量化的；在其他项目如电力或电信项目中，可能需要使用某些无法完全衡量出服务产生的经济效益的指标，如上缴利税。在某些情况下，可以评价具有相同效益的替代方案，进而选择成本最低的方案。

(3) 体制管理评估

体制（国外亦称体制建设）管理已成为项目融资的重要目的，也可以说，资金资源的转移和实体设施的建设，就其本身来说无论价值多大，从长远观点看，不如建立一个健全和富有生命力的"体制"更为重要。该体制还应包括：借款实体本身、组织机构、经营管理、人员配备、业务流程以及制约该体制运行环境的整套政府政策。

实践表明，对项目体制方面重视不够将导致项目执行和实际运行期间问题频发。对体制的评估涉及一系列问题。例如，借款实体是否组织严密；其管理工作是否到位；当地的才智和创造性是否得到有效发挥；为实现项目目标，是否需对实体外的政策和机构进行调整等。

比较一个项目的所有方面，体制建设可能是最难解决的，原因之一在于，体制建设成功与否主要取决于有关人员对项目所在地的文化环境的了解。定期检查体制安排，大胆接受新思想，积极采用可能跨越几个项目的长期措施，这些举措对体制（管理）的建设是非常重要的。

（4）财务评估

财务评估的目的，一个是保证有足够的资金用于支付项目实施所需的费用，另一个就是确保制订一份融资计划，以便能为按计划实施项目而提供资金。如果提供资金的政府当地财政收入存在困难，可考虑做某些特殊安排，如为建立一项周转基金而预支拨款或将某些税收额指定专用。

财务评估还涉及金融偿付能力，如项目能否依靠其现金流量履行其承担的一切财务责任，包括利息（债息），是否有能力依靠自有资源从资产中赚取相当的收益，积累足够的资金以满足未来的资本需要。通过资产负债表、收益表以及对现金流量的推测，仔细地审查项目的财务状况。

财务评估涉及从项目收益人处收回投资以及经营成本的问题。各项目的实际回收要考虑收益人的收入情况和实际问题。为了保证有效地利用有限资金，对最终收益人收取的利息一般应反映出经济中的机会成本。但利率是经常被贴补的，而通货膨胀率甚至可能超过利率。

在通货膨胀率较高的国家，有时采用指数利率系统。与成本回收一样，制订恰当的利率标准可能会成为一个有争议的问题。由于认识需要一定的时间才能在财政政策方面产生具有深远影响的变化，所以应着眼于长期的经营目标。

从上述几方面对项目进行深入可靠的评估，可以将所有的经验、教训都融入未来项目的设计和准备之中，既确保项目的良性循环，同时，也是确保将项目融资风险降到最低或可以接受水平的基础工作。

14.2.2 工程项目融资风险防范

经过实践探索和检验，已经逐渐形成了一些行之有效的降低和减少项目融资风险的做法，尤其是参与项目贷款的主要银行，建立了一系列的方法和技巧以降低项目风险。结合我国项目融资的特点，可以从以下方面对融资风险进行防范。

（1）政治风险的防范

由于东道国政府最有能力承担政治风险，由东道国政府来承担政治风险是最佳的选择。例如，在菲律宾的某项目中，国家电力公司同意按"项目全面收购"办法来承担这种责任。"项目全面收购"是指如果东道国的政治风险事故连续维持一定的时期，则国家电力公司有责任用现金收购该项目，其价格以能偿还债务并向项目发起人提供某些回报为准。而在印度的某电力开发项目中，在发生政治性事故后，国家电力局或国家电力公司有责任继续支付电费，最长可达270天。因此，所有债务在政治性事故发生时都有所保障。

① 特许权。项目公司应尽量尝试向我国政府机构寻求书面保证，包括政府对一些特许项目权利或许可证的有效性及可转移性的保证、对外汇管制的承诺、对特殊税收结构的批准等一系列措施。如广西来宾电厂项目在政治风险控制方面就得到了政府强有力的支持，原国家计委、国家外汇管理局、原电力工业部分别为项目出具了支持函，广西壮族自治区政府成立了专门小组来负责来宾电厂项目，约定当法律变更使项目公司损失超出一定数额时，政府将通过修改特许期协议条款与项目公司共同承担损失，从而很好地预防了政治风险。

② 投保。除特许权协议外，还可以通过为政治风险投保来减少这种风险可能带来的损失，包括纯商业性质的保险和政府机构的保险，但是提供政治风险的保险公司数量很少，因

为市场狭小而且保险费昂贵，同时对项目所在国的要求特别苛刻，因此以保险的方式来规避政治风险很困难。在我国，为政治风险投保的一个实例是山东日照电厂，德国的 Hermes 和荷兰的 Cesce 两家信誉机构为该项目的政治风险进行了担保，从而使该项目进展比较顺利。

③ 多边合作。在许多大型工程项目融资中，政府、出口信贷机构和多边金融机构不仅能为项目提供资金，同时还能为其他项目参与方提供一些政治上的保护，这种科学合理的产权布局就可能使政治风险降低很多。也可以寻求政府机构的担保以保证不实行强制收购，或在收购不可避免时，政府机构会以市场价格给予补偿。一般很难预测各种法规制度的变化，不过可以把此种风险转移给当地合作伙伴或政府。

(2) 完工风险的防范

超支风险、延误风险以及质量风险均是影响工程项目竣工的主要风险因素，通称为完工风险。对项目公司而言，控制的最简单方法就是要求施工方使用成熟的技术，并要求其在双方同意的工程进度内完成；或者要求其在自己能够控制的范围内对发生延误承担责任。然而，对项目的贷款银行或财团而言，如果仅仅由施工方承担完工风险显然是难有保障的，因为项目能否按期投产并按设计指标进行生产和经营将直接影响项目的现金流量，进而影响项目的还贷能力，而这恰恰是融资的关键。因此，为了限制和转移项目的完工风险，贷款银行可以要求项目公司提供相应的措施来降低和规避这一风险。

1）利用合同形式来最大限度地规避完工风险

项目公司通过利用不同形式的项目建设合同把完工风险转移给承包商。常见的合同有：固定总价合同、成本加酬金合同、可调价格合同。

固定总价合同指双方在专用条款内约定合同价款包含的风险范围和风险费用的计算方法，即以一次包死的总价格委托给承包商，价格不因环境变化和工程量增减而变化，承包商承担全部的完工风险。在这种合同形式下，项目公司承担的风险是很小的，而承包商所承担的风险最大，但各承包商往往也在项目中投资，承担其中的风险，以此来获得该项目的承建合同。

采用成本加酬金合同时，项目公司承担了大部分风险，承包商承担的风险是很小的。项目公司在这种合同中应加强对实施过程的控制，包括决定实施方案，明确成本开支范围，规定项目公司对成本开支的决策、监督和审查的权利，否则容易造成不应有的损失。

采用可调价格合同，项目公司和承包商就可对完工风险进行合理的分担。一般项目公司为了有效规避完工风险，通常采用"固定总价合同"把这一风险转移给承包商。

2）利用担保来规避项目完工风险

在项目建设阶段，完工风险的主要受害者是贷款银行，为了限制及转移项目的完工风险，贷款银行通常要求项目投资者或项目承包商等其他项目参与方，提供相应的"完工担保"作为保证。

在项目融资的建设阶段，大都由项目出资人（通常是项目主办方）提供完工担保。完工担保许诺，在规定时间内完成项目，若在预定工期内出现超资，则担保方承担全部超资费用。

一般来说，"完工"不仅指工程建设完毕，还包括以一定费用达到一定生产水平。而完工担保人保护自己的方法是选择财力可靠的承包商，使承包协议条款和完工担保条件一致。如果承包商能力和信用好，贷款人可以不要担保，因此选择合适的承包商建设项目，对工程项目融资无疑是十分重要的。

由于完工担保的直接经济责任在项目达到商业完工标准后即告终止，贷款人的追索权只能限于项目资产本身，即以项目的资产及其经营所得，再加上"无论提货与否均需付款"等类型的有限信用保证的支持来满足债务偿还的要求。因而，项目的贷款银行或财团为了避免遭受因不能完工或完工未能达到标准所造成的风险，对商业完工的标准及检验要求十分严格。有指标不符合融资文件中规定的要求，都会被认为没有达到担保的条件，项目完工担保的责任也就不能解除。项目完工担保的提供者有两方，一方是项目公司，另一方是承建项目的 EPC 或交钥匙承包商、有关担保公司、保险公司等。

① 由项目公司作为完工担保人。对贷款银行或财团来说，由项目公司直接为完工担保是最理想的担保方式。因为项目公司不仅是项目的主要受益者，而且由于股本资金的投入使其与项目的建设和运行有着最直接的利益关系，所以如果项目公司为借款人提供完工担保，则会使贷款银行对项目充满信心，并且更会使其尽力支持以使项目按计划完成、按时投产收益，实现贷款的归还。

在实际的运作中，项目的贷款银行与项目公司成员往往分散在不同的国家，在这种情况下，一旦项目担保人不履行其完工担保义务时，则会使贷款银行欲采取法律行动时产生诸多不便。因此，贷款银行可以要求项目公司在指定的银行账户上存入一笔预定的担保存款，或者从指定的金融机构开出一张以贷款银行为受益人的备用信用证，以此作为贷款银行支付第一期贷款的先决条件。一旦出现需动用项目担保资金的情况，贷款银行将直接从担保存款或备用信用证中提取资金，以保证项目公司履行义务。

② 由 EPC 或交钥匙承包商与金融机构或保险公司联合作为担保人，项目公司既承担了完工担保责任，同时也承受了巨大的压力。在这种情况下，它可以通过在工程合同中引入若干完工担保条件将大部分完工风险转移给承建商，使自己承担的风险减少到最低限度，同时由于项目是由具有较高资信和经验丰富的承建商来承担，也可增加贷款银行对项目的信心。为确保承包商履行其义务，项目公司应要求以承建商背后的金融机构作为担保人出具一些担保，如投标担保（tender bond）、履约担保（performance bond）、预付款保函（advance payment guarantee）、保留金担保（retention bond）、维修担保（maintenance bond）等，这些完工担保常常是以银行开出的无条件备用信用证或银行保函形式出现的。不过，这种承建商提供的按合同执行项目的担保虽然可以将部分风险转移给承包商，但并不能取代项目公司的完工担保。通常情况下，承包商只有在违约时，才能按其担保去要求赔偿整个工程费用的一部分，通常为合同额的 10%～30%。

③ 利用金融衍生工具——远期合约来规避完工风险。以上两种措施都是把完工风险转移给承包商，而承包商也意识到完工风险会给自己带来潜在的损失，为此会采取加快进度、进行全面质量控制、加强科学管理等措施来保证项目按期、保质完工。但是在具体承建过程中，由于项目规模大、建设周期长、"三材"（钢筋、水泥、木材）用量大，因此，材料市场价格的波动对项目的总造价影响是很大的，很可能会造成总成本的增加，超出预算。工程项目中材料价格占总造价的 60%～75%，如果材料价格上涨 10%，那么其总造价就上涨 6%～7.5%，在利润微薄的建筑行业，这样的风险对承包商来说是无法承受的，而且会由此导致完工风险，从而影响项目融资的正常运营。为此，可以采用远期合约的手段来有效规避风险。

(3) 市场风险的防范

降低和防范市场风险的方法需要从价格和销售量两个方面入手。项目融资要求项目必须具有长期的产品销售协议作为融资的支持,这种协议的合同买方可以是项目投资者本身,也可以是对项目产品有兴趣的具有一定资信的任何第三方。通过这种协议安排,合同买方对项目融资承担了一种间接的财务保证义务。"无论提货与否均需付款"和"提货与付款"合同,是这种协议的典型形式。

降低和规避市场风险可以采取的措施有:①要求项目有长期产品销售协议;②长期销售协议的期限要求与融资期限一致;③定价充分反映通胀、利率、汇率等变化。

(4) 金融风险防范

对于金融风险的防范和控制主要是运用一些金融工具。传统的金融风险管理基本上局限于对风险的预测,即通过对在不同假设条件下的项目现金流量的预测分析来确定项目的资金结构,利用提高股本资金在项目资金结构中的比例等方法来提高项目抗风险的能力,以求降低贷款银行在项目出现最坏情况时的风险。国际金融市场的发展,特别是近几年期权市场的发展,使得项目金融风险的管理真正实现从"预测"向"管理"的转变。

① 利率掉期。利率掉期指在两个没有直接关系的借款人(或投资者)之间的一种合约性安排,在这个合约中一方同意直接地或者通过一个或若干个中介机构间接地向另一方支付该方所承担的借款(或投资)的利息成本,一般不伴随本金的交换。利率掉期一般通过投资银行作为中介来进行操作,且经常在浮动利率和固定利率之间进行。一般的利率掉期是在同一种货币之间进行的,从而不涉及汇率风险因素,利率掉期可以规避利率风险。

② 远期外汇合约。在我国的项目工程中,项目的收入是人民币,承包商要将其兑换成外汇汇回总部,因而可以事先同当地银行签订出卖远期外汇合同,在规定的交割日将人民币收入卖给银行,按合约规定的远期汇率买入外汇。这里要注意,签订远期外汇合同时要考虑汇率的变动情况和人民币收入时间与交割时间的匹配。如果根据经验判断外汇会升值可根据人民币收入的时间确定交割时间及远期汇率,以便到时买入外汇,避免本币贬值损失。这种方法的缺陷是交割时间固定,到了规定的交割日期合约双方必须履约,时间匹配困难。

③ 期权。由于期权允许其持有人在管理不可预见风险的同时不增加任何新的风险,使得期权在项目融资风险管理中有着更大的灵活性,避免了信用额度范围的约束(投资银行根据客户的信用程度给予客户的交易额度),只要项目支付了期权费,就可以购买所需要的期权合约,从而也就获得了相应的风险管理能力,而不需要占用任何项目的信用额度或者要求项目投资者提供任何形式的信用保证。

④ 择期。择期是远期外汇的购买者(或卖出者)在合约的有效期限内任何一天,有权要求银行实行交割的一种外汇业务。我国对择期的交易期限规定为择期交易的起始日和终止日,在这期间,承包商可将人民币收入立即换成美元或其他可自由兑换货币汇回国内,从而避免了汇率波动的风险。根据国际惯例,银行对择期交易不收取手续费,所以择期交易在实际应用中是非常方便的。

⑤ 固定汇率。在国际融资中选择何种货币,直接关系到融资主体是否将承担外汇风险,将承担多大的外汇风险,因此融资货币的选择是融资主体要考虑的一个重要问题。承包商可以与我国政府或结算银行签订远期兑换合同,事先把汇率锁定在一个双方都可以接受的价位上,以此来消除汇率频繁波动对项目成本造成的影响。

⑥ 融资货币。我国的项目在融资时最好采取融资多元化策略,也就是持有多种货币组合的债务,最好是让人民币汇率锁定在"一揽子"硬通货上。一种货币的升值导致的债务增加靠另一种货币的贬值导致的负债减少来抵消。只要合理选择货币组合,就可以降低单一货

币汇率波动造成的损失。

⑦ 汇率变动保险。许多国家有专门的外贸外汇保险机构，为本国或他国企业提供外汇保险服务，可利用这种保险业务来分散风险。由于项目的具体情况千差万别，以上所介绍的这些管理风险的措施只是一些原则性的内容，至于具体的应用则要视实际情况而定，可以借鉴国外经验，通过相关合同中的设计和约定灵活有效地降低风险。

项目融资风险处理方案的实施和后评价是风险管理的最后环节。风险处理方案的实施不仅是风险处理效果的直接反映，而且通过对项目的后评价，可以达到总结经验、吸取教训、改进工作的目的，因而它是项目融资风险管理的重要内容。

(5) 生产风险防范

生产风险主要是通过一系列的融资文件和信用担保协议来防范。针对生产风险种类不同，可以设计不同的合同文件。一般通过以下一些方式来实现：项目公司应与信用好且可靠的伙伴，就供应、燃料和运输问题签订有约束力的、长期的、固定价格的合同；项目公司拥有自己的供给来源和基本设施（如建设项目专用运输网络或发电厂）；在项目文件中订立严格的条款与涉及承包商和供应商的有关延期惩罚、固定成本以及项目效益和效率的标准。另外，提高项目经营者的经营管理水平也是降低生产风险的有效途径。

 本章小结及重要术语

 思考题

在线题库
参考答案

1. 简述工程项目融资的风险分类。
2. 简述工程项目融资风险识别的步骤和主要技术。
3. 简述完工风险的防范措施。
4. 简述市场风险的防范措施。

参 考 文 献

[1] 李南，等. 工程经济学 [M]. 6 版. 北京：科学出版社，2024.
[2] 王贵春. 工程经济学 [M]. 5 版. 重庆：重庆大学出版社，2022.
[3] 杨晓冬. 工程经济学 [M]. 北京：机械工业出版社，2021.
[4] 黄有亮. 工程经济学 [M]. 4 版. 南京：东南大学出版社，2021.
[5] 谭大璐，赵世强. 工程经济学 [M]. 3 版. 武汉：武汉理工大学出版社，2023.
[6] 吴锋，叶锋. 工程经济学 [M]. 2 版. 北京：机械工业出版社，2021.
[7] 程正中，齐园，刁昳. 工程经济学 [M]. 北京：机械工业出版社，2023.
[8] 王修贵. 工程经济学 [M]. 2 版. 北京：中国水利水电出版社，2023.
[9] 赵峰，周燕. 工程经济学 [M]. 4 版. 武汉：武汉理工大学出版社，2022.
[10] 威廉·G. 沙利文. 工程经济学 [M]. 17 版. 北京：清华大学出版社，2020.
[11] 蔡振平，温国锋. 工程经济学 [M]. 北京：机械工业出版社，2022.
[12] 王琳，闫林君，李海莲. 工程经济学 [M]. 北京：中国铁道出版社，2022.
[13] 宋永发，石磊，林婧，等. 工程项目投资与融资 [M]. 2 版. 北京：机械工业出版社，2023.
[14] 项勇，卢立宇，徐姣姣. 建设工程项目投资与融资 [M]. 北京：机械工业出版社，2020.
[15] 王乐. 工程项目投资与融资 [M]. 北京：机械工业出版社，2023.
[16] 郑立群. 工程项目投资与融资 [M]. 3 版. 上海：复旦大学出版社，2023.
[17] 王治，郭爱军. 工程项目投资与融资 [M]. 北京：高等教育出版社，2023.
[18] 吕峰. 项目投融资模式和金融工具研究与创新 [M]. 北京：中国建筑工业出版社，2022.
[19] 徐耸，彭志胜. 绿色建筑项目投融资决策与评价 [M]. 北京：化学工业出版社，2023.
[20] 曹珊. 基础设施投资建设全流程项目实务与法律风险防控 [M]. 北京：中国建筑工业出版社，2023.